XINCHANGTAI SHIYEXIA XIANDAI ZHIYE JIAOYU
ZHILI TIXI YANJIU

新常态视野下现代职业教育治理体系研究

丁惠炯 著

经济日报出版社

图书在版编目（CIP）数据

新常态视野下现代职业教育治理体系研究／丁惠炯著.—北京：经济日报出版社，2018.8
ISBN 978-7-5196-0402-8

Ⅰ.①新… Ⅱ.①丁… Ⅲ.①职业教育－研究 Ⅳ.①G71

中国版本图书馆 CIP 数据核字（2018）第 155665 号

新常态视野下现代职业教育治理体系研究

作　　者	丁惠炯
责任编辑	门　睿
出版发行	经济日报出版社
社　　址	北京市西城区白纸坊东街 2 号 A 座综合楼 710
邮政编码	100054
电　　话	010－63567689（编辑部）
	010－63538621　63567692（发行部）
网　　址	www.edpbook.com.cn
E－mail	edpbook@sina.com
经　　销	全国新华书店
印　　刷	北京建宏印刷有限公司
开　　本	787×1092 毫米　1/16
印　　张	15.5
字　　数	220 千字
版　　次	2018 年 8 月第一版
印　　次	2018 年 8 月第一次印刷
书　　号	ISBN 978－7－5196－0402－8
定　　价	48.00 元

版权所有　盗版必究　印装有误　负责调换

摘　要

　　教育综合水平与经济发展速度二者之间总是密切相关的。我国经济社会现正处于全方面改革发展的关键时期，不论为保障经济发展，还是促进科技进步，高素质技能型人才在推进各项改革发展的进程中尤显重要，这就给职业教育的发展提出了新要求。构建健全且逐步完善的职业教育体系对提高劳动者职业素质和技能、促进人力资源开发以及发展社会经济都有着重要的意义。因此，职业教育体系如何完善其自身建设？构建一个以政府为引导、市场调节为主、各行业积极参与办学与管理、上下贯通、左右兼容、自主发展的现代职业教育体系，以适应现代经济发展的需要，并为产业发展提供更好的人才支撑等问题亟待研究解决。本书从职业教育的"办学效益"谈起，对技能型人才开发过程中所出现的几个突出问题："治理体系构建""人才培养模式综合改革""集团化发展的持续创新""中高职校衔接再创新""现代学徒制模式创新"等进行了系统的分析和研究。教师和学生的发展是基于"人性化"的现代职业教育体系的最终目的，因此，本书在对现代职业教育体系的构建和完善的基础上，专门关注了现阶段职业院校学生"人文素养"方面的缺失和教师评价体系的创新两大突出问题，努力提出和架构新常态下适应经济建设和社会发展的现代职业教育体系发展的完整模式。

　　本书深入探讨职业院校办学效益问题，梳理、总结、评价现代职业教育体系发展模式研究的成果，探索现代职业教育发展过程中涉及的主要因素，构建技能型人才培养的创新模式，将丰富现代职业教育理论研究的内容体系，为政府行政部门和教育管理部门实现有效管理和有效投入提供参考。

目　录
CONTENTS

摘　要 ·· 1
前　言　从关注"办学效益"谈起 ··· 1
第一部分　治理视域下的现代职业教育总框架 ··· 11
 1.1 基本认识问题 ··· 12
  1.1.1 "政府主导"——现代职业教育建设的体制保障 ········· 12
  1.1.2 "利益相关者"——现代职业教育建设的逻辑基础 ······ 14
 1.2 基本理论依据 ··· 15
  1.2.1 人力资本理论 ·· 15
  1.2.2 人才强国战略 ·· 18
  1.2.3 "系统"理论 ·· 20
  1.2.4 多中心治理理论 ·· 22
 1.3 现代职业教育体系构建的政策背景 ·· 23
  1.3.1 基本法依据 ··· 23
  1.3.2 法律依据和政策背景 ·· 24
  1.3.3 法律法规的意义 ·· 26
  1.3.4 政策工具的选择 ·· 29
 1.4 完善新常态下现代职业教育治理体系 ·· 32
  1.4.1 治理目标 ··· 32
  1.4.2 治理内容 ··· 33
  1.4.3 治理机制 ··· 33
  1.4.4 治理评估 ··· 38

1.5 创新新常态下现代职业教育治理机制 ………………………… 38
   1.5.1 明确依法办学、民主监督意识 ……………………………… 38
   1.5.2 符合产权明晰、自主管理要求 ……………………………… 39
   1.5.3 "以人为本"的现代学校制度 ……………………………… 40

第二部分　人才培养模式综合改革 ……………………………… 47

2.1 经济社会发展对技能型人才素质的要求 ……………………… 48
   2.1.1 技能型人才应具备的基本素质 ……………………………… 48
   2.1.2 技能型人才应具备的特殊素质 ……………………………… 49

2.2 职业教育人才培养模式的创新性建构 ………………………… 49
   2.2.1 创新构建的基本内容 ………………………………………… 49
   2.2.2 创新构建的具体措施 ………………………………………… 51

2.3 双师队伍：现实的困境与突破 ………………………………… 53
   2.3.1 "双师型"教师队伍建设的现实困境 ……………………… 54
   2.3.2 新常态下"双师型"教师培养策略 ………………………… 56

2.4 创业教育：目标直指经济建设的有效途径 …………………… 59
   2.4.1 职业院校应成为"创业教育"的主体 ……………………… 60
   2.4.2 创业教育中的政府责任及其角色定位 ……………………… 61
   2.4.3 职业院校创业教育运行环境调查 …………………………… 62
   2.4.4 职业院校"创业教育"政策现状 …………………………… 64
   2.4.5 "府校协同"创业教育机制完善路径 ……………………… 65

第三部分　集团化发展的持续创新 ……………………………… 71

3.1 概念界定和现实基础 …………………………………………… 72
   3.1.1 相关概念的界定 ……………………………………………… 72
   3.1.2 集团化办学的现实需求 ……………………………………… 74

3.2 职业教育集团化办学的理论基础 ……………………………… 77
   3.2.1 教育学基础 …………………………………………………… 77
   3.2.2 管理学基础 …………………………………………………… 78

3.2.3 社会学基础 ………………………………………………… 79
3.3 "双主体"办学治理及制度完善 …………………………………… 79
 3.3.1 双主体办学基本理论框架 …………………………………… 79
 3.3.2 校企合作办学的运行机理 …………………………………… 82
 3.3.3 校企合作存在的主要问题 …………………………………… 83
 3.3.4 制度构建路径选择与创新 …………………………………… 86
3.4 集团化办学的"府际合作"问题 …………………………………… 88
 3.4.1 集团化办学"分散"和"不调"之惑 …………………… 89
 3.4.2 "府际合作"是协同理论的实践探索 …………………… 90
 3.4.3 集团化办学"府际合作"的生成逻辑 …………………… 91
 3.4.4 "府际合作"实际运行机制的再认识 …………………… 91
3.5 集团化办学中的几个实践性问题 ………………………………… 92

第四部分 "中高职衔接"机制创新 ……………………………… 95

4.1 理论的反思及现实的基础 …………………………………………… 98
 4.1.1 概念的界定 ………………………………………………… 98
 4.1.2 "利益相关"视角下的反思 ……………………………… 99
 4.1.3 "中高职衔接"的现实需求 ……………………………… 99
4.2 制约中高职衔接的因素 …………………………………………… 102
 4.2.1 外部因素 …………………………………………………… 102
 4.2.2 内部因素 …………………………………………………… 105
4.3 中高职衔接的制度问题及其解决路径 …………………………… 107
 4.3.1 中高职衔接制度的问题及成因分析 ……………………… 107
 4.3.2 完善中高职衔接制度的对策与建议 ……………………… 110
4.4 "中高职衔接"中几个实践性的问题 …………………………… 114

第五部分 "现代学徒制"模式创新 ……………………………… 119

5.1 "现代学徒制"教育教学模式的理论依据 ……………………… 120
 5.1.1 帕森斯"结构功能主义"理论 …………………………… 120

5.1.2 对学徒制外部保障的现实关照 ································ 121
5.2 优化职校"现代学徒制"外部环境的建议 ···························· 121
  5.2.1 政府支持 ·· 122
  5.2.2 企业主导 ·· 123
  5.2.3 行业协调 ·· 124

第六部分　人文素养提升的多维创新体系 ·························· 127

6.1 职业院校人文素养教育的理性回归 ································ 128
  6.1.1 "工具价值"向着"人文价值"的回归 ···················· 128
  6.1.2 应然与实然统一之下的技术与人文融合 ···················· 129
6.2 职业院校人文素养提升的实践探索 ································ 129
  6.2.1 素养和能力提升是职业教育的最高命题 ···················· 130
  6.2.2 现状与问题的分析及其解决问题的路径 ···················· 131

第七部分　基于专业发展的教师评价体系变革 ··················· 135

7.1 职校教师评价的目的和意义 ·· 137
  7.1.1 职校教师评价的目的 ·· 137
  7.1.2 职校教师评价的意义 ·· 138
7.2 职校教师评价的发展与问题 ·· 139
  7.2.1 国外教师评价的发展历程 ···································· 139
  7.2.2 我国教师评价的发展历程 ···································· 141
  7.2.3 评价系统存在的主要问题 ···································· 142
7.3 区分性教师评价 ·· 147
  7.3.1 区分性教师评价运动 ·· 147
  7.3.2 "区分性评价"的理论基础 ································· 149
  7.3.3 "区分性评价"的理论变迁 ································· 161
7.4 职业院校教师评价体系的重构 ····································· 181
  7.4.1 建立和形成区分性绩效评价理念 ···························· 181
  7.4.2 注重多元化主体参与评价的机制 ···························· 182

  7.4.3 于教育质量与专业成长间建纽带 …………………… 182
  7.4.4 设计阶段性和针对性的指标体系 …………………… 183

第八部分 参考资料 …………………………………………… 187
 一、政策文本（按照时间顺序）………………………………… 188
 二、期刊论文 …………………………………………………… 189
 三、学术专著 …………………………………………………… 190
 四、外文文献 …………………………………………………… 191

附 录 ……………………………………………………………… 193
 教育部等六部门关于印发《现代职业教育体系建设规划
 （2014-2020年）》的通知 …………………………………… 194
 国务院关于加快发展现代职业教育的决定 ………………… 219

前　言

从关注"办学效益"谈起

随着市场经济体系的深入运行和发展，如何在新形势下不断提高教育的经济效益已成为政府、学校和整个社会关注的热点问题，职业教育的办学效益问题也应成为理论和实践上的题中应有之义。

一、办学效益的影响因素

职业教育是一个复杂系统，是相互联系、相互作用的诸元素综合体，现代职业教育体系的建设还要在经济效益、社会效益之间做出多属性协同推进的制度安排。其办学效益在众多要素作用下，具有滞后性、间接性、非线性等特点，因此，在实际对办学效益加以衡量的过程中需要选取主要的因素进行分析。

（一）规模因素

办学效益受规模的影响主要来自三个方面：学生规模、专业规模、教师规模。能否获得较高的办学效益，要看教育资源能否得到充分利用，也要看是否有适度的学生规模、师资规模和专业规模。专业规模主要指开设专业的数量。职业院校专业开设数量越多，意味着专业资源越分散，越不容易形成集群优势；但对于综合性职业院校，如果专业数量过少，则其在区域中就很难满足本区域对人才多样化的需求，也无法满足学生对专业的多元化需求。学校的办学效益或教育质量受到师生规模的影响来源于两个相关的方面：一是教师数量，教师规模过大和教师数量不足都会影响办学效益的提升；二是学生数量，职业教育的办学效益或教育教学质量与是否拥有恰当的学生规模密切相关，不切实际地单纯追求招生数量自然会使得院校自身有限的师资和其他软硬件资源无法满足过多生源的教育教学要求，而学生规模太小又会使上述资源的利用效率降低。

（二）结构因素

对于职业院校来说，"结构"因素影响办学效益主要来自两个方面：一是专业结构，二是师资结构。专业建设是职业教育内涵建设的基础和核心。职业教育要健康发展，亟需调整和优化专业结构。理论上，对于职业院校个体来说，与区域产业对接的专业数比例越大，专业结构越合理，其办学效益就会越高。学校只有将有限的精力、资金放到与区域重点产业、支柱产业和特色产业发展需求相适应的专业上，才能形成品牌效应，最终实现可持续发展。而学校内部的专业之间如果能够相互交融，相互提供发展所需的营养与动力，既有利于专业水平提升和人才培养质量的提高，也更有利于优化资源配置，提高资源的使用效率。与此相应的是，职业院校的师资结构能否满足专业建设的发展和优化，师资力量的专业构成是否全面和专业结构是否与经济社会的发展相耦合，对于办学效益来说至关重要。

（三）管理因素

衡量学校管理效益的指标主要体现在以下三个方面：一是组织结构的科学性。人员、资源、信息作为管理网络的三个重要因素，只有以最合理的方式结合起来，每种资源都能调配到最合适、最需要的位置，才能达到管理效益的最大化。二是活动流程的顺畅性。学生实习实训过程中的管理，教学管理与实训管理的对接等等新问题和新情况，都对学校管理工作提出了较高要求。三是制度的创新性。职业院校采取工学结合、校企合作的培养模式，企业对人才培养在专业设置、课程开发、教学改革、实习实训等方面的支持力度越大，越容易形成较高的人才培养质量；但如果不注重基地的内涵建设及其与专业建设、课程开发的一体化设计，也必然会影响使用效益。

综上，影响职业院校办学效益的四个主要因素相互作用、相互联系、不可分割。现阶段我国职业教育存在较大的类型差异和地域差异，这些差异对职业院校个体的发展产生了不容忽视的影响。

二、提升办学效益的建议

政府对职业教育的宏观管理层面仍有扶持公益性产业的责任，从规划、行政控制、经费资助等方面对职业教育发展行使应有的整体推动作用。因此，我国职业教育管理的实质是追求办学效益和社会效益最大化，在运作的过程中引入市场机制。

(一) 科学定位

1. 定位于"平民教育"

职业教育作为教育的一个分支，不同于培养精英人才，在培养人才定位上应该满足那些渴望接受职业教育，但是由于分数等其他原因的学生学习深造的愿望。这样的定位要求职业院校在招生过程中要降低门槛，为有抱负的社会青年以及边远贫困山区的孩子提供入学机会；在学费方面严格按照国家的收费标准执行，设立助学金、奖学金等等解决家庭困难学生的学费问题；在人才培养方面，应着重培养满足经济发展需要的实用型人才。

2. 保持适度的规模

当前，职业教育受到国家和社会的重视，正处在蓬勃发展的阶段，适度的办学规模有利于筹集办学经费提高教学质量。关键要保持一个"度"，只要结构合理，人、财、物各类资源能得到充分利用，就能形成规模经济。规模太小很难有高的效益，但有规模也不一定有效益，只有适度的规模才能发挥资源的最大效用。职业院校要根据自身情况和本地经济发展状况，适度做大，保持学校可持续发展。

3. 突出"核心专业"

职业院校主要是为地方的社会和经济发展服务的，在发展过程中要根据国家的需要，立足地方的社会和经济发展状况，加强对地方经济发展的宏观战略、产业结构的布局和调整及其资源优势和产业优势的把握，突出核心专业人才，赢得地方政府和社会资源的支持。

（二）保证质量

1. 确保以教学为中心，提高办学质量

学生质量和教育教学水平直接影响着办学效益的高低，高标准的教学是保证质量的关键因素。作为职业院校，只有努力提高办学质量，才能得到社会和用人单位的及学生和家长的肯定。学校的就业率是每个家长和学生选择学校的首选因素，高质量的教学必将带来高质量的毕业生，同时为学校带来无形资产，吸引高质量的学生报考，如此良性循环。

2. 改善师资结构，建设"双师型"教师队伍

一直以来，各种非教学人员、行政人员占了在职业院校教师队伍中很大的比例，随着教师待遇的不断提高，导致了人员经费急剧上升和膨胀，严重影响了学校的办学效益。职业院校应该在保证教学质量的前提下，根据教学计划学时数和教学科研工作量实行定员定编，定期对教师进行评价和考核，建立严格的奖惩机制，尽可能的减少人力资本的浪费。同时，学校应该与企业、事业单位建立合作，聘请企业、科研单位和其他学校的教师来学校兼职，着力建设"双师型"教师队伍。

3. 实行弹性学制，创新教学内容

传统体制下的教育视野不够宽阔，学制制度不够灵活（按照招收学生类别规定学制），教学内容上着眼于成型的理论知识的传授，而不重视对深层知识的挖掘和创新，培养的学生学到的知识在走入企业之后不能很好地应用。建议根据学生应该掌握的知识结构和必要的学习要求，按照社会的发展要求进行培养，丰富职业教育的教学内容，注重动手实践能力。

（三）投入多元

改革开放以来，虽然我国扶持技能型人才成长的财税政策框架已初步确立，但还存在一些问题。主要体现为：一是相关财税政策散见于各类法律法规中，政策取向缺乏系统性。尤其是涉及企业相关技能培训与社会力量资助技能人才发展的税收优惠政策，更是以各种各样的补充性规定形式体现的。这种制度安排上的分散性，导致政策之间的交叉与衔接难免存在着某些盲区，使得技能型人才的相关财税政策的覆盖范围存在一些真空领域。例如，企业与职业院校合作建立实训基地的相关支出，能否如实税

前扣除，也缺乏明确的具体规定。二是公共财政教育投入的总量偏低，制约了技能型人才的发展。根据相关学者针对英、美、日、印度等38个人口超过1000万人的国家的调查显示，政府教育投入与人均GDP之间的相关性表现为：当人均GDP达到300美元时，教育经费所占比重不低于3.29%；当人均GDP达到800～1000美元时，教育经费所占比重的下限为4.06%～4.24%（骆勤，2004）。2017年，中国人均国内生产总值59660元（同比增长10.5%，比上年增长6.3%，合计为8836美元，名义增长8.7%），从1996年开始，我国的相关政策要求教育经费占国家财政的4%以上，但在2012年之前，这一数字一直在3.5%左右徘徊。党的十八大以来，以习近平同志为核心的党中央坚持把教育作为财政支出重点领域予以优先保障。《国家教育事业发展"十三五"规划》进一步明确"一个不低于、两个只增不减"的要求：国家财政性教育经费支出占国内生产总值的比例一般不低于4%，确保财政一般公共预算教育支出逐年只增不减，确保按在校学生人数平均的一般公共预算教育支出逐年只增不减。2012年，国家财政性教育经费支出占国内生产总值的比例实现了4%目标，并连续五年保持在4%以上。2013年，这一比例达到4.30%；2014年，这一比例为4.10%；2015年，国家财政性教育经费占国内生产总值比例达到4.26%，比上年的4.10%多出0.16个百分点；2016年，国家财政性教育经费占国内生产总值比例为4.22%；2017年，这一比例再次超过4%。值得注意的是，伴随着教育投入总量的增加，教育经费支出的结构仍需优化，各级各类教育财政的保障程度仍需进一步提高。总体来说，公共财政教育投入总量与发达国家相比仍然有一定差距，制约了公共支出体系中可能用于职业教育发展的财力支持。加上各级政府对于职业教育在整个国民教育序列中地位的认识不足和教育经费的结构性问题及教育财政保障仍显乏力，在本就不宽裕的教育财政投入"总盘子"中，对占高中阶段教育和高等教育半壁江山而又有着较高教育成本的职业教育的财政性投入却远远低于普通教育。2017年普通高中学校生均教育经费总支出比上年增幅达10.7%，而中等职业学校生均教育经费总支出比上年增幅仅为8.11%。这使得职业教育投入和教育发展现有的规模严重失调。三是公共资金投入的绩效评价体系不健全，预算管理上未能单独编列技能型人才专项预算。在财政管理中，注重预算资金分配的资源投入，而忽视其相应产出的绩效评估。很多部门一方面要求增加技能培训的预算拨款；另一方面却存在大量的财政性教育资金浪费和低效率使用的现象。在预算管理上，受现行政府部门职能分工的局限，也未能将技能型人才培训的相关预算支出纳入专项预算体系。而在大多市场经济国家，对职业教育或其他形式的技能型人才培养投入是以复式预算体系中的特别预算形式单独列示。

职业教育的发展，特别是其规模的大小、布局结构，如果仅凭市场这只"无形的手"来支配，将会产生极大的偏差。技能型人才培养的收益者包括劳动者本人、用人单位和社会，而其中社会又是最大的收益者，因此政府必须承担对技能型人才培养的主导作用，尤其要重视公共财政购买职业教育和培训"产品"，从而保证对职业教育和培训的投入与同期应有的规模相匹配。

1. 体现"道路规则"的财政机制

财政政策作为宏观调控的重要工具，其政策导向功能可以从两个层面加以归纳：从行为规范的意义上讲，财政政策体现了政府为实现特定社会经济目标，主动调整财政分配过程和分配关系的基本准则和行为方式。通俗地说，就是确立微观经济主体行为选择的"道路规则"（如同规范行人和车辆的"道路交通规则"一样，要让微观经济主体明白"什么事情应该做、什么事情不应该做"的道理，从而自觉地遵守"规则"，规范其市场行为）；从政策操作的层面上看，财政政策是在对微观经济主体分配过程中形成的既定模式，也就是凭借税收负担的差别对待，以及公共支出的重点投入等等政策手段，体现政府鼓励或限制经济或社会某一方面事业发展的政策意图。

作为宏观调控的重要工具，财政政策显示出政府为实现特定的社会经济目标，主动调整财政分配过程和分配关系的基本准则和行为方式，是确立引导微观经济主体行为选择的"道路规则"。技能型人才的成长，并非是某一组织个体内生的演进过程，其获益者也不仅仅是技能型人才自身，而是有利于整个社会的具有一定公共利益色彩的事情。在当前我国社会经济转型时期，随着经济体制改革的日益深化，渐进式改革利用已有组织资源推进市场化进程的"渐进演化"模式，也面临着过渡期内计划与市场长期并存的矛盾，以及由此所造成的相互摩擦与冲突、混乱与无序等问题。在这样的时代背景下，技能型人才发展的制度演化与战略决策，自然要受到多种因素的影响，而政府财税政策所具有的导向性功能，将从制度层面上改善相关经济组织对政策稳定性的理性预期，制定相对较长时效的职业教育发展战略。这种政策调整与制度安排的构建，既有利于我国社会转型期人才发展战略的及时调整，也符合知识经济时代综合国力竞争对高技能型人才的要求。因此，要深化公共预算改革，完善教育资金分配体制，为职业教育的发展增加投入。

一是形成以"技能型人才开发"为编制基础的预算制度

从职业教育对经济社会发展和人力资源开发的作用出发，大力推进政府收支的分类改革，建立以技能型人才的投入为编制基础的跨部门预算制度。

在我国现行的公共管理实践中，一个部门提供多种服务、某种服务由多个部门提供的相互交叉现象屡见不鲜；社会转型时期，各政府职能部门之间的相互"越位"与"缺位"问题，也始终没有得到妥善解决，这方面在职业教育的财政投入方面也深有体现。职业教育的资金投入，大体上包涵于如下序列的部门预算之中：各级教育行政部门的高等和中等职业教育经费、各级发展和改革委员会拥有的职技培训基本建设资金的二次预算分配、税务系统以税收优惠形式体现的促进技能型人才培养的税收支出预算、民政部门用于民间组织技能型人才培训的支出等，这导致现行技能型人才培养的资金投入带有较强的政出多门的色彩。因此，有必要结合推进中的政府收支分类改革，按照技能型人才培养的类型与模式，建立以政府财政部门为主导，以教育系统部门预算为基础，重新划分技能型人才教育与培训投入的收支分类，逐步推行跨越部门边界的以"技能型人才投入"为编制基础的"跨部门预算制度"。

二是建立技能型人才投入的绩效评价与追踪问责机制

目前，各级审计部门对职业教育投入的审计大多属于事后的结果审计，从减少财政资金浪费、提高政府审计效率的角度，亟须探索建立融合产出导向的绩效审计模式，加强对技能型人才投入的事前与事中动态监控，将职业教育经费预算管理中发现的问题披露、杜绝在萌芽阶段，从而避免财政资源的非效率性漏损。就现阶段而言，在技能型人才投入的绩效评价上，其突破口在于逐步完善教育部门内生性的技能型人才投入绩效自评机制，结合外部财政收支审计和绩效审计的环境约束，探索建立相应的追踪问责与奖惩机制。这种方式，既可以实现绩效取向的职业教育经费预算管理模式，又可以从制度上构建起来自于内部控制与外部监督两个方面的技能型人才经费投入高绩效管理的"道路规则"。

三是完善"产学合作一体化"的相关财税政策

在这方面，我们可以借鉴德国的做法。在德国，政府出面干预，使产学合作制度化，学校和企业相互支援、共同受益，已积累了相当成功的经验。一方面，企业依据其投入教育的财力比例分享教育成果；另一方面，学校培养企业所需人才，以接受企业的资金援助。同时，德国政府设立"产业合作委员会"，对企业和学校双方进行监督，对与学校合作的企业给予一定的财政补偿。对不依靠大学培养人才的企业则增加一定的税金，并公布因教育水平低而不能满足企业需求的学校名单，减少或停止其财政支持，以此促进产学之间的互动合作。我国高职院校在校企合作方面进行了许多有益的探索，也积累了不少成功的经验，但由于企业和学校利益的兼容性弱、企业缺乏校企合作的内驱力，积极性不高。导致企业参与职业教育的责任缺失，主要是其经济理性使然。然而，社会主义市场经济赋予了职业教育的现代性。在社会主义市场经济环境和反对教育"产业化"背景下，校企合作要向深层发展，必须遵循社会主义市场经济的"自然法则"（规律）和"自觉法则"（法律法规），找准校企合作的切入点，创新合作模式，构建合作的利益平台，以激活企业的积极性，实现校企双方"共赢"。在具体操作层面上，可以从以下三个思路来加以谋划：第一，建立企业职业培训投入的加倍扣除制度。企业用于职业培训的投入，不仅可以如数在缴纳企业所得税前全额扣除，还可以按照一定的比例加倍扣除，以鼓励企业加大职业技术培训的力度。第二，完善企业、社会团体和个人对职业技能培训机构捐赠投入的免税制度。企业和个人对职业技能培训机构的捐赠，不受现行税制的限制，可以全额扣除；取得捐赠收入的职业技能培训机构的这部分收入也不作为一般经营性收入，同样享受免税待遇。第三，对于实行"产学合作"并且具有一定规模、成绩突出的企业，经有关部门审核，可以比照校办企业的有关税收优惠政策，予以适当鼓励与扶持。

2.鼓励学校内部创收

当然，完全通过国家的投入来解决职业教育资金的不足的问题是不现实的，职业院校的资金投入要走多元化的筹资道路。办学成果积累的无形资产及其不断积累着社会的认可度和知名度，可以吸引企业、社会团体和公民个人的资金和力量参与办学。

职业院校必须建立自我发展的融资机制，鼓励学校内部创收成为获得教育投入资本的重要途径。同时，在较为完全的市场经济条件下，职业院校在"集团化办学"体系中的地位也必须有自身较为充足的资金做支撑。如果在办学过程中时时处处伸手要钱，必然会影响院校在职业教育集团中地位的稳固，职业院校作为集团中承担理论教学权威角色的"话语权"也将无形中被剥夺，从而在根本上伤害到"集团化办学"中教育教学的"纯粹性"和"崇高性"，影响技能型人才培养的质量。职业院校在完成教学和科研任务的同时，应该充分利用实用人才密集、设备仪器先进等等条件为社会和企业提供科技咨询、技术服务，既为学校增加了收入，又为学生提供了实践机会。学校的校办企业应实行企业化管理，对于发展前景较好、效益显著的项目，应该有组织、有计划地大力开发。

3.政府主导下的多元投入机制

从经济学的角度讲，职业教育应归属于"准公共产品"，直接受益者是相当数量的社会公众和接受其就业的企业，但最终受益的是国家和社会。因此，政府必须承担起承办职业教育第一主体的责任，切实加大职业教育投入，体现政府对职业教育的责任。同时，政府应发挥公共财政宏观调控的作用，对办学质量好、毕业生就业率高的学校和专业予以资金倾斜和支持，鼓励其发展；对办学差、就业不好的学校和专业，减少拨款额度，限制其发展。政府可以协调和指导企业对职业院校毕业生的使用，哪个学校和培训机构培养的毕业生适应经济社会发展需要，就购买那个学校和机构的"产品"。政府还应在征地、科研、人才引进、实训基地建设等方面给予职业院校政策上的支持和优惠，在技术、信息等方面对毕业生提供跟踪服务。

应多渠道筹集资金，建立国家、企业、社会和劳动者个人的多元投入机制。在逐步加大政府投入的同时，认真落实财政部等11个部委《关于企业职工教育经费提取与使用管理的意见》（财建〔2006〕317号）的精神，根据企业对从业人员技术要求的高低、培训任务的轻重以及经济效益状况，按企业职工计税工资总额的1.5%-2.5%足额提取职工教育经费，准予税前列支，并保证一半以上用于技能型人才培养。市、县（市、区）人民政府可统筹其中的0.5%部分，专项用于技能型人才培养。统筹由地方税务部门代征，同级劳动保障部门负责提供应征单位的名单和应征金额。用于职业教育的城市教育费附加中，要有不少于20%用于技能型人才的教育培训。要确保基层工会留成经费（一般是行政总盘子中拨交工会经费的60%部分）的25%用于职工教育。同时要加强规范使用职工教育经费的督查，惩处挤占、挪用，对不开展职工教育和培训的企业，相关管理机构应考虑全额统筹其职工教育经费。

第一部分

治理视域下的现代职业教育总框架

在对近几年关于"现代职业教育体系"的构建及其治理问题丰富理论成果的学习及对党和政府关于"现代职业教育体系"相关政策的认真把握下,诸多认识问题有了明确的答案,但院校治理的破冰实践还需假以时日。本部分将先对"现代职业教育制度"及其治理现代化有一点自身初步的认识,在如下理论探赜和实践认识的背景下,展开"学校治理"方向的研究。

1.1 基本认识问题

如果说,"治理"是现代学校制度的核心,那么集团化办学及与其相关的"现代学徒制"、校企合作"双主体办学"和"中高职衔接"等就是组成现代职业院校制度的关键性元素。诸多的认识实际上当然是源于我们在构建"现代职业教育体系"大环境下的实践工作基于这样的思维方式:人们是"在"世界中思考世界,而不是以旁观者身份对世界进行哲学思考。正如维特根斯坦在对詹姆斯·乔治·费雷泽所著《金枝:一项比较宗教学的研究》的评论中所言:"……其实我们只需要把看到的东西以正确的方式显现出来即可,无需添加其他评论,我们想从研究中得到的结论便自然而然地得到了。"[①]

1.1.1 "政府主导"——现代职业教育建设的体制保障

同普通教育一样,职业教育也具备"公共产品"的性质,要"提供两个公共产品:一个公共产品是在全社会通过职业教育能够弘扬工匠精神,

---

[①] 转引自:大卫．T．汉森等:《将哲学视角与田野研究融入"人"的存在研究中:一个过渡性的结论》．载《哲学与教育研究》,2015年第2期。

一个公共产品是提供大量的大国工匠。"①体现终身教育理念、中等和高等职业教育协调发展、具有高度系统性与开放性特征的现代职业教育体系，一方面要适应经济发展的要求，包括国家的整体经济发展水平和地方不同层次的经济发展水平与区域产业特色；另一方面又要实现中等和高等职业教育的合理衔接、职业教育与普通教育的相互融通、学历教育与职业培训的协调发展。进一步，我们可以将职业教育作为一个整体进行论述，基于此种假设下的职业教育是一种"准公共产品"，既不是免费的公共物品，也不是纯粹由个人付费的私人物品，而是兼具公共性和私人性的准公共产品。现阶段，我国"职业教育产品"还不能是完全免费（目前绝大部分地区实现了学费全免，而中、高职学校都存在着相当一部分杂费需要求学者缴纳），经济发展水平还不能完全满足全体劳动者接受职业教育的需求。②也就是说，一些人享用或消费了职业教育产品，至少减少了其他人对职业教育产品的享用或消费；即在相当长的一段时间内，职业教育的价值仅只对缴费的人提供（即便有学费减免的政策，但也是谁付款谁受益），是既具备一定的"使用排他性"和"消费竞争性"，又有着某种程度上的"非竞争性"和"非排他性"的教育产品。

外部性（externalities，或溢出效应、外部效应）是指企业或个人向市场之外的其他人所强加的成本或利益；某一个经济体的经济活动影响了其他经济体或者个人，却没有因此而付出成本或获得收益。③职业教育的产品属性决定了职业教育具有明显的外部性。正是外部性的存在，使私人部门不愿提供更多的职业教育产品，因而造成职业教育供给不足。因此，为使资源配置更有效率，政府必须成为提供职业教育的主导。

现代职业教育体系建设是一个范围广、层级多的综合性的复杂的系统工程，既要对体系的内容有明确的要求，又要构建一个科学合理的体系结构；既要明确不同类型教育之间的建设计划，如普通教育与职业教育的融通、职业教育与社会培训的结合，又要对不同层级之间的教育有明确的规

---

① 教育部长陈宝生.在十二届全国人大五次会议记者会上答记者问时的讲话，2007-3-12.
② 高培勇，崔军.公共部门经济学［M］.中国人民大学出版社，2001.
③ 吴启迪.职业教育：面向人人的教育［J］.求是，2007（14）.

划，如中高职之间的衔接、高职与本科的衔接，等等。在当今中国的经济环境和实际的政治运行体制内，这些规划的形成与制定必须在政府主导下进行，因此，对政府的角色以及作用机理要有明确的定位与认识。我们认为，现代职业教育体系的构建无论从宏观的规划及政策的形成、执行，乃至于微观的经济社会支撑，均应以政府为主导。

1.1.2 "利益相关者"——现代职业教育建设的逻辑基础

当前，我国职业教育尚不能从根本上满足经济社会发展需要，与职业教育自身基础薄弱、内外部环境复杂、参与主体多元且利益诉求冲突有关，更为重要的原因在于，未能形成相对完善的动力机制，而在治理理论基础上形成的"利益相关者"理论无疑成为了构建现代职业教育治理体系的逻辑基础。

现代职业教育制度是一个巨大的、复杂的制度体系，关联到方方面面，内涵非常丰富，既涉及职业教育系统内部的诸多关系，又涉及职业教育系统自身与外部系统的关系；既有教育产权问题，又有职业教育运行和院校治理问题；不仅要建立和社会主义市场经济相适应的大学产权制度，还要建立与现代组织管理相适应的法人制度。从某种角度来看，职业教育办学体制机制的改革和创新是建立现代职业教育制度的一个关键环节。而办学体制机制既与教育产权密切相关，但又不局限于教育产权，当分析办学的体制机制问题时，很难将职业教育内部和外部系统完全分开。因此，无论内部或者外部的"利益相关者"的利益表达成为现代职业教育制度构建的逻辑起点。

办学体制和机制是对学校进行管理的一套制度体系，要回答两个重要问题：一是哪些社会主体可以办学？二是这些社会主体之间关系如何？《国家中长期教育改革和发展规划纲要（2010—2020）》对职业教育"建立健全政府主导、行业指导、企业参与的办学机制"提出了明确的要求。当前，构建现代职业教育体系，改革和创新职业教育办学模式，建立政府、学校、企业以及社会各方利益相关者共同分担职业教育基础能力成为办学体制机制改革的重要切入点，制定促进校企合作办学法规，促进校企合作制度化成为现实而迫切的任务。

"利益相关者"理论产生之初就是为了超越"股东利益优先",一个突出特点是重视"他者"利益。"他者"暗含了外部关系的存在,正是因为该理论本身的特点,利用其来研究不同主体间的交互关系有其必然性。在相关的研究中,已经揭示了职业教育研究存在诸多的利益群体,如学校、政府、企业、社区、学生及其家庭,以及竞争对手和媒体等。但这些利益群体是否可以成为利益相关者?如何成为利益相关者?它们之间的关系是怎样的?它们之间是如何互动而促进或阻碍职业教育发展的?对于这些问题的阐释,"利益相关者"理论提供了一个很好的视角。

1.2 基本理论依据

研究现代职业教育体系的模式和框架创新问题需要以正确的理论观点为支撑。在诸多的相关理论中,对我们所研究的这一问题最具指导价值的有两个:一个是人力资本的理论,另一个是人才强国的战略。

1.2.1 人力资本理论

20世纪50年代以后,西方经济学的人力资本理论的产生直接促成了现代人力资源管理的兴起。受其影响,国家和地区的政策制定者开始转变将劳动力简单地视为完成特定工作任务的工具的理念,而将"人"看作是可以能动地促进国家和社会财富增长的资源。

1.2.1.1 人力资本理论的主要观点

1906年,欧·费雪首次提出了"人力资本"的概念。所谓"人力资本",是指劳动者接受教育、培训、实践经验、迁移、保健等方面的投资而获得的知识和技能的积累,亦称"非物力资本"。由于这种知识与技能可以为其所有者带来工资等物质或精神方面的收益,因而形成了一种特定的资本——"人力资本"。作为一个概念,"人力资本"的提出是比较早的;但作为一种完整理论的创立,则是由美国著名经济学家舒尔茨(T·W·Schultz)完成的,他因而获得了"人力资本之父"的美称。其代表作是《论人力资本投资》，这篇论文连同他在 20 世纪 50 年代末 60 年代初所发表的诸多著述构成了系统的人力资本理论。

人力资本理论的主要观点集中体现在如下四个方面：其一、由于人力资源是经济和社会发展过程中所需要的一切资源中最主要的资源，因此，人力资本问题就成为了经济学的核心问题；其二、在影响经济增长的诸多因素中，人力资本的作用大于物质资本的作用。舒尔茨认为，在现代化生产条件下，劳动生产率的迅速提高正是人力资本大幅增长的结果；其三、人力资本的核心是人口质量的提高，对于用人单位来说，人力资本的核心就是员工素质的提升；而由于教育是提高人力资本最基本的主要手段和人力投资的主要方面，也可以把人力投资问题视为教育或培训投资问题；其四、教育投资应以市场的供求状况为依据，以人力资本价格的浮动为投入和产出效益的衡量符号。舒尔茨认为，我们正处在一个复杂多变的动态世界，一个国家或集体企图制定一个一劳永逸的人才规划，然后按计划循规蹈矩地去办，这是脱离现实的。根据一般的经济规律，"有需求就有供应"，人力资本的投入应该由市场供求来调节。① 上述这一系列的观点将对本研究下面关于现代职业教育体系的构建产生直接的指导作用。

1.2.1.2 人力资本理论的指导价值

舒尔茨人力资本理论的价值核心是什么？他为什么会获得诺贝尔奖？他对人类的贡献是什么？它对今天中国的价值是什么？笔者认为他在获诺贝尔奖演讲时的一段话最能说明问题："世界上大多数人是贫穷的，因而如果我们懂得穷人的经济学，也就懂得了许多真正重要的经济学原理；世界上大多数穷人依靠农业为生，因而如果我们懂得农业经济学，我们也就懂得许多穷人的经济学。"由此可见，人力资本的理论的最大价值在于提高千千万万穷人的素质，尤其是农民的素质。现在我国正处在全面实现工业化和城镇化的历史阶段，政府要承担起提高农民素质的重任，按照人力资本的理论观点，就是通过教育和培训把农民由体能型的人变成技能型的人，并采取有效的对策使其在经济社会发展的实践中逐渐成才——成为技

---

① 西奥多·W·舒尔茨.人力资本投资：教育和研究的作用[M].蒋斌,张衡,译.北京：商务印书馆，1990.

能型人才。政府如果做不到这一点，就是失职，民族的复兴就会变成一句空话，全面建成小康社会和社会主义现代化强国的"中国梦"也会落空。

然而在实践中，政府在这方面还存在着缺失。2005年中国经济学杰出贡献奖得主吴敬琏在答辞中曾反思说："十分惭愧的是，由于我在学校所受到的经济学教育基本上苏联的一套，受到苏联式的只重工业、轻视农业、认为只有工业才是社会主义物质生产基础的偏见的影响，我自己对于中国农村、农业、农民以及农业经济学，几乎是一无所知的。这种认识上的缺陷，不能不影响到自己对中国改革问题的把握。以致我在20世纪50年代参加中国经济问题研究以后的很长时期，甚至在改革开放以后，眼界也在很大程度上局限在国有大企业改革的狭隘范围之内。"改革开放以来，吴先生一直是国家重大经济政策的积极参与者，他的反思从一个侧面反映出政府的政策确有调整和完善的空间。所以我们研究政府在培养与使用技能型人才的责任与对策的问题时，就是要以人力资本的理论观点为依据，发现我们的问题，分析这些问题产生的原因，并提出解决这些问题的思路。

根据人力资本理论的主要观点，政府在履行技能型人才培养与使用职责，并制定和实施相关对策时应该树立哪些理念呢？我们认为主要有三点：一是树立"技能型人才是由投资形成的一种人力资本，它与经济增长和个人收益增加密切相关"的理念。按照这一理念，政府应该深刻认识到，人力资本理论有助于我们认识技能在现代经济中的决定作用，要求我们将技能人力资本摆在经济增长的核心位置，依靠人力资本积累促进经济增长，将经济增长从主要依靠资源挖掘型的粗放型增长方式转变到主要依靠人力资本积累和技术进步的集约型经济增长方式上来；二是树立"政府在技能型人才的培养和使用方面担负应尽责任"的理念。从技能使用者的角度划分，技能分为"通用技能"和"特殊技能"两大类，"通用技能"是指普遍需要或某一行业中都适用的技能，"特殊技能"是指仅适用于特殊的生产设备和生产环境的技能。由于通用技能具有经济学意义上的"半公共产品"性质，企业不会自觉地去承担这个社会责任而为通用技能的培训买单；但由于在市场上招聘不到具有特殊技能的人才，就只能自主培训并自觉自愿地为之支付费用。要解决企业无论是对通用型还是特殊型技能型人才培养积极性的机制问题,首先要解决的问题就是如何将技能培养成果与企业的生产效益或者社会效益直接联系起来。一方面,政府应通过促进职业教育的发展,培养大量的适应经济建设发展需要的技能型人才,使之与国民经济发展的总体战略、区域战略、产业战略相适应;另一方面,政府应监督企业一定比例的资金用于技能型人才的培养,包括通用技能型人才的培养。此外,政府还应充分发挥公共财政的作用,为技能型人才的培养创造条件。①② 三是树立"真正从重视物质资本投资转变到重视人力资本的投资上来"的理念。在实践中要做到这一点并不是容易的事,特别是将其上升到决策层次更是如此。政府应该采取促进技能型人才人力资本投资的政策,以促进经济增长,成为人力资本的首要投资者。如果在技能型人才的培养与使用中能够贯彻这三个理念,那么政府所采取的各项对策就会取得显著效果,政府在这方面所承担的职责,也会得到妥善落实。

1.2.2 人才强国战略

中央提出的"人才强国战略"对技能型人才的培养与使用有重要的理论指导意义,这一治国方略是在深刻复杂的社会背景下提出的。随着改革开放以来党和国家工作重心的转移,人才问题日益突出,从国际看,经济全球化深入发展,知识创新、科技创新、产业创新不断加速,人才资源成为关系到国家竞争力强弱的基础性、核心性、战略性资源;从国内看,高层次人才和高技能型人才严重短缺,人才结构不合理,人才管理体制、运行机制与市场经济体制不适应等矛盾日益凸显。

2002年,中共中央、国务院制订下发《2002—2005年全国人才队伍建设规划纲要》,首次提出了"实施人才强国战略"的主张,确立了人才队伍建设的指导方针、目标任务,并搭建起相应的政策框架。在2003年12月,首次召开的中央人才工作会议上,明确提出"技能型人才"的概念,肯定了技能型人才在经济社会发展中的战略地位,并在《中共中央、国务院关于进一步加强人才工作的决定》中将技能型人才纳入国家"人才强国

---

① 西奥多·W.舒尔茨.论人力资本投资[M].吴珠华等,译.北京:北京经济学院出版社,1990.
② 加里·德斯勒.人力资源管理(第6版)[M].刘昕,吴雯芳,译.北京:中国人民大学出版社.

战略"总体规划，把培养高技能型人才作为"两高"战略重点（即突出造就高层次人才、培养高技能型人才）之一。2007年，"人才强国战略"作为发展中国特色社会主义的三大基本战略之一，写进了中共党章和党的十七大报告，并在此之后成为党和国家一系列涉及到经济政治和社会问题的相关政策制定和执行的基础性战略之一。无论进行理论研究还是科学实践，我们必须深刻领会人才强国战略的理论内涵，并用其指导技能型人才培养与使用的实践，才能实现经济社会快速发展的预期目标。

1.2.2.1 人才强国战略的理论内涵

人才强国战略的核心思想是"人才兴国"，也就是说，任何国家的综合国力及其核心的竞争能力都必须依靠人才来提升；人才强国战略的目标指向是"建设现代化强国"，这与我国到本世纪中叶基本实现现代化的总体目标相对应；人才强国战略的工作重心是"建设人力资源强国"，围绕着这一工作重心，要求政府必须依靠法律、法规和各项政策，调动各方面力量开发人力资源，加快我国从人口大国向人力资源强国转变的进程。

因此，"人才强国战略"对技能型人才培养与使用的理论指导价值主要体现在两个方面：一是要我们不断加大技能型人才的培养与开发的力度，全面提高技能型人才的基本素质，使技能型人才资源的数量大幅度增加，质量大幅度提高，进而加强国家的综合国力和国际竞争力的提升。二是要我们不断创新技能型人才使用机制，深化人才人事制度改革，优化技能型人才资源配置，提高其使用效益，营造尊重人才的社会环境。

1.2.2.2 人才强国战略的指导价值

技能型人才在民民经济和社会发展中发挥着特殊的作用。在"两办"联合发布的《国务院关于大力发展职业教育的决定》中提出要推进"人才强国战略"，并且把技能型人才工作作为国家发展的战略性任务。[①]"人才强国战略"对于党和政府制定切实可行的技能型人才培养和使用政策，提高技能型人才的战略地位，具有重要的理论指导价值：

第一，应大力加强技能型人才的培养与使用工作。技能型人才是生产

---

① 国务院关于大力发展职业教育的决定[EB/OL].（2005-10-28）[2005-11-9].http://www.gov.cn/zwgk/2005-11/09/content_94296.htm.

劳动第一线的重要骨干力量，对自治区实现经济社会又好又快的发展具有重要的意义。必须充分认识到，一个地区技能型人才队伍的数量和质量，特别是其质量的高低，将直接影响到这个地区的产业水平及其经济的竞争力，影响到这个地区社会进步综合实力的提升。

第二，要扩大技能型人才队伍，就要优先推进技能型人才的开发。这就需要政府加大技能型人才培养的投入力度，即加大技能人力资本的投资，主要是加大职业教育和职业培训的投入。发达国家走向现代化的过程，基本上有两条可供选择的路径，一条是人力资本积累优先战略，一条是物力资本积累优先战略。相比较而言，前者既能缩短时间，又能实现可持续发展，应该是我们的理性选择。但是现实中，我国各级决策部门的实际运作往往并非如此。人力资本理论的创立者W·舒尔茨曾经指出，相对而言，发展中国家往往比较注重物力资本投资，忽视人力资本投资，而这恰恰容易构成经济发展的"瓶颈"。实施人才强国的战略，就是要突破制约经济发展的"瓶颈"，其根本途径就是提高人力资本投资在整个财政支出中的比重，特别要增加站在经济发展第一线的技能型人才人力资本投入的比重。同时还要切实提高教育和培训经费的使用效率；改革技能教育和培训体制，树立大教育、大培训观念，使职业教育和培训系统真正做到早出人才、多出人才、出好人才。

第三，技能型人才使用问题的关键是相关政策及其实施成效的问题。有了科学合理的技能型人才培养和使用的政策，不仅能够使优秀的技能型人才脱颖而出，而且能够充分发挥其在经济建设和社会发展中的作用。为此，除了加快对技能型人才的培养步伐之外，还要建立健全客观、公正的技能型人才评价体系和评价机制，为其培养和使用提供准确的依据；建立更为科学的分配机制和激励机制，做到内部具有公平性、外部具有竞争力；同时提供更为可靠的技能型人才保障机制，使其为经济社会发展贡献力量而更无后顾之忧。

1.2.3 "系统"理论

20世纪以来，从艾肯的"超循环系统理论"、哈肯的"协学生"到帕森斯、鲁曼等人对社会系统的理论建构，现代"系统论"已为多学科的有效整合提供了理论基础。在社会学、管理学等学科及社会生产实践的广阔天空下，整体性、关系性的新思维取代了实体性、原子式的固有模式。因此，系统论也成为对现代职业教育治理问题进行深度剖析的全新视角与理性选择。

1.2.3.1 现代职业教育治理体系是一个复杂的系统

现代职业教育治理体系作为社会系统的重要组成部分，不是一个简单的系统，而是一个复杂的"体系"。

治理主体是治理体系内部的第一要素，具有认识能力、统摄作用和实践性。现代职业教育治理的主体是指在职业教育治理活动中发挥其能动性、创造性的个人或组织，包括政府、学校、企业与行业协会，只有借助治理主体的现实作用力才能使职业教育的现状发生改变。现代职业教育治理主体又具有多元、异质的特征，这种复杂性也决定了治理体系的复杂性。

现代职业教育治理是多元主体之间的合理性在于自身禀赋赋予其在治理体系内扮演着不可替代的角色，其互动过程是利益主体、权力主体与责任主体的统一，并整合、支配着其他系统要素的使用。因此，现代职业教育多元治理主体之间的关系构成治理体系的基本结构。

1.2.3.2 "有序"是现代职业教育治理的理想境界

现代职业教育治理体系的构建是对职业教育管理"政出多门"与"无人问津"等现象并存的混乱无序状态的"回应"。

我国职业教育管理的无序性从根本上说是由于各相关主体之间权责关系的失衡，政府依靠自身的资源垄断与行政性指令形成的强势性地位挤压了其他利益相关主体参与职业教育治理的生存空间，多元主体协同共治的格局还未完全形成。而现代职业教育治理体系就是要通过促进主体间的"协同"使得现实的"无序"转化为"有序"，由现实的无序向理想的有序状态的转化关键在于激活体系内部各异质性主体之间的协同共治效应，正是由于体系内部的协同作用力得到增强，才使有序化的系统结构得以形成。

现代职业教育治理体系的有序性是实现其整体功能优化的基础，"有序"是实现职业教育治理体系整体功能的优化的先决条件。"有序"能够启动职业教育治理体系内部运行的自组织机制。职业教育治理体系作为一个复杂的社会特殊治理体系，各治理主体之间存在目标期待的分歧，系统内部的统和程度弱，限制了其整体功能的发挥。有序的治理体系使系统能够按照既定的规则、程序自行运转，在总体平衡中实现稳步前进。"有序"可以提高职业教育治理体系对外部环境的自适应性，保证系统新陈代谢机能的有效运转。职业教育必须适应产业结构调整与优化升级的要求，现代职业教育治理体系的构建将明确市场化的改革方向，通过建立起政府—市场—社会三方联动的有序结构，实现职业教育与社会生产的对接与融合。

1.2.4 多中心治理理论

"多中心治理"的奠基者文森特·奥斯特罗姆等认为："多中心"即是有很多个决策中心，通过契约性关系开展合作，可以有效解决诸多竞争性问题。[①] 多中心指多个实权中心配合，靠相互调整与制约的关系协同为社会提供公共服务。

相对于单中心，现代职业教育体系探索多元主体共同参与的多中心治理模式，实现相互促进的治理格局。这一理论体系在职业教育治理过程中强调政府、学校、企业、行业等都有一定限度的决策权，表达不同群体的利益需求。

在现代职业教育体系运作过程中，政府承担政策配套、监督指导的工作，其作用的发挥主要体现在政策配套以及资金拨付等方面，从校企合作协调等方面对学校办学的进一步发展进行支持；结合校企合作的状况，从企业税收的减免、员工培训等方面出台相应的扶持政策；通过与行业协会的联系来加强对企业的政策指导。学校承担教学、培训的工作，与企业合作实现理论教学与实践教学的衔接、校企合作课程的开发；与政府合作提供社会服务，为企业培训员工等；与行业协会合作，运用行业标准对人才培养标准进行规范，通过行业协会加强与企业的联系，促进校企合作深入开展。企业承担实验实训建设工作和就业保障，与学校合作开展校企合

---

① 文森特·奥斯特罗姆，艾莉诺·奥斯特罗姆著，毛寿龙译.公益物品与公共选择[M].中国人民大学出版社，2015.

作课程开发和招工就业等方面的工作；与政府合作及时获取政策方面的支持；与行业协会更加深入地进行沟通与协调，使行业标准更加贴近于生产标准。行业协会是政府、学校、市场以及企业间的中间组织，承担标准制定的工作，向政府提供行业需求变化，为政府等行政部门教育方针的制定提供保障；为职业院校提供行业发展、岗位需求等信息，为专业设置、人才培养模式的制定提出更专业的意见；对企业而言，行业协会更可以发挥规范和协调校企合作等方面的作用。特别需要强调的是，政府有能力将职业教育和培训与企业利益联系起来。要解决企业自主培养技能型人才的机制问题，首先要解决的问题就是如何使这种培训与企业的生产效率直接相关起来。一方面，政府通过促进职业教育的发展，培养大量的适应经济建设发展需要的技能型人才；另一方面，政府监督企业一定比例的资金用于技能型人才的培养，包括通用技能型人才的培养，使技能型人才的劳动报酬与其劳动能力相匹配。此外，政府还可以充分发挥公共财政的作用，直接投资于公共实训基地建设等事业中，为技能型人才的培养创造条件。

上述几方面力量相互配合，通过多中心治理将多个主体引入，使监督与制约体系更加健全，使资源得到充分利用与共享，实现共同建设的目标，有效地保障治理的进行。

1.3 现代职业教育体系构建的政策背景

体现终身教育理念、中等和职业教育协调发展、具有高度系统性与开放性特征的现代职业教育体系，资金的投入、政策的保障、法律的支撑等等，这些规划的形成与制定必须在相关法律的框架下进行。"依法治国"是中共十五大提出的治国基本方略，并已写入中华人民共和国的宪法中。现代职业教育体系的构建和完善，一定要严格遵循相关法律法规的规定。

1.3.1 基本法依据

1994年颁布的《中华人民共和国劳动法》和1996年颁布的《中华人民共和国职业教育法》是建立和完善现代职业教育体系所必须遵循的基本大

法，确立了职业教育的法律地位，对政府、社会、企业、学校以及个人在职业教育中的权利和义务做了规定，对职业教育的办学体制、管理体制予以明确，标志着职业教育进入依法办学、依法管理的阶段。这两部基本法律不但是现代职业教育体系宏观规划的法律依据，也是现代职业教育体系建构的总的原则。

1.3.2 法律依据和政策背景

除这两部基本大法之外，中央相关部门还陆续出台了一系列有关职业教育的法规。具体包括：1999年中共中央、国务院下发的《关于深化教育改革，全面推进素质教育的决定》；2003年12月26日颁布的《中共中央、国务院关于进一步加强人才工作的决定》；2003年劳动和社会保障部下发的《关于贯彻落实中共中央国务院关于进一步加强人才工作决定做好高技能人才培养和人才保障工作的意见》；2004年原劳动和社会保障部下发的《关于实施"青工技能振兴计划"的意见》；2005年国务院下发的《关于大力发展职业教育的决定》；劳动和社会保障部出台的《高技能人才培养体系建设"十一五"规划纲要（2006年—2010年）》；2006年中共中央办公厅、国务院办公厅下发的《关于进一步加强高技能人才工作的意见》；2006年原劳动和社会保障部下发的《关于进一步加强技能型人才评价工作的通知》；2007年原劳动和社会保障部下发的《技能型人才培养体系建设"十一五"规划纲要》；2007年原劳动和社会保障部下发的《关于开展高技能人才公共实训基地建设试点工作的指导意见》；2008年原劳动和社会保障部下发的《推进企业技能型人才评价工作指导意见》；2011年人力资源和社会保障部发布的《技能型人才队伍中长期规划（2010年—2020年）》；2014年的《国务院关于加快发展现代职业教育的决定》，等等。

十八大以来，党和国家对于职业教育在我国国民经济和社会发展中的地位有了更为清醒的认识，并通过一系列政策加以跨越式地推动，成为各地构建现代职业教育体系的整体设计与行动指南，特别是明确提出了构建"现代职业教育体系"的规划，并使其在政策工具的使用上更为灵活丰富。《国务院关于加快发展现代职业教育的决定》（2014年）提出："到2020年，形成适应发展需求、产教深度融合、中职高职衔接、职业教育与普通教育相互沟通，体现终身教育理念，具有中国特色、世界水平的现代职业教育体系。"《现代职业教育体系建设规划（2014-2020年）》提出了现代职业教育体系实施"两步走"战略目标，最终要实现结构规模更加合理、院校布局和专业设置更加适应经济社会需求、办学水平普遍提高、发展环境更加优化的目标。在职业教育体制机制改革政策的落实方面，《教育部关于深入推进职业教育集团化办学的意见》（2015年）、《职业院校管理水平提升行动计划（2015-2018年）》（2015年）、《高等职业教育创新发展行动计划（2015-2018年）》（2015年）等，都对深化职业教育体制机制变革提出具体要求；在人才培养模式和提升人才培养质量方面，《教育部关于深化职业教育教学改革全面提高人才培养质量的若干意见》《关于建立职业院校教学工作诊断与改进制度的通知》《教育部关于开展现代学徒制试点工作的意见》等，着力于职业院校人才培养质量的提升；在加强"双师型"队伍建设，完善其培养机制方面，《职业学校兼职教师管理办法》《关于实施卓越教师培养计划的意见》等使得职业院校"双师型"教师数量和比例显著增加，在职业院校教师评价体系的健康科学发展方面具有鲜明的政策导向作用；在促进校企合作、推动"现代学徒制"模式创新方面，《教育部关于2013年深化教育领域综合改革的意见》《教育部关于深入推进职业教育集团化办学的意见》等，对产教融合、校企合作给予高度重视；对"中高职衔接"教育模式肯定和落实方面，在国务院《关于＜中国教育改革发展纲要＞的实施意见中》（1994年）首次提出不同类别、不同层次教育相互衔接的政策要求后，《国家中长期教育改革和发展规划纲要（2010—2020年）》提出，"到2020年，形成适应经济发展方式转变和产业结构调整要求、体现终身教育理念、中等和高等职业教育协调发展的现代职业教育体系"，《教育部关于推进中等和高等职业教育协调发展的指导意见》（2011年）把中高职教育衔接的问题上升到加快转变经济发展方式高度，《教育部关于推进高等职业教育改革创新引领职业教育科学发展的若干意见》（2011年）对中、高职教育的地位作用和发展任务指明了方向。

1.3.3 法律法规的意义

上述法律法规为政府制定和实施有关技能型人才的培养和使用的各项政策提供了具体而明确的法律保障，其主要作用概括起来体现在以下六个方面：一是为推行国家职业资格证书制度提供了法律保障。1994年和1996年颁布的《劳动法》和《职业教育法》，对实施"国家职业资格证书制度"作出明确的规定；1999年6月，中共中央、国务院下发的《关于深化教育改革，全面推进素质教育的决定》，强调要"在全社会实行学业证、职业资格证书并重的制度"①。近年来，国家和有关部门相继出台相关法规和条例，对于技师评聘方式的调整改革为高级技能型人才的脱颖而出提供了条件。②目前，技师、高级技师作为职业资格证书五级制中的2个最高等级，明确了具体的职业标准。③④二是为在技能型人才中建立和完善技能竞赛制度提供了法律保障。《国务院关于大力发展职业教育的决定》指出："定期开展全国性的职业技能竞赛活动，对优胜者给予表彰奖励。"⑤我国的职业技能竞赛实行分级分类管理，总体上分为国家级、省级和地市级三级。国家级分为两类，跨行业（系统）、跨地区的为一类竞赛；单一行业、系统的为二类竞赛。目前，我国职业技能竞赛的制度建设不断完善，已建立起较完整的政策体系、工作体系和技术保障体系；管理模式不断创新，已形成政府部门主导、社会力量参与、企业公益性支持的竞赛组织形式。三是为建立完善的技能型人才培养体系提供了法律保障。2002年，原劳动保障部联合中国机械行业联合会和航空、航天、兵器、船舶、机车车辆等十大企业集

---

① 国务院关于大力推进职业教育改革与发展的决定［EB/OL］.［2002-8-24］.http：//www.gov.cn/gongbao/content/2002/content_61755.htm

② 劳动和社会保障部.关于贯彻落实中共中央国务院关于进一步加强人才工作决定，做好高技能人才培养和人才保障工作的意见［EB/OL］.［2003-12-31］.http：//www.gov.cn/gongbao/content/2004/content_62919.htm.

③ 劳动和社会保障部.关于进一步加强高技能人才评价工作的通知［J/OL］.创业者，2006（16）.http：//www.cnki.com.cn/Article/CJFDTotal-CYZE200616027.htm.

④ 劳动和社会保障部.关于健全技能人才评价体系推进职业技能鉴定工作和职业资格证书制度建设的意见［EB/OL］.（2004-04-30）［2005-10-09］.http：//www.jstzhrss.gov.cn/art/200510/10461.html

⑤ 国务院关于大力发展职业教育的决定［EB/OL］.（2005-10-28）［2005-11-9］.http：//www.gov.cn/zwgk/2005-11/09/content_94296.htm.

团，实施"国家技能型人才培训工程"。通过这一"工程"项目的实施，不仅要培养出一批具有精湛技艺的高级技能型人才，更重要的是建立和完善高级技能型人才培养与使用激励机制。①②2006年，中办、国办联合发布《关于进一步加强高技能人才工作的意见》，对"完善技能型人才培养体系，大力加强技能型人才培养工作"提出了明确的意见和建议，成为迄今为止技能型人才培养方面最具权威性的政策指导性文件。③2007年，原劳动和社会保障部制订了《关于开展技能型人才公共实训基地建设试点工作的指导意见》，明确公共实训基地建设的指导思想和目标任务及其功能定位，并要求创新思路，探索多种建设模式。为此，要积极争取政府公共财政投入，规范资金的使用管理。④ 四是为推进培养和培训机构的建设提供了法律保障。《高技能人才培养体系建设"十一五"规划纲要（2006年—2010年）》指出，技工学校和技师学院改革了传统学历教育的模式，要大力推进技工学校和技师学院建设，使其成为培养后备技能型人才的主要基地。以学校教育与企业生产实际结合的方式，培养既掌握高超技艺、技能，又掌握现代科学知识的复合型人才。⑤ 五是为完善高技能人才的激励政策提供了非常全面而极具操作性的法律保障。2006年，中办、国办发布的《关于进一步加强高技能人才工作的意见》明确而又相当全面地对进一步完善技能型人才激励机制提出要求："引导和鼓励用人单位完善培训、考核、使用与待遇相结合的激励机制。引导和督促企业根据市场需求和经营情况，完善对技能型人才的激励办法，对优秀高技能人才实行特殊奖励政策。允许国有高新技术企业探索实施有利于鼓励优秀高技能人才创新创造的收入分配制度。企业应对高技能人才在聘任、工资、带薪学习、培训、休假、出国进修等

---

① 劳动和社会保障部.关于实施"青工技能振兴计划"的意见［EB/OL］.［2004-4-5］.http://wenku.baidu.com/view/9f8e982de2bd960590c67766.html.
② 劳动和社会保障部.高技能人才培养体系建设"十一五"规划纲要［J/OL］.中国职业技术教育，2007（18），［2007-3-14］.http://www.cnki.com.cn/Article/CJFDTotal-ZONE200718001.htm
③ 中办、国办.关于进一步加强高技能人才工作的意见［EB/OL］.（2006-4-18）［2006-6-11］.http://www.gov.cn/jrzg/2006-06/11/content_306934.htm.
④ 劳动和社会保障部.关于开展高技能人才公共实训基地建设试点工作的指导意见［EB/OL］.（2007-01-05）［2011-03-28］.http://www.cettic.gov.cn/zyjnjd/dypj/2011-03/28/content_407885.htm
⑤ 劳动和社会保障部.高技能人才培养体系建设"十一五"规划纲要［J/OL］.中国职业技术教育，2007（18）.［2007-3-14］.http://www.cnki.com.cn/Article/CJFDTotal-ZONE200718001.htm.

方面，制定相应的鼓励办法；对到企业技能岗位工作的各类职业院校毕业生，应合理确定工资待遇；对参加科技攻关和技术革新，并做出突出贡献的高技能人才，可从成果转化所得收益中，通过奖金等多种形式给予相应奖励。"① 六是为技能型人才使用制度的进一步健全提供了法律保障。法律法规要求完善技能型人才的使用制度，发挥他们在技术攻关、实施精品工程、带徒传技等方面的主力军作用；完善技能型人才作为新技术和新产品领军人物的相关制度，发挥其在参与重大生产决策、组织技术革新、技术攻关项目上的领头人作用；建立健全企业职工代表大会制度，充分发挥技能型人才在企业经营管理等方面的作用。

2014年出台的《国务院关于加快发展现代职业教育的决定》明确了现代职业教育加快发展必须遵循的指导思想、基本原则，提供了可行举措，指明了加快发展现代职业教育的方向。要加快发展现代职业教育，须做到：正视存在问题，把握总体要求；围绕发展"目标"，完成四大任务；纵向贯通、横向渗透，构建现代职教体系；六大举措齐头并进，整体激发办学活力；深化改革创新，提高培养质量；提升保障水平，强化组织领导。同年出台的《现代职业教育体系建设规划（2014—2020年）》强调，到2020年，要形成适应发展需求、产教深度融合、中职高职衔接、职业教育与普通教育相互沟通，体现终身教育理念，具有中国特色、世界水平的现代职业教育体系；依法确立现代职业教育体系基本架构，明确各级政府的职责，规范职业院校、行业、企业等主体的权利、义务，将职业教育体系建设的成果法制化。

在市场经济环境下，部门或行业很难对面向市场办学的各职业教育办学单位发挥统筹作用；而职业教育涉及到社会经济建设各个方面，需要政府利用其特有的地位统筹协调各方面的关系。从国内外发展的情况看，政府发挥主导作用的效果也是明显的。德国的联邦政府和各州普遍重视职业教育和研究型教育的协调发展，在政府的积极倡导下，职业教育已经成为国民教育的重要组成部分。从国内发达地区的情况来看，在广东、江苏、

---

① 中办、国办.关于进一步加强高技能人才工作的意见［EB/OL］,（2006-4-18）［2006—6-11］.http：//www.gov.cn/jrzg/2006-06/11/content_306934.htm.

山东等较为重视职业教育发展的地区，职业教育已经能够初步地满足当地经济建设对技能型人才的需求，并在技能型人才的后期培训方面逐步形成较为稳定的机制。上述党和国家针对职业教育的一系列法律法规和政策文件明确、具体的依据对现代职业教育体系的构建和完善大有裨益，也推进了依法行政的治理步伐。

1.3.4 政策工具的选择

从 20 世纪 80 年代开始广受关注的政策工具理论，在使用其进行理论上的创新和实践性的探索中首要的是如何分类问题，而采用正确和有针对性的分类范式对于促进政策的贯彻和执行显然有着不可忽视的作用。对教育政策执行工具的使用价值进行分析，学界一般采用三种分类范式，并分别以三对学者的名字命名和区分：豪利特和拉米什的治理工具分类（主要以政府介入公共物品与公共服务的程度作为分类依据，将政策工具划分为三类：强制性工具、自愿性工具、混合型工具）；麦克唐纳和艾莫尔的治理工具分类（主要以政策工具对目标人群的影响作为分类依据，将政策工具划分为五类：命令性工具、激励性工具、能力建设工具、系统变革工具、劝诫工具）；施耐德和英格拉姆的治理工具分类（主要以政府如何引导目标群体行为方式作为分类依据，将政策工具划分为五类：权威式政策工具、诱因式政策工具、建立能力之政策工具、劝说性政策工具和学习性政策工具）。以上三种分类范式是对教育政策执行与政策期望目标达成之间所采用的政策工具的分类，也是从政策工具视角研究职业教育政策及其实施的基础。

从 1991 年《国务院关于大力发展职业技术教育的决定》以初步建立起有中国特色的、从初级到高级、行业配套、结构合理、形式多样，又能与其他教育相互沟通、协调发展的职业技术教育体系的基本框架作为目标；2002 年《国务院关于大力推进职业教育改革与发展的决定》确定了初步建立起适应社会主义市场经济体制，与市场需求和劳动就业紧密结合，结构合理、灵活开放、特色鲜明、自主发展的现代职业教育体系目标；2005 年，《国务院关于大力发展职业教育的决定》确定提升职业教育的战略地位，建设有中国特色的现代职业教育体系目标，到 2014 年，《国务院关于加快发展现代职业教育的决定》明确把现代职业教育作为我国技能型人才培养体系的主攻方向，现代职业教育发展的政策目标逐步明晰，政策框架（政策板块及其中的主题）丰富具体。因此，依照适合我国职业教育发展的特点，在采用正确的政策工具分类方法完成理论上的探索之后，选择多元化的政策工具执行，并达成上述目标成为对于政策制定者最为重要的关注点。

根据20世纪90年代以来我国发展现代职业教育的政策文本分析，结合各级政府的贯彻执行政策的实践经验，可以看出，我国职业教育政策工具的选择和使用呈现出如下状况和特点，积累了一些问题和经验：

1. 开始有意识地对政策工具进行积极调适

首先，政策工具的选择是地方政府结合国家政策目标与区域需求所作出的调适与平衡。地方政府面对的执行环境存在差异，因此地方政策调适的产生具有一定客观性。东部地区有雄厚的产业经济支持以及持续旺盛的人才需求，倾向于选择力度较大的政策工具发展现代职业教育；而欠发达地区经济与职业教育未能形成良好的互动循环，区域教育体系本身的有效政策执行资源有限，同时还需考虑到本地区职业教育资源随着毕业生流入经济发达省份这一不可忽视的因素，在政策工具的选择上倾向于力度较小的工具。针对职业教育政策环境基础薄弱区域的消极性调适（如政策规避，包括对政策板块或政策主题的忽略、政策执行滞后，以及消极不作为地照搬政策等），需要中央政府加大财政转移支付的力度，支撑这些区域职业教育发展相关政策要素的顺利和有效的实施。

其次，对于政策领域出现的新问题与新需求，要不断拓宽政策工具的服务目标和适用领域。在服务目标方面，职业教育政策工具的使用不仅要满足经济社会发展对技能型人才的需求，也要注重推动个体终身学习，使其实现可持续发展。在适用领域方面，政策工具的使用不仅要针对职业教育的经费保障、专业建设、师资培养等方面，更要解决教学质量与办学效益和办学质量监控等诸多问题。

2. 注重政策"工具箱"的丰富多元化

虽然职业教育政策工具的运用逐渐多元化，改变了主要依靠单一的强制性政策工具的局面。自愿性政策工具、信息与倡导、诱因性等混合性政策工具也得到了不同程度的使用，但仍有不少行之有效的政策工具没有得到充分使用，需要进一步使用多元化的政策工具以推动职业教育改革与发展。

从目前政策文本情况来看，自愿性和混合性政策工具在职业教育改革与发展中的应用仍然不够。政府应该积极支持和鼓励自愿性组织在职业教育中的发展。从自我管理政策工具的推广和实用角度，赋予职业院校在专业设置、教师评聘等方面更多的自主权。混合性政策工具对职业教育的改革与发展有很好的引导、激励作用，应将信息与倡导、补贴、税收和用户收费及诱因型工具逐渐作为发展现代职业教育的主要政策工具。

3. 逐步拓展市场工具的使用

从1991年《国务院关于大力发展职业技术教育的决定》，到2014年《国务院关于加快发展现代职业教育的决定》，我国政府在政策的制定和执行过程中逐步重视和谨慎地使用着市场经济工具，并在一系列的试点过程中对这一工具的使用领域和目标加以拓展，弥补了传统政策工具运用所缺乏的政策绩效。

市场工具在职业教育改革与发展中的作用已得到全面的认可和更大的重视，必须更加重视其在职业教育政策执行过程中的使用。要进一步降低办学门槛，允许各类办学主体以资本、知识、技术、管理等要素参与办学并享有相应权利，调动一切可能支持职业教育发展的资源参与专业建设、教材开发和教学评价等教育教学；市场配置资源必须发挥价格机制作用，因此，应允许学校在参考市场价格信号的基础上，在政府给出的定价范围内进行自主定价；推动"学校本位"的职业教育和"企业本位"的职业培训同时发展，挖掘社会组织在办学中的潜能。

4. 仍需要促进政府部门之间的合作

从统计数据看，在涉及多部门合作的政策板块或政策主题，特别是对多属性目标，地方政策工具力度不大，公共政策难以实现多部门的充分整合，理想绩效不易达成。因此，在落实中央和地方各级政府相关政策过程中，需要关注和促进政府部门之间的横向交流，减少部门之间合作造成的"孤岛困境"(多属性目标在执行和实施的过程中,往往面临着部门之间利益不一致和资源难以整合等困境,造成部门之间在理解和执行政策时必要的相互合作的障碍,组织社会学称此谓"孤岛现象")。只有政府部门间的合作顺畅,才能对多属性的政策目标和主题做出合理的安排并充分地发挥其政策调试和指导作用,也才能使得政策的落实和执行形成明显的政策绩效。

1.4 完善新常态下现代职业教育治理体系

《国务院关于加快发展现代职业教育的决定》中提出,要"加大职业教育制度创新","完善现代职业院校制度"。《国家中长期教育改革和发展规划纲要(2010—2020年)》中明确提出把"建立现代学校制度"纳入重要的战略目标,体现了国家对这一问题的高度重视。结合各级各类职业院校教育管理实际,以下将对现代职业院校制度建设和改革的几个重要问题进行初步探索。

1.4.1 治理目标

从传统职业教育治理模式向现代职业教育治理模式的转型,首先就意味着治理目标的变化,即从善政到善治的转变。在传统的以善政为治理目标的职业教育治理体系中,政府往往处于绝对权威的地位,对整个职业教育治理过程具有很强的控制力。在这种治理模式之下,最大限度地提升职业教育治理体系的运行效率,以实现治理目标和结果的一致性成为"善政"运行的内在逻辑。与传统治理模式不同的是,现代化的职业教育治理体系追求的是一种对教育的公共治理,治理的主体不再仅仅是政府而是包括政府在内的职业教育"利益相关者"。因此,在治理过程中,政府要尊重和维护社会公众的利益,保证社会公众受到公平公正的对待。对于社会公平正义的强调,并不意味着放弃对效率原则的重视,而是强调效率的增进必须以职业教育治理的公平公正为前提。

基于上述认识,我们可以得出如下结论:完善内部治理结构目的是为了激发学校的办学活力，提高办学质量，培养更多的高素质技术技能人才。用职业教育研究者们的话说："给每一个教师的成功提供机会，也给每一个学生的出彩提供机会。"

1.4.2 治理内容

现代职业教育治理的主要内容可以表述为：完善职业教育治理框架，形成社会主体广泛参与的职业教育治理结构，并且通过建立完备的运行机制和治理体系，从产业对接、实践育人、系统培养、质量评估等方面出发，推进治理能力的现代化。

首先，完善职业教育与产业对接的治理体系。与社会产业发展需求相对接，是职业教育治理工作的先导内容，也是实现职业教育治理现代化的关键点之一。对接产业，要求职业教育面向我国现代化的发展需求，紧密围绕国家的发展规划和战略部署，通过调整办学方向和专业结构，实现由政府供给驱动向市场需求驱动的转变。

其次，面向技术技能型人才培养重任，构建实践育人治理体系。在学校治理工作中，结合职业教育办学的特点开展相关工作。加快创新职业教育人才培养的实践平台，以职业性、开放性、实践性为主导开展教学活动，构建校企合作体系，在育人过程中强化产教融合、工学结合，形成实践育人的治理体系。

再次，构建职业教育质量评价治理体系，提升治理效率和水平。质量评价治理体系是科学界定人才培养质量的指南针。通过构建职业教育质量评价体系，不断完善质量评价指标，多维度对治理质量做出综合考评，并将质量评价信息反馈到人才培育和治理的各个环节，从而调整与改善办学。

1.4.3 治理机制

1.4.3.1 "以人为本"，保障师生权利

职业院校以创新方式简政放权，进一步明确学校的职责和权限。政府应加强宏观调控，职业院校本身应回归探索真知、尊重人性的价值本位，探索符合教学和科研规律的管理和控制问题，职业院校才有生命力。职业

院校通过党委会、校务委员会、校长办公会、教职工代表大会等，实现民主集中管理，保障师生合法权益。

1.4.3.2 依"章程"完善多元治理结构

"章程"制定的主体应由举办者、师生及各利益相关主体代表组成，制定主体的多元化倾向，可以确保职业院校相关成员的参与权与决策权。

一是从根本上解决职业院校投入不足的问题，吸引社会资本投资职业教育，充分整合形成企业、社会、政府等多方投入支持的战略。二是多方整合资源，充分调动企事业单位的积极性，把企业利益与学校发展紧密联系在一起，始终坚持产教融合，校企合作，开放创新；实现行业、企业深度对接，跨界融合培养企业所需人才。三是大力发展混合所有制职业院校，探索多元化的办学体制，通过引入市场机制，灵活办学，完善治理结构。

1.4.3.3 绩效评估：学校治理的得力抓手

（1）制定合理可行的绩效计划

要想使绩效管理为学校发展目标的实现提供保障，就必须让每个教师都理解并接受绩效管理。校领导代表学校向教师诠释发展目标，将发展目标分解为各个部门的特定目标，让教师为自己制定绩效计划草案，部门负责人审核教师制定的绩效计划，与教师就绩效计划进行沟通，双方经过沟通协商达成共识，明确界定考核指标以及具体考核标准，部门协助教师制定具体行动计划，最终促成绩效计划的制定。

（2）进行持续有效的绩效辅导

在制定绩效计划的基础之上，教师就可以按照计划去努力工作，在教学过程中逐步实现绩效计划中的目标。理论教师和实习教师的工作职责与发展目标是不同的，其岗位职责和发展目标都有很大的区别。学校根据不同性质的教学老师，制定相对应的指导方法，对他们进行管理和引导，帮助他们解决教学过程中遇到的问题，及时和教师取得沟通和交流，利用学校的有利条件帮助他们实现目标。学校行政管理者还及时记录教师的工作态度、行为、业绩，为今后的考核提供现实依据。

（3）建立科学的绩效考核指标

职业院校管理者应以人为本，树立民主、平等的观念，对教师的态度是相信、尊重、关心、支持、理解，相信教师的自我管理能力，充分尊重教师的个人意愿，尊重教师的职业发展趋向。学校要营造良好的人际关系，建立公平、公正、公开的制度，营造和谐氛围，减少绩效考核中出现的对立、走形式等现象。业绩指标以工作结果为导向，侧重于结果控制，指标内容集中在工作的实际产出，营造一种理性的、以任务为导向的目标。行为指标侧重于过程控制，指标内容集中在教师工作过程中的行为、努力程度和工作态度，营造感性、和谐的文化氛围。通过学生、同事、管理者对教师的评价，与教师自我评价相结合。针对职业院校教师工作的特性，把理论教师、实习教师区别对待，把不同学科、不同职称、不同级别的教学和实习岗位分开来，评价内容主要以教学管理、学生反馈、科研成果、职业道德等为主，绩效考核内容要全面。改变以往单一的年终考核方式，把考核贯穿在整个学年的教学过程中，并引入非定期考核以提高绩效管理的实时性。采取定期与不定期相结合的考核方法，可为及时修正教师行为提供依据。

1.4.3.4 自我管理：学生自治的有效路径

（1）建立自我管理理念，学生参与制定学生手册

在对学生管理现状进行了深入的分析和了解后，对于以往的学生管理方式进行改革是大家达成的共识。新的措施实行需要新理念的建立，对于习惯受管束的职校生来说，能够自己管理自己的生活是一个令人振奋的消息，更是一个对自立能力的挑战。在具体措施落实以前，应先将自我管理的理念散播开来。自我管理这种新鲜理念对于渴望自由，排斥束缚的青春期少年来说极具吸引力，虽然对具体做法仍存在疑虑，但这种理念确实在校园中建立起来了。

学校生活的规则直接体现为学生手册，要在校园中营造自我管理的积极氛围，强化学生自我管理的观念，首先从制定学生手册开始。此项突破性的举措可以成功地调动学生的参与积极性，打破以往重惩罚、轻表扬的局面，拉近教师与学生之间距离，且明显增强学生的自信心和责任感。

（2）建立民主公平的学生干部选拔机制

以前，学生干部队伍存在的问题主要有功利思想较为严重，服务意识淡薄。尽管绝大多数学生干部的竞选初衷是服务学生和锻炼能力，但是部分学生干部的任职意图具有相当的功利色彩，认为学生干部的身份带来的是好看的面子和高高在上的感觉，心理上自觉高人一等，为学生服务的意识相当淡薄。有些学生干部的自我约束能力不强，要想在学生中树立威信就是难上加难。因此，为建设高素质的学生干部队伍，职业院校应从学生干部的选拔入手，将学生干部职位分为管理型岗位和技术型岗位，并针对不同的干部类型，分类进行选拔，培养，这样的分类会给不同类型的学生更大的发挥空间。其次，严格学生干部职位的晋升制度，参照国家相关规定，在学生团体中也实行一般情况下逐级递升的原则。再次，选拔过程做到全程公开、以公平、民主、集中、透明为原则，各个环节均有学生代表参与，避免学生不认可干部的现象。真正实现学生自己的"学生官"管理生活和学习等等一切事务，而非教师指派"学生官"的局面。

（3）强化教师队伍的服务意识

当下的教育教学实践中，教师的地位和角色，仍然是日常管理和教学活动当中的主导。受此影响，教师与学生间的角色差距越发明显，相当一部分教师更是很少听取学生的建议，尤其是对于文化基础相对薄弱的职校学生。要想调动学生参与自我管理的积极性，教师首先要放下身段，融入学生的学习、生活，主动肯定学生，包容学生的缺点，善于挖掘学生的优点，听取学生的建议。即使学生的建议不成熟，甚至部分时候可能很不合理，但也不过于生硬地否定，要先肯定学生的积极性，而后再详细地加以引导。

（4）减少学生管理部门的正面干预

学生管理部门的职责就是管理学生，而在建立学生自我管理模式的过程中，学生管理部门应适时地进行放权。一般性的事务，如卫生检查、日常考勤、班级评比等均由学生会独立完成，特殊或重大的活动则由教师辅助学生完成。当然，放权并不意味着完全放任自由，更多的工作需要转入幕后。学生管理部门对学生组织的监督不能放松，但要尊重学生的意愿，在保证学生主体地位的同时做好对学生干部队伍的选拔、培训和引导工作，把握好大方向。

（5）培养树立学生团队合作意识

在进入社会之前，班集体是培养学生团队合作意识的最佳环境；而相应地，团队意识的增强也有利于加强学生们相互监督进行自我管理。培养团队意识：首先，在班级环境中建立共同目标。结合职业院校学生所特有的职业特性，为班级制定"掌握专业技能，具备就业能力"的目标。在这样一个直接、有效的共同目标激励之下，不仅能够得到班级成员的一致认同，还能够激发他们的学习热情，且潜移默化地增强了班级凝聚力。第二，培养学生宽容与合作的品质。善用主体班会、讲座等活动形式有针对性地引导学生在班集体中与他人和谐相处。在各类活动中，每个班级成员所体现出的对集体的不同的贡献价值会使学生更加直观地认识到不同个性存在的意义，看到他人的长处和价值，从而衡量自身素质，达到培养他们求同存异的宽容品质和善与他人合作的能力。第三，充分展示学生的个性。在共同的学习目标的前提下，允许多元文化的存在和发展，使每一个学生的个人价值得到充分的尊重和肯定，鼓励学生发挥不同的特长，发展不同的兴趣，形成一个真实、丰富和多彩的展示舞台。

（6）建立学生成长档案

学生成长档案是对学生成长过程的记录和评价的一种形式。区别于一般的学生档案，职业院校学生成长档案不止记录学生学习成绩和奖惩情况，而是全面反映学生思想道德、学习情况、家庭背景、身心状况、兴趣特长、专业技能、进步情况、交流沟通和所学所获的成长记录。在建立档案的过程中，学生的心态也会经历一个变化，由开始的排斥到后来的接受，需要班主任的耐心引导和充分信任及尊重。教师要做大量的前期准备工作，让学生感受到安全和信任，并严格保守学生的隐私秘密。

（7）学生自我管理的若干形式

学生宿舍自我管理模式。宿舍是学生生活中较为隐私的空间，也是他们展现真实自我个性的地方，给予学生自我管理宿舍的权利使他们在心里认同自己对于宿舍应负起的责任，从而主动地维护好宿舍环境和秩序。同时，学校在推优评先等方面，对于相应的实行自我管理宿舍的成员给予倾斜。

自主管理班级模式。在自我管理宿舍试行成功的基础上,职业院校可以进行自主管理班级模式的探索。突出班干部对班级事务的模范带头作用和引领作用,影响其他学生主动按照学校标准要求进行学习生活,充分给与学生自己做主的权利和自我管理的空间。

社团协会自我管理模式。社团是课堂外的学生组织,其意义在于丰富学生课余生活,为学生的兴趣特长提供发展和展示的舞台。。

1.4.4 治理评估

建立健全教育治理评估体系,是提升职业教育治理能力的重要路径,也是改善职业教育办学治理的关键举措。通过对教育治理行为和效果的评估,我们不仅能够发现治理工作中存在的问题,还可以提升职业教育办学质量,更好地服务于技能型人才的培养。职业教育治理的评估分为内部和外部两方面,外部评估即是对于参与职业教育治理的政府、企业和社会组织等方面成效的评估;在进行外部评估的同时,也要不断强化学校的校本(自我)评估体系建设,充分发挥学校自身在质量建设和质量保障方面的主体作用。

1.5 创新新常态下现代职业的教育治理机制

职业院校应经过不断探索和健全完善,构建一套比较科学系统、组织规范的以人为本、校企相融、符合学校教育教学实际的制度体系,并在构建中将"学生满意、家长信赖、企业认可"的发展理念融入其中。各项制度规范的有效实施,达到学校内部管理趋于科学规范、教学过程得到实际监控、校容校貌大为改善,社会影响良性扩大等效果,保障学校的健康发展。

1.5.1 明确依法办学、民主监督意识

学校治理机制应从建章立制做起,并以"章程"为总纲搭建现代职业教育体系。具体地体现在两类制度的建设中:"法人治理类",包括党委会议制度、校务会议制度以及其他法律、法规要求制订的制度;"规范化运作

类"，包括学校发展规划、组织机构、教学管理、德育管理、教职工管理、学生管理、招生管理与就业服务、社会培训和继续教育、总务后勤管理、经费来源与财务管理等基本运行管理制度以及其他必要的制度。

严格执行国家的教育方针和政策，做到依法办事、按程序办事。在依法办学、自主管理、民主监督等方面的认识都非常的到位和明确。不断随着国家教育方针政策的调整和要求，修改完善学校章程，保障学校的"基本法"合规。

不断修改完善"教职工民主管理"及"重大决策管理"制度，把树立全心全意依靠教职工办好学校的思想，保证教职工的主人翁地位放在工作首位，鼓励教职工参与、监督学校行政管理，保障教职工的合法权益。切实实行职代会制度，对学校的建设、改革、发展和教育教学服务方面的重大决策，教职工的奖惩办法、评聘方案、工资调整、奖金分配方案、生活福利、住房等重大事项及重要的规章制度必须提交职代会讨论通过，定期对领导干部进行评议，并做出相应决议，全面落实职代会的各项职能。

此外，制定"章程"还应明确"专业建设委员会"的责任和义务，切实发挥专业建设委员会在学科建设、专业设置、科研立项、学术带头人选拔、师资队伍建设与培养等方面的积极作用。

1.5.2 符合产权明晰、自主管理要求

"章程"的制定应依据中华人民共和国《教育法》《教师法》和《职业教育法》及有关法律、法规。"章程"要明确规定学校在教育教学活动中要遵守国家的法律、法规和政策，自觉贯彻国家教育基本方针政策，遵守社会道德，保证教育教学质量，培养出更多的技能型人才，满足企业和社会对技能型人才的需求。在学校办学定位上也明确以学历教育为主，兼顾面向社会开展职业技能短期培训、鉴定和职工培训、继续教育。

"章程"应明确学校的经费重点用于办学活动和学校发展，学校对于各类依法获取资产享有法人财产权。学校按要求执行国家相关会计制度，按时进行会计核算，接受内部会计监督审查，接受上级及相关校内外"利益相关者"的监督。按要求形成年度会计工作报告，审计通过后备案。按要

求进行必要的法人变更财务审计以及相关管理机关的年度例行检查。

"章程"应明确学校实行教职工代表大会的决策制度，明确学校要建立工会组织，保障民主监督，维护学校及教职工的合法权益。学校所有劳动用工、人事任用、社会保障必须符合国家法律法规。学校要保障教职工的薪酬待遇，按时为教职工缴纳各种社会保险。保障教职工参与继续教育的权利。学校党组织要贯彻上级党委各项指示，负责学校的党建和思想政治工作，发挥保证监督作用。

1.5.3 "以人为本"的现代学校制度

1.5.3.1 积极建立以人为本的管理机制

职业院校在制度建设时，应始终坚持"以人为本"的管理思想，注重在制度中建设中调动人的创造性、积极性、主动性，保证制度有利于激励员工，有利于学校的向上发展。在职业院校的学校管理中，管理者注重关注学生、教职工的存在价值，重视彼此间的沟通，重视他们的个体差异，保护个性发展。充分认同教师教育学生的方式，尽最大可能地给予帮助，发挥教师教育教学的积极性，鼓励、引导、支持教师在教学实践过程中创新教育教学形式，逐渐形成自己特有的教学形式。对于教师平常提出的建议和意见，积极听取和改进，创造学校教育教学的民主氛围，通过不断地改进使学校的愿景得到师生的认同，进而凝聚学校的发展动力。

职业院校在建立以人为本的管理服务制度时主要遵循以下三个原则：

（1）约束与激励并行

作为学校管理层，在完善各种管理制度时，强调制度约束性的同时，也注重制度的激励性，注重制度间的相互配合。例如"教师、学生日常行为规范""学生学籍管理规定""学生奖、助学金管理""教师科研、教学成果奖励办法"，等等。

（2）奖励与惩罚并存

制度的建立都是在一定的考核基础之上，好的制度规定，都是将奖励与惩罚并重，奖和罚都必须谨慎。更多的是关注受处罚的师生，对于他们要积极劝导，发现其长处，予以肯定，变消极成积极。

（3）服务结合协调

实际管理中，执行流畅、无障碍的制度，就其本身，都重视服务性和协调性。部门间的协调靠制度，单位与个人之间的沟通靠制度。学校在关于教职工、学生的相关管理制度中，特别注重爱护教职工及学生，从教职工的工作生活、学生的学习起居等各个方面考虑，解决好各自关切的问题。在部门协调中，注重相互服务，通过沟通统一思想，结合学校管理实际，协调各方面的关系，尽力营造一个共同的奋斗目标。

1.5.3.2 建立多元化的学生考核评价机制

如何考核评价学生是新时期职业教育发展过程中面临的一个新问题。过去传统的学生考核评价基本以考试为主，过分强调学科成绩的高低，忽视学生之间的个体差异，影响了学生综合能力的发展。

随着教育事业大发展和人们对于教育质量的要求，一些过时的教育评价体系必将被新的教育机制所淘汰。全面的、综合的、考虑个体差异发展的评价机制最终会形成。这种机制有利于学生全面发展，调动学生的学习热情和积极性；学生有兴趣了，愿意参与学习了，学习的效果就会大大提升。学生的成长中，对于新事物的接受都比较快，这就要求教育工作者要引导、激励好学生。职业院校注重教育过程中教育经验的总结，敢于放弃不合理的教育评价方式，敢于尝试"学分制"等新的学生多元评价形式，完善了一些学生过程性评价制度，已经初步构建成了以学生学习过程考核、定期与不定期相结合、全面综合评价的学校、企业、社会等多方评价为主的评价体系。

职业院校在实施多元性评价制度主要遵循以下四个原则：

（1）贴合学生学习实际

这需要教育者知道学校学生的培养目标，由此我们才能确定有效的评价方法，在不断改善学校的教与学的过程中，通过过程考核、评价，帮助学生更好地改进学习方法，多元性评价过多的关注学生的未来发展。学校通过评价或者考核充分的掌握学生的现状，目的不是为了去给学生排序打分或者就某个阶段给一个结论，而是要帮助学生分析自己的优势和存在的问题，由此更好地进行改进。当然，多元评价必须要有一定的培养目标作为基础方向或者依据，这个目标一般都以国家的法律法规和相关课程标准为依据，兼顾学生个人实际。

（2）关注学生个体差别

因为生活环境不同，每一个学生的成长经历也不同，由此形成的个人爱好、生活习惯、素质教养都有所不同。体现在学习上就是学习成绩的差异，体现在生理上就是身体素质差异，体现在心理上就是兴趣爱好等，所以，导致学生的成长路线轨迹都存在着较大差异。多元评价就是要依据这些不同，寻找学生的特点和优势，不能拔苗助长，根据学生个人能力大小，发挥其最大潜能，为每一位学生量身定做学习方案。

（3）注重学习过程评价

学生的学习过程实际也是学生的成长过程，学生要得到充分发展，就必须经过一个的较长期和稳定的学习过程。这个过程很关键，它的结果直接影响着学生的未来。多元评价重视学生学习过程中的过程资料的收集与分析，由此分析学生学习过程中的成长变化。教师也可及时的根据这些变化，有针对性地给学生一些学习的建议或意见，在学习过程中帮助学生成长。学生也能及时了解自己的不足，进行自我反思、自我认识。就是要让学生在种及时、多元的评价中快速、稳定的成长，实现自己的学习梦想。

（4）关注学生的主体作用

多元评价中，学生是主体，教师的教学、评价必须围绕学生的学而展开，不能用批判的态度对待学生，要以一种帮助的态度去指导和引领。让学生了解评价的标准和内容，鼓励学生积极对待评价活动，配合评价活动。评价的过程实际上是在老师的引导下，学生自我主体反思，自我改进的一个发展过程。

1.5.3.3 构建与企业文化对接的校园文化

职业教育培养的是服务生会生产一线的技术应用型人才，这就要求学校的教育教学、校园氛围必须契合企业氛围，企业文化要融入校园文化。2010年5月，教育部、人力资源和社会保障部正式出台了《关于加强和改进职业院校校园文化建设的意见》，明确提出："职业院校校园文化建设要坚持校企共建的原则，积极推进校企合作，引进和融合优秀企业文化，促进学生养成良好的职业道德和职业行为习惯,帮助学生顺利实现从学校到企业的跨越。"尝试在职业院校校园文化建设中融入必要的优秀企业文化,或尝试建立以企业文化为主导的校园文化新模式,积极培养学生具有良好的职业道德和综合职业能力,是非常必要的。

职业院校构建与行业、企业、区域文化对接的校园文化建设机制主要工作内容包括:

(1)引入企业精神,建设严谨开放的校园精神文化。精神文化是师生共同价值观和行为准则的集中体现。应当把它当作重点对待。精神文化的培育、提炼和形成应当吸纳企业的团队协作、严格守纪、创新、双赢发展、诚信经营、感恩等理念,把创业、敬业精神渗透到学校的校训、校风、教风、学风中去,让学校精神与企业精神有机结合,相得益彰。

(2)对接企业管理,打造有序的校园制度文化。制度文化建设属于校园文化建设中的机制建设,良好的保障机制必须有一个可靠的校园文化作为基础。现代企业发展迅速,优秀的管理模式日新月异,企业好的发展思路、发展策略、生产实际、职业道德、职业纪律、管理思路与方法都应该是职业院校校园文化建设所汲取的必要要素。这样利于学生较早地了解企业,到企业后没有陌生感。

(3)创新实践教学,突出校园文化活动的职业内涵。企业生产一线可以很好地锻炼学生的应用技能,提升学生社会的适应能力。学校课堂上学习的理论知识,实训课堂上学习技能知识,必须拿到企业的生产一线去实践,这样才能真真切切地锻炼学生的责任心、敬业心,才能提高自身的工作能力和团队精神,有利于较早形成好的职业素养。通过实践,使学生的人文精神及身心健康范畴的职业素质在企业一线工作中的反复磨练和熏陶中逐步养成。

职业院校构建以企业文化为导向的校园文化建设机制,从实践效果来看有利于以下三个方面:

(1)有利于学生企业就业零距离

一般来说,用工企业都希望学生要快速的融入企业生产。但是往往事与愿违,很多学生因为这样那样的问题,不是自己主动离开企业,或者被企业辞掉，追究原因，都是学生不能尽快地、很好地融入到企业中去。实际上，这与学生的操作技能和专业成绩并无多大关系，更多的是学生对企业认识不到位，不能适应企业管理，又不能对自己进行很好的职业定位，找不到自己与企业的契合点。所以说，对于学生的教育必须以企业文化为导向，培养其适应企业、适应社会的生存能力，保证学业结束后能与企业零距离接触无障碍。实际中，校园对于学生的培养与企业对于工人的管理有着较大的区别，在学校里学生学习了解到的企业管理知识是不可能让学生彻底地理解企业管理。课本知识与企业管理实践存在很大差异，学生在校学习活动是不能切身体会到企业一线生产的真实感，由此导致的学校与企业在文化氛围上有着很大不同。例如学校对学生的考勤与企业对于员工的考勤，如果没有学校的严格教育，学生到企业后就不会很快地融入到企业严格的考勤制度中去，也就很难适应企业的制度文化。目前来说，这些因素都是导致学生向企业员工过渡较慢的重要因素之一。学生不能很好地融入企业，那么学生就不能很好地员工角色转换。

（2）培养学生良好的职业素养

现代企业发展过程中对于人才的衡量标准不再只是单纯地看学历、看技能，他们当前更多的是关注学生的个人素质和修养。用工企业认为一个好的毕业生，不仅要具备丰富的专业理论知识，还要有好的职业意识和修养，例如爱岗敬业、顾全大局、团结协作等等。现在很多家长包括学生自己都认为学习成绩好那么就应能够找到一份很好的工作，但经常事与愿违，干工作不到三个月，使用期未满，就被企业辞退，究其原因，都是因为学生生活自理能力差、不团结协作等因素造成。培养学生良好的企业职业素养，以企业文化来导向和引导学生，慢慢地规范学生思想意识和行为，有利于学生积极成长并以良好的素养进入社会。

（3）创建职业院校品牌特色

引入企业文化，凸现学校形象，这是当前校园文化建设的主流。现代企业文化通过理念引导、价值观导向等手段使企业凝聚力进一步加强，员工对于企业更加认可。优秀的企业，员工都具有统一的企业认同感和荣誉感。在学校品牌建设中，借鉴企业模式，引入标准化、规范化的企业管理文化理念。让教职员工和学生能在变化中觉得眼前一亮，吸引他们的思想，激发他们的集体荣誉感。这样，学校的发展才能吸引更多的人来参与，留住更多的人才来发展。综合实力的增强，逐渐使学校的品牌形象得到提升，有利于学校招生、就业、对外培训等工作的开展。招生工作是学校的重点工作，如何做到更好，这就要求学校不仅要重视内部管理，还要树立一个良好的外部形象。优秀企业文化的引入，有利于树立学校良好的外部形象，有助于家长和社会对学校更加信赖。同时也能提升企业对于学员的好感，保证学生就业，这种积极的影响是无形的，无论从学校的招生、就业、培训等等。学校外部形象塑造是校园文化建设的重要方面，学校要逐步健全学校职业氛围、文化氛围，必须要通过引入优秀企业文化来塑造良好的学校形象，积极向上的外部形象会推动学校校园文化建设向更高层迈进。

职业教育多元化组织治理模式的探索和实践是一个渐进的过程，既要尊重集团内不同组织成员的利益诉求，正视这一组织差异性带来的协调管理难度，又应妥善利用和发挥理事会这一组织职能，通过协商机制达到整合目的，**塑造精简而高效、机制灵活、兼容并蓄的组织运作机制**，为集团功能的充分发挥和成员的共同发展提供组织保障。

第二部分

人才培养模式综合改革

长期以来，我们将职业教育对经济社会发展和国家公民（个体）的作用割裂开来，对这两个主体在职业教育价值层面上的不同需求漠视；政策的价值取向带着浓浓的功利色彩（这是与我国职业教育发展较晚而经济社会对其强烈需求的"觉醒"有关），而比较少地关注其为个体全面发展提供服务的功能，其结果就是培养出工具化的"单面人"。如何在适应地方经济的发展的同时，根据需求的不同层次，科学定位、深化改革，特别是加强新常态下技能型人才应具备的各项素质研究，已成为当前职业教育人才培养模式创新的重要课题。

2.1 经济社会发展对技能型人才素质的要求

适应形势变化，确立与社会需求相适应的职业教育人才培养目标，构建创新的职业教育人才培养模式是社会发展对职业教育的必然要求。

2.1.1 技能型人才应具备的基本素质

根据中国经济社会发展的现状及趋势，在"素质本位"人才培养模式的框架内，我们主要阐述职业教育人才应具备素质中最普遍的、最基本的素质结构。

（1）知识结构：知识结构是人类知识内化到个体头脑中所形成的类别、数量、质量及相互联系。合理的知识结构是综合素质形成的第一个过程，是良好综合素质的基础。这个结构主要包括科学文化知识、专业技术知识。

（2）能力结构：能力是指顺利完成某项任务的心理特征，是在合理的知识结构基础上所形成的，是多种因素的综合，与知识相比，更重要的是体现在活动中，它具有抽象、无形的特点，一旦形成后不易失去。

（3）素质结构：这里的素质是指在先天生理的基础上，受教育、环境的影响，通过个体自身的认识和实践，养成的比较稳定的身心发展的基本素质。素质与知识和能力相比，层次更高。

2.1.2 技能型人才应具备的特殊素质

在新时期，职业教育培养的人才除了应具备上述普遍的、基础性的素质结构外，经济社会发展还要求职业教育所培养的人才应具备与其定位相适应的一些特殊素质。

（1）"职业技能素质"是职业教育培养的人才所应具备的最基本素质。它包括：掌握基本的职业技能操作方法和操作规范，并达到上岗所要求的熟练程度；树立基本的职业意识，形成与职业或岗位相对应的较完备、合理的专业知识结构等。

（2）"职场应变素质"是指人才灵活、适时应对职场要求变化的能力。它包括：及时把握特定职业在职场中的发展趋势和最新动态的能力；自主学习新的职业技能的能力；掌握最先进的相关职业理念和操作方法的能力；扩大知识面，形成更全面的具有延伸性知识结构的能力。

（3）"专业创新素质"是指不断找出新问题的能力、创造性地解决问题的能力、根据工作需要提出创造性设想的能力，以及进一步扩大知识面，适应创新的能力。

2.2 职业教育人才培养模式的创新性建构

职业教育虽规模迅速扩大，办学模式趋向多元化，但人才培养目标和人才培养模式至今尚需完善，这既影响职业教育的可持续发展，也会约制经济与社会的发展。

2.2.1 创新构建的基本内容

依据职业教育与社会相互适应的理论，结合中外成果，创新的职业教育人才培养目标应该是：培养以社会和经济现实和未来发展趋向需求为导向的直接从事生产、建设、管理、服务第一线工作的应用型专门人才。要达到这一目标，就必须为受教育者构建新的知识、能力和素质结构。

1. 知识结构的构建

职校生的知识结构是不同内容、不同形式的知识在学生认知结构中的积淀。从当前情况看，知识的基础化、综合化是构建职校生知识结构的目标。

（1）知识基础化：即要把知识结构的重心放在基础知识、基本原理上。加强基础是应对多变社会环境的一种重要策略。基础知识是本源性知识，抓住了事物的共性，可以举一反三。职业教育既要重基础，也要重专业，二者比例要适度。

（2）知识综合化：综合不是简单的叠加，而是一种整合，使学科之间相互渗透，形成整体性概念。学生学会用综合化知识解决专业性、技术性问题，注重人文教育与科学教育的渗透与迁移。

2. 能力结构的构建

职校生的能力是由以下四部分组成，即获取知识的能力、运用知识的能力、创造能力和职业能力。

（1）获取知识能力的培养：即在获取知识能力的培养方面，提倡教师主导与学生自觉并重，充分发挥学生学习的主动性、能动性。在课程设置上，要以学习者为中心，在教学中充分体现教师主导和学生主体作用，使学生实现从学会到会学的飞跃。同时，要在学习全方位中构建整体知识网络，注重知识的形成过程和知识的实用价值。这样有助于为学生的不断发展和终身学习打下基础。

（2）运用知识能力的培养：运用知识的能力指人在社会实践活动中运用所学到的知识去分析问题、解决问题的能力，特别是由此迁移到其他情景中分析、解决问题的能力。运用知识的能力偏重于活动，体现智力与能力的结合。培养运用知识的能力的关键，是让职校生参加实践活动，真正发挥实践教学功能。要针对职业特点、技术特点开展实践活动，让学生用基础理论、基础知识指导实践，实现知识与能力的融合。

（3）创造能力的培养：职业教育既要重视向学生传授知识、技术，又要重视职业能力的培养，强调发展学生的个性和挖掘创造潜能。同时，它强调企业、社会的参与。要培养职校生的创造能力，重要的是鼓励学生以发展的观点看问题，敢于突破常规和定式。目前应建立起以能力考核为主、常规测试与技能测试相结合的制度，重点考核学生运用知识解决问题的能力，营造创新氛围。

（4）职业能力的培养：职业能力是指个体承担本职工作，完成各项任务的能力。目前，我国企业职工队伍中初中文化程度占比仍然较大，拥有大专以上学历的人数占比较少，远远不能满足经济社会发展的需求。虽有人力成本优势，但产品服务的技术含量低，产品服务的竞争能力弱，限制了劳动生产力的提高。因此，职业教育在培养人才时，必须创设职业岗位环境，对学生进行职业道德、职业素养、职业技能等方面的教育。

3. 素质结构的构建

职业教育培养的是社会需要的一线人才，职校生素质结构除了不易改变的先天素质之外，主要是培养社会素质和心理素质。

（1）社会素质的培养：社会素质属后天素质，它在素质结构中起到调节作用。它一方面要以生理素质、心理素质为基础，另一方面又给这两种素质打上一定的社会烙印。它既引导个体做人，也引导个体成才。内化是社会素质形成的重要机制，它指个体从外部获得道德和知识，通过内省与吸收成为自我的一部分，使个体的人成为社会的人。

（2）心理素质的培养：由于职业教育开展的时间不长，社会的认可度不够，职校生中的一部分人难免存在一些心理问题。因此，学生在培养学生的心理素质方面更应该加大力度。职业教育应根据专业需求的不同，在基础课和专业课。专业理论教学体系与实践教学体系的安排上确定不同的比例。

2.2.2 创新构建的具体措施

人才培养模式构建与专业设置、教师队伍以及实践形式等紧密相关，通过这些途径建立"以能力为核心"的培养模式，形成技能型人才全面发展的人文环境。

1. 构建以就业为导向的专业设置模式

是否同经济和社会发展相适应，是衡量专业结构是否合理的根本标志。同时"专业能力"是职校生能力的一个很重要方面，职业院校设置的专业，符合本地区产业发展的需要，培养对口的人才，就会受到用人单位的欢迎与支持。职业院校要较好地为本地区经济建设服务，必须了解本地区经济发展的产业结构状况和它的需求，并在这些基础上做好人才需求预测。同时，还必须以发展的、动态的、变化的观点，探讨本地区产业结构未来发展变化的趋势。明确哪些是本地区发展并大有前途的产业，哪些是本地区正在逐渐将被淘汰的产业，哪些是将随着科学技术的进步和生产力的发展而必然要兴起的产业。

2. 构建以培养职业能力为宗旨的教学模式

职业教育是手脑并用的技术教育。既要培养学生的理论水平，又要培养学生的动手能力。根据各专业的特点开展情境教学，是培养学生职业能力的一种重要手段。教学设计应以学生为中心，以培养职业能力为宗旨。具体而言，这个过程包括如下几个部分：首先，了解相关行业的基本情况。主要包括本行业的一些宏观背景及行业内企业的数量和规模，及对第一线技术人才和管理人才的需求等。其次，根据"有效需求"原则，进一步分析相关的职业岗位的实际需求与分布情况，把专业培养目标分解细化，以便有选择地确定该专业的学生能完成哪些具体岗位工作。再次，进行有关的职业综合能力的分析与分解。

3. 构建"就业准入制"的实践模式

职业资格证书制度是发展劳动力市场和实现就业的重要手段。为使职业教育培养的毕业生满足就业准入制的要求，必须构建新的模式：

第一，建立并优化教学体系。一是构建实践教学体系的目标体系，落实保障措施。二是建立由基本工艺训练、专业课实验、顶岗实习和毕业设计及社会实践等组成的、较完整的梯次递进的实践教学体系。三是以技术应用能力培养为目标，改革实训教学环节，对实验较多的课程单独设置实验课，增加工艺性、设计性，在实习现场营造真实的现场工作氛围。

第二，根据"培养应用能力，满足就业需求"的原则，探索产学合作教育的途径。一是建立由校内专家和企事业单位的工程技术人员组成的专业委员会，保证人才培养规格适应工作岗位的要求。二是建立一批校外实践教学基地。三是组织学生到实践教学基地进行认识实习、课程设计和毕业实习。

第三，建立校内专业技能鉴定场所，提高学生技能鉴定通过率。具有设备、场所和技术等方面优势的职业院校可以在国家职业标准的统一指导下，在职业技能鉴定社会化管理体制的指导下，建立职业技能鉴定场所，开发相应的"标准题库"及教务管理技术，使其成为职业资格证书制度的示范窗口。

在职业教育人才培养模式创新上结合国外职业教育人才培养模式发展经验，可以解决我国职业教育人才培养模式中存在的现实问题，实现人才培养模式的创新和突破。

2.3 双师队伍：现实的困境与突破

对"双师型"教师的界定大致有"双能力"说、"双职称"说、"双证书"说、"双融合"说和"双层次"说等多种阐释。比较一致认同的是"双师型"教师应有的共同表征：兼备扎实的专业理论知识和卓越的专业实践能力，且强调"双师型"教师所拥有的专业理论知识和专业实践能力具有内在的融合性与统一性。在此基础上，我们对"双师型"教师的内涵表述为：在应用型人才培养模式框架下，针对教育教学实践需求所开发和使用的既能深入进行理论教学又能熟练开展实践教学的"理实一体化"教师。对其素质要求更加注重复合性、实践性，而区别于传统教育对教师素质片面强调扎实的理论基础和专业知识，却忽视其综合素质和职业修养等提升与发展的倾向。

作为技能型人才培养模式改革的关键性支撑"要素"，"双师型"教师开发工作的难点是对其实践能力和素质的培养。"双师型"教师技能水平和实践能力的提升离不开企业的积极参与和支持，但在实践中发现，企业参与积极性的缺乏成为了"双师型"师资队伍建设的一大"瓶颈"。

2.3.1 "双师型"教师队伍建设的现实困境

"双师型"教师的培养是职业院校人才培养模式改革支持系统建设的重点和难点难题。在校企协同视域下，"双师型"教师建设存在一些现实的困境。

2.3.1.1 政策法规不完善

首先，缺乏立法保障。虽然我国有保障职业教育健康快速发展的《中华人民共和国职业教育法》和其他职业教育法律法规及地方性的规章制度，但对于校企合作培养"双师型"教师仍缺乏专门的立法保障。《国家中长期教育改革和发展规划纲要（2010-2020年）》提出要建立健全政府主导、行业指导、企业参与的办学机制，制定促进校企合作办学法规，促进校企合作制度化，但在实践中尚未明确高校、企业、行业参与"双师型"教师培养的社会责任。当前，职业教育的办学力量由单一化变为多元化，但相应的法律责任不够明晰，缺少对企业、学校等博弈各方的责任和义务的明确要求。

其次，政策的匹配度与支持率低：还缺乏更加有利于建立深度产学研融合、行业融合培养双师的激励政策。例如，缺少购买相应的基本公共服务、产业政策融合、国际合作办学等优惠政策；未对企业参与培养"双师型"教师在税收减免、财政支持、资金补贴、表彰奖励等方面做出明确的政策规定；未建立企业培养"双师型"教师的绩效拨款制度等等。综上所述，宏观定调模糊，微观标准不明晰，政策扶持力度小，使得企业培养"双师型"教师的积极性普遍不高。校企合作培养"双师型"教师的政策还停留在浅显的和零散的；不系统和不成熟的层面，难以使企业参与"双师型"教师开发的实践长期、有效地开展。

2.3.1.2 相关产权不明晰

"双师型"教师对有效地促进产学研深度合作起着关键性的作用，但在校企合作的实践中，技术、产品以及专利等的产权归属不明确，相关法规政策不健全，企业协同培养"双师型"教师资源供给后续乏力。

一是创新成果产权归属不明晰。在传统的校企合作模式中，学校往往通过自己的科研技术去寻找合作企业，企业也依据学校创新技术的质和量选择与其建立合作关系。但在目前的法律和政策环境下，校企合作中"双师型"教师所创造出来的科研成果不能明确归为哪一方，学校与企业都有权享有技术成果。因为技术产权归属不明晰，难以保证学校不会为了获得更大利益把科研技术转向其他企业，导致合作企业的技术机密外泄，造成其利益的损失。技术对于企业来说是其发展核心要素，由于创新成果归宿不明确，企业的协同培养也就收到制约。

二是科研产品专利权归属不明晰。目前，"双师型"教师研发出的科研产品，在产品专利权归属上还不明确。学校为提高办学竞争力，非常重视产品专利权所有，而企业也渴望获得产品专利权以便进行规模化生产。在专利权归属上，学校显得更有话语权。在专利权不明晰的情况下，合作企业不敢利用产品专利独自生产，当然对培养"双师型"教师的动力不足。

三是人事控制权和收益权不明晰。"双师型"教师是校企合作的共同要素，企业参与"双师型"教师培养主要是为了增强人才优势。合作培养的"双师型"教师应该有帮助企业的义务，企业当然也需要有吸纳甚至扩大合作空间的体制。而在实际的人事控制权问题上，没有明确的制度给予企业调配人才的权力。企业参与了人才培养工作，却得不到因此而产生的相应的价值。也就是说，企业对人才的付出与回报不对等，导致校企合作后续协同乏力。

2.3.1.3 相关机制不健全

行业企业和院校之间缺乏稳定的联盟机制，没有建立健全相应的组织机构，使得校企合作培养"双师型"教师政策难以落地生根。

1.缺乏有针对性的职称评定机制。当前，我国"双师型"教师的职称评定机制整体上仍然沿袭普通的教师职称评定标准执行，重论文、轻教学；重研究、轻应用；重学术能力、轻专业技能，忽略了"双师型"教师在课程开发、教学改革、专业建设、创新实践方面独特的绩效与贡献。由于尚未形成注重实践技能及专业实践和应用开发成果的职称评定机制，难以建立起以能力和业绩为基础的专门针对"双师型"人才的评价体系，不利于职业教育又好又快发展。

2. 人事管理机构不健全。由于企业缺乏相应人事管理机构，目前，"双师型教师"在认定、管理、培训、考核和评审等等无专门机构负责，基本处于各自为政状态。"双师型"教师队伍不稳定，"双师型"教师的薪酬福利没有专门的机制保障，教师宁愿选择待遇更高的企业，导致人才流失；在人员配置上，"双师型"教师没有特殊的职业生涯发展规划，培养与使用方向不明确；对"双师型"教师的培训和开发力度不够，应用开发科研项目和横向科研经费、设施不配套，使得"双师型"教师整体能力弱。

2.3.2 新常态下"双师型"教师培养策略

校企合作是职业院校和企业生存发展的必然选择，企业必须转变观念，树立正确的价值观导向，充分认识到校企合作的必要性，不能只考虑智力输入而不愿意智力输出；积极参与"双师型"教师建设，以保证培养出适应行业企业需求的技术技能型人才。

2.3.2.1 立法明确"协同"各方权责

政府应颁布配套的"双师型"教师培养法规，使职业院校和行业企业在"双师型"师资建设协同方面有法可依，不仅要明确双方的责任和义务，还要完善学校与企业在"校企合作"方面相应的法律条款保障。同时，更要厘清政府、企业和学校的关系，明确他们的责任与义务。因此，政府应重视对"双师型教师"的准入标准、培养制度、激励制度、评价制度、保障制度体系和利益分配制度的顶层设计，同时也要细化各项制度的主要内容、标准要求、主要形式和组织人事管理等条款，形成宏观定调和微观明晰相互促成的局面。地方政府及其行政部门也应高度重视"双师型教师"培养，积极制定出适应本地区实际的行政法规，鼓励督促相关部门制定部门规章，真正把对校企合作"双师型"教师培养的立法落到实处，发挥实质性的主导作用。

2.3.2.2 以政策引导校企间深度融合

为促进企业培养"双师型"教师，需出台有利于产学研深度融合培养"双师型"人才的鼓励政策。

第一，出台校企合作培养"双师型"教师的财税减免或税后补贴的优惠政策。对校企合作"双师型"教师培养的财政补贴、专项经费补助等不应计入企业纳税范围,在"双师型"教师培养的财政拨款上可免收企业所得税。对参与"双师型"教师培养企业获得的赢利收入部分,在扣除企业所得税后政府应给予企业相应的税后补贴,减轻行业、企业参与"双师型"教师培养的税收负担,促进校企深度合作。具体政策可以有如下方面:提供"双师型"教师培养财税减免或后补贴,购买"双师型"教师培养基本公共服务,实施国际合作办学等优惠政策等;将强制性制度变迁与诱致性制度变迁相结合,以此来调动行业与企业的积极性,对税收减免、财政支持、资金补贴和表彰奖励等方面做出明确的政策规定,根据企业和行业组织培养双师绩效进行拨款等等。

第二,出台产教融合的优惠政策。产教深度融合有利于促进企业经济发展和职业教育健康发展。出台产教融合的优惠政策,可从为"双师型"教师提供基本公共服务方面着手。例如,政府为"双师型"教师购买教育、医疗、住房方面的服务,满足"双师型"教师基本生活需求,并成立校企合作"双师型"教师培养专项合作基金会,给予"双师型"教师队伍应用开发资金奖励,鼓励原始创新、集成创新,带动职业教育又好又快发展。

第三,出台"双师型"教师培养的国际合作办学的优惠政策。"双师型"教师培养不仅仅只限制在本地区,应该面向专业化、国际化方向发展。政府应鼓励行业、企业对"双师型"教师的国际化培养,促进其外派双师教师去国外进修。由于外派教师的培养经费数额巨大,政府应给予行业、企业财政支持和经费补贴,并对"双师型"教师培养绩效显著的企业给予表彰奖励。

第四,出台促进校企合作教育基础设施建设的优惠政策。加大校企合作教育基础设施建设的支持力度,可以从设备购买、土地租赁、房产使用等方面实施优惠补偿。在此过程中为鼓励企业在校企合作中加大技术投入,可规定给予其投入的设备符合一定条件时享受增值税退税待遇,鉴于主要用于师资实训可能造成设备磨损加速,可允许企业对该部分设备实行加速折旧。同时,实训中心对外培训,承接加工、服务等产生的利润,只要是继续用于基地设备更新和设施维护等,均可给与减免税待遇。在大中型企业等建立"双师型"师资培养基地,并尝试成立专门培养机构,国家可以考虑出台更优惠的政策,例如人才扶持、税收减免、奖励等优惠政策。

2.3.2.3 统筹协调机制的协调和健全

通过改革和健全"双师型"教师培养与管理的机构设置,加强对"双师型"教师队伍建设的统筹规划力度,为"双师型"教师队伍建设搭建有力的协调机制。

建立职业教育行政管理机构。建立对职业教育"双师型"教师在资格认定、培训、考核、评审等规范管理的专门机构,避免互相扯皮、各自为政的状态。加强与企业合作,双方合作共同制定双师型教师管理考核指标,合理设置教师到企业实践的内容,促进到企业实践教师技能水平的提高和职业能力的养成,进一步开拓校企合作的广度、深度,使教师到企业实践锻炼取得实效。

建立职业教育人事管理机构。政府应成立由地方教育部门、行业、企业和职业院校参与的人事管理机构,主要对"双师型"教师的准入、辞退和培养等的管理。对于"双师型"教师的准入要有严格的管理机构,确保双师适应岗位的需求。同时,要做好"双师型"教师职业目标规划管理,对"双师型"教师给予正确的职业规划指导,提高其社会地位。对于"双师型"教师的辞职或退出,要有规范化管理,按程序办事,不可无条件辞退双师教师,也不允许双师无理由任意退出。

2.3.2.4 完善绩效拨款等相应的制度

目前,对"双师型"教师培养还缺乏绩效激励,应制定相应的绩效拨款和校企合作考核标准制度,加强对企业培养"双师型"教师的激励作用,正确引导企业参与"双师型"教师的培养。

其一,建立科学的绩效拨款制度。从经济学的角度看,校企合作"双师型"教师培养应纳入绩效拨款制度。绩效拨款制度以"双师型"教师培养的绩效状况和创新程度作为拨款依据,是为了提高校企合作"双师型"教师培养的效率,把更多的资金和职业教育质量联系起来,让更多高水平办学质量的企业得到更多的资源,建立科学的绩效拨款制度,是校企合作

"双师型"教师培养可持续发展的保障。绩效拨款制度融入校企合作中，有利于提高企业积极性。"双师型"教师培养绩效拨款制度在保证教育活动拨款的同时，能够更好地保障高绩效、高水平的公共财政资源配置。

其二，建立校企合作考核标准制度。为了能够更公平、公正地实施绩效拨款制度，还应建立配套的校企合作考核标准制度。应将绩效基于考核标准之上，企业只有达到了考核标准，才更容易享受到绩效拨款。结合"双师型"教师队伍实际，制定科学、可行和操作性强的考核标准；制定考核标准时，强调教师的实际专业操作技能水平，建立以高质量和绩效为导向的考核标准体制。在考核时重视"双师型"教师在教学改革、专业建设和创新实践等方面独特的绩效与贡献；在评价时应使专业教学、实践操作和科研成果的推广与应用并重。重视企业参与双师培养的软件与硬件建设考核。

2.4 创业教育：目标直指经济建设的有效途径

调查表明，"府校"二者在创业教育中存在高耦合关系，需协同治理才能达成愿景。其中，政府的角色扮演不仅制约着创业教育的开展，也影响着创业教育的成效。政府在机制建设中发挥主导作用，为创业教育实践基地的建设提供支持、营造社会文化氛围等方面还需加大力度。当然，主体仍是院校，职业院校因其本质属性和培养模式成为"主阵地"，应在专业设置和实践性教学等方面有所创新。本书首先提出职业院校开展"创业教育"有其必要性和先天优势；进而对政府在实施"创业教育"中的角色定位加以明确。在此基础上，针对职业院校"创业教育"的运行环境（院校、学生和"利益相关者"的态度）等进行了问卷调查，对"创业教育"现行政策状况加以分析。最后提出完善和创新创业教育的"府校协同"机制构建路径。

创业主体（特别是学生）的行为离不开创业教育。创业教育是创业活动必备的要素之一，是培养人的创业思维和技能等综合素养，使受教育者具有一定的创业能力的教育。其通过影响创业动机、意识和意向（包括创业自我效能感这一前置变量)间接对创业行为产生影响。在创业活动的循环体系内,不同主体对整个在其中的角色和作用不同,作为创业教育主体的职业院校需与作为创业教育主导的地方政府两方面协同发力。

2.4.1 职业院校应成为"创业教育"的主体

创业教育不仅是国家对职业教育发展战略不断推进与升华的要求,更是职业教育自身转型发展的内在驱动力。职业院校是以就业为导向的教育,而创业显然是最为积极的一种"就业"模式,从这个意义上说,创业教育可谓职业教育的最高价值体现。从对创业教育的推动作用上看,职业教育有着明显的优势。"理实一体化"是职业院校区别于普通高等院校的本质属性,也是职业院校最有效的教学模式;而这种模式也最适用于创业教育,学生在工作实践中经受锻炼,成为增强创业教育有效性不可或缺的基础环节。

实际上,职业院校学生是最具创业潜力的群体之一。据调查,59.93%的职校生有过创业意愿。由于基础教育阶段的学业和应试挫折等原因,职校生有着普通院校学生所缺乏的忍耐坚毅、动手能力强等诸多特征,只要对其加强创业教育,这些特征均可成为创业的显著优势。

中共中央政治局常委、国务院总理李克强指出:"加快发展现代职业教育,是发挥我国巨大人力优势,促进大众创业、万众创新的战略之举。"[①]近年来,国家针对"创业教育"出台了诸多政策,但整个社会把关注的焦点更多放在了普通高校。究其原因在于:职业院校毕业生在就业问题上并没有出现普通高校那样的困难;一般认为,职业院校生源综合素质偏低,达不到创业"应有"的职业素养和智力要求,企业和社会对职校生的期望值不高。实际上,发达国家的职业教育往往贯穿于教育的各个阶段,我们不应该把创业教育仅仅当成"大学"的事情,而应在职业教育(包括高等职业院校及各类技师学院等)中更注重这一新生事物的成长。作为经济不发达的少数民族地区,"创业教育"应该成为职业教育关注的重点及其长远发展的战略方向。同时,"创业教育"在区域经济"新常态"下的凸显也为

---

① 转引自《人民网》:李克强对首届"职业教育周"作重要批示,2015年5月10日。

职业教育改革和发展提供了无限契机，助推职业教育更加切合其本质属性和根本育人目标。

2.4.2 创业教育中的政府责任及其角色定位

政府对职业院校创业教育有着主导性的影响，职业院校创业教育也需要得到政府的宏观指导和政策推动。

政府应构建起对职业院校创业教育给予激励的长效机制，发挥主导和协调作用，完善学生创业的社会配套体系，把职业院校培养学生的创业意识和能力纳入到"教育发展规划"之中。与此同时，职业院校投入大量的资源开展创业教育，为整个社会经济发展带来效益，带有强烈的正外部效应，从而导致了职业院校创业教育的总量性短缺和动力不足等问题。要推进创业教育进一步发展，政府必须平衡创业教育主体间利益，并提高其总体收益，解决这一行为的外部性难题。

欧美发达国家政府对于创业教育多年来所形成的"支撑体系"值得借鉴。美国政府对创业教育的基础性支持包括：营造积极"创业"的文化氛围、建立完善的风险投资体制、加强基础配套设施建设，等等；对创业教育的直接支持包括：制定法律促进成果转化、提倡学校发展"衍生公司"、通过政策激发创业热情，等等。日本政府在推动创业教育过程中，多个部门参与并成立公共机构，前者包括经济产业省、文部科学省等，从各自的职能和分工出发，由不同的侧面推动创业教育；后者包括创业育成中心、风险实验室等为处于创业初期的中小企业提供成本较低的使用空间、基础设施和咨询服务，鼓励拥有优秀科研成果的学科设立风险企业实验室，研发新产业、新技术。

因此，日益成熟的市场经济环境下，"外部性"为政府提供了在创业教育中扮演"主导"作用的角色支持。在正外部性的情况下，政府通过为消费或生产提供补贴以达到外部性内化的目的。为了正确引导和利用创业教育的正外部作用，政府应充分挖掘职业院校的优质资源，协调其与经济、社会发展的有效联动，在营造良好的舆论环境、建立完善的金融和其他政策支撑体系等方面发挥主导作用。

2.4.3 职业院校创业教育运行环境调查

作为本研究的基础性工作，针对要解决的研究问题，我们采用书面与电子问卷相结合的发放方式，对部分职业院校学生（包括在校生和已参加工作的）所受创业教育开展了抽样调查（系统抽样和简单随机抽样相结合），调查的目的是摸清各类职业院校"创业教育"目前的体制运行环境。在样本的选择上，为取得被调查院校的支持，我们事先与对象学校相关部门联系，并由毕业班辅导员参与调查，调查样本具有一般代表性。总共发放问卷 3000 份，回收问卷 2595 份（在剔除逻辑错误、数据缺失等样本后，最终获取有效问卷 2330 份），回收率为 86.5%，有效回收率为 78%。问卷内容来源于通过专家讨论得到的"职业学校在校生就业形势""创业教育政策的落实情况"等 8 个指标。

在对"职业学校在校生就业形势"的调查中发现，认为"工作难找"的占整个被调查群体 45%，表明职校毕业生的就业形势的严峻已成为现实。由于近年来经济结构调整，相当一部分职校毕业生只能找到专业不对口的岗位；而且无论其所学专业是什么，毕业后大都从事了服务业和建筑业中的初级工作。严重的就业问题已使职业教育以培养就业人才为目标这一本质属性受到了理论和实践两方面的挑战。

在对"毕业生择业途径"的调查中发现，"希望学校统一推荐"的占 18%，"家庭帮助"的占比 5%，"双向选择"的占比 68%，"自谋职业"的占比 9%。调查数据表明，职业院校学生在择业观上大多处于被动状态；毕业生就业渠道已完全市场化，但毕业生常以填补现有就业岗位作为自己的就业目标。这里有学生及家长的观念问题，更主要的还在于其接受的是就业教育培养。

对"报考职业学校目的"的调查中，以"填报志愿情况"为标准考量，"完全按照自愿"的占比 36.7%，"父母主张"的占比 35.6%，"无可奈何下做出决定"的占比 12.9%，"无目的填报"的占比 14.8%；以"入学目的"为标准考量，"将来容易找工作"的占比 44.4%，"已找好工作正处于等待期"的占比 26.7%，"希望升高职校时条件便利些"的占比 11.1%，"职校学习相对轻松"的占比17.8%。调查数据表明,职校"生源"缺乏明确的学习目的和创业"冲动"。

在对"毕业后的职业选择"的调查中,有36.4%的受访学生选择国有大中型企业或行政事业单位,35.3%的学生选择小微企业,8.7%的学生选择其他组织或机构,只有19.6%的学生选择自主创业。调查结果表明,除了整个社会仍残留着计划经济体制下形成的落后择业观念外,政府和院校层面在"创业"氛围的形成上有所阙失成为上述现状产生的重要原因,其进行创业教育的动力更多地源自对外部环境的被动回应而不是职业教育自身的教育特质及其有别于普通教育的人才培养模式等内驱力。

在"职业学校学生的创业意愿"的调查中发现,"认为毕业后工作几年后须创业"的占比63%,"希望依靠家庭或学校的帮助找到稳定工作"的占比23%,"希望自谋职业"的占比14%;值得注意的是,调查对象中有78%的学生"希望在校期间学点经营管理、创业知识"。调查数据表明,在"全民创业,大众创新"的形势下,职校学生创业倾向明显,对"创业知识"的学习欲望还是很强烈的。但目前的状况是:职业院校大多比较重视文化知识的掌握和技能的训练,而很少考虑如何培养人的创造潜能。职业教育必须由就业教育走向创业教育,这是一个需要理论和实践两方面加以关注的新生事物。

对"毕业生认为影响创业活动障碍"的调查中发现,"创业意识不强、能力不够,经验不足"的占比45%,"创业活动的阻碍是缺乏资金"的占比36%,"认为职校生创业的成功率不高"的占比18%,"缺乏职校生创业成功榜样"的占比1%。调查数据表明,职校毕业生中有60%在就业后一年中跳槽;有36%在就业一年半至两年中跳槽。即使因各方面原因而频繁跳槽也很少考虑进行自我创业,对"自我创业"表现出极度的不自信。

对"职业院校开展创业教育的情况"的调查中发现,"了解并赞同创业教育提法"的占比52%,"只是设置了创业教育理论课程"的占比30%,"积极进行创业教育实践"的占比15%,"全面系统推进创业教育"的占比为3%。调查数据表明,职业院校在计划经济体制下形成的就业观念尚未根本转变,对自主创业对社会、学校和学生自身的意义认识不清,或是希望借助"自主创业"缓解一下当前的就业压力，或是一般地仅仅把"自主创业"当作学生工作的一个方面来做做。

从上述系列调查可知，职业院校学生创业意识普遍较差，如果缺乏外部因素的引导和激发，相当一部分人的创业意愿难以被激发出来。在"大众创业，万众创新"的社会形势下，院校的"创业教育"内驱力明显不足，需要政府在法律、政策的框架下予以"协同"。

2.4.4 职业院校"创业教育"政策现状

从二者耦合协调发展的研究假设出发，创业教育与职业教育在一个更大的系统内相互联系并影响着。我国当前实际情况是，"创业教育—职业教育"耦合协调系统（创业教育与职业教育两个系统通过各自耦合元素相互作用的大系统）的子系统耦合度相当高，说明同其他发达地区一样，这二者存在相当大的关联，处于高水平耦合阶段；对"创业教育—职业教育"系统的协调度考察也能够发现其处于良好的协调级别。但职业教育相对于创业教育来说还是比较滞后，应发挥创业教育的前导作用，强化职业院校的"创业教育"内涵，实现二者的协同发展。

科学的全局性"教育规划"及在此基础上形成的健全的法律法规和政策是创业教育的基本保障。目前，创业教育的政策法制体系建设尚不成熟，国家的宏观政策与本地区的微观措施不配套，或因缺乏操作细则而难以落实，或因市场环境的不成熟而不能有效执行。对创业教育政策的"价值结构"进行分析可知，政府对创业教育政策实体价值（包括经济、福利，等等）的关注度远远高于符号价值（包括名誉、规划，等等），应适度增强对"符号价值"的关注，促进创业教育政策的制定和实施向科学化和专业化发展。

总体来看，地方政府在通过政策促进职业院校创业教育方面未能充分发挥作用，政策文本多从国家层面转发，缺乏适合本地区实际的创业教育支持政策；现有的这些政策体系操作性较差，适用于改善创业环境的创业服务和社会保障等方面的配套政策缺失较多；在"创业教育"的体制和机制建设方面同发达国家还有一定差距。

2.4.5 "府校协同"创业教育机制完善路径

在全球领先的战略咨询公司——美国"摩立特集团"的调查研究结论认为，对整个社会创业成功具有重要意义的四个因素（或条件）分别是：创业意识的加强、创业技能的提升、系统的融资政策和有效的激励政策（包括税收减免）。那么，政府与院校的协同机制显然是满足上述基本条件，使通过培养和激发创业动机、意识和意向而影响创业行为的创业教育得到健康发展的保障。在整个创业教育体系中，政府应充分发挥对创业教育的政策引导、资源调配和评价督导等职能，不断完善创业教育的机制建设；同时，政府还要通过立法和政策唤醒行业、企业对创业教育的自觉，激励全社会持续有效地参与到创业教育中来。同经济社会的其他治理和变革一样，协同创新机制中也蕴含着多主体内涵，政府和院校之间的互动应实现资源互补，形成合力，共同推动创业教育的健康发展。

2.4.5.1 "协同"视阈下的问题

目前，职业院校创业教育体系的"协同机制"存在如下突出问题：其一，角色定位不清，院校承担了本应属于政府的工作或者职能，政府在创业教育中表现"缺位"，严重影响了二者在协同创新系统中各自优势的发挥；其二，联动机制不畅，往往多部门"跟风"出台创业扶持政策，甚至社会力量多方面参与建设创业基地；其三，创业教育协同创新的利益分担不明，利益风险机制比较粗放，极易诱发矛盾和分歧，降低"协同"的效率。在对职业院校中的各类群体的调查和访谈中发现，48.7%的院校受访者认为创业教育政策的落实情况"一般"，26.3%的院校受访者对创业教育政策"不满意"，仅有17%的院校受访者认为创业教育政策基本得到了落实（其余8%受访者根本不予关注）。创业教育进程中缺乏健全的联动机制，容易造成信息不畅和优惠政策的落实受阻。

2.4.5.2 "府校协同"机制创新

在创业教育战略成功与否的诸多因素之中，其自身具有的跨部门合作属性是关键要素；而合作伙伴和利益相关者的参与是创业教育战略的先决条件。因此，构建"府校协同"的创业教育机制需要在政府主导下，以院校为主体，带动其他社会资源及其"利益相关者"，进行系统的协调和配合，厘清各方的角色定位，明确利益相关体的差异性需求，实现优势互补；完善创业教育联动机制，使协同创新系统中各要素功能得到充分发挥。在这一系列的"协同"活动中，政府和职业院校是两个最为关键的环节。

1. 政府主导

政府对创业教育进行全局性的规划并制定有利于创业教育的一系列政策法规，是创业活动开展的根本保障。图 2-1 显示，"创业政策满意度"对"创业意向→创业行为"的调节效果明显而切实，其中：创业意向可以看作创业教育和创业行为之间的"中介"因素，创业教育对创业行为产生影响，而政策在"意向"转变为实际"行为"的过程中起着关键性作用。

（1）创业教育的战略规划与法制化

美、日等发达国家和我国东部发达地区的经验表明，创业教育绝非解决就业难题的权宜之计，应通过科学化、法制化等方式对创业教育的目标、愿景和实施步骤等问题做长远规划。同样，地方政府也亟需根据经济社会发展状况及人力资源开发和管理的实际情况制定适合本地区"创业教育"的中长期规划，以使职业院校创业教育能够科学和稳定地为经济建设提供人才支撑，这需要政府从经济、社会、教育等各方面进行全局统筹。

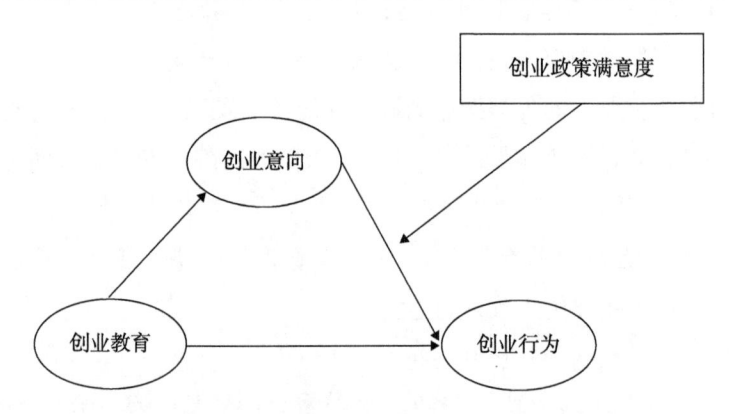

图 2-1 创业政策满意度对"创业意向→创业行为"的作用
Fig.1 The effect of entrepreneurial policy satisfaction on entrepreneurial intention to behavior

（2）设置专门的协调机构的必要性

由上述分析得出结论，既然现行创业教育政策关注的重点在于其"实体价值"，当然就有必要设立专门的综合协调机构，将政府及其相关部门、院校和社会之间的价值导向进行有机链接，形成合力，解决政策体系分散、实施效率不高的问题。

在这一"链条"中，政府应积极整合教育资源，在协调各方利益，保障"协同"的基础上，着力于推动创业教育实践基地的建设水平，提供政策咨询、技术进步和劳务供求等指导服务。

当前，各级各类职业院校的创业教育资源明显匮乏，而相当多的企业却没有这方面的动力。政府应该在职业院校和企业及其他社会力量之间更多地发挥服务和协调的作用，搭建起资源充分开发的坚实桥梁，帮助院校引入拥有专业化的企业资源和多元化的社会资源，同时为企业拓展与院校深度合作的空间。还可以借助创业教育机构实现资源互通共享。相关中介组织的建设在我国现行体制下有其独特的意义，一方面，促进和监督院校既具坚定性又有灵活性地贯彻政府创业教育的政策；另一方面，中介组织及时与政府部门沟通，可以更及时和有效地解决院校在创业教育中遇到的问题。同时，中介组织还可以为政府制定创业教育政策提供科学、系统的建议。

（3）优化创业教育的政策保障职能

除了专门的"创业教育"协调机构外，政府还应借助政策的制定和实施提升整个社会对创业的认同感，建设服务支持体系，在财政政策上给"创业教育"以更多关注并拓宽资金渠道。

其一，提升社会对创业行为的认同感。创业教育需要良好社会文化的支持，"创业文化"是开创事业的价值体系和社会心理的总和。从职业院校的现状来看，创业文化的氛围并不浓厚。根深蒂固的从业文化中不乏急功近利、求稳甚至是投机的意识，诸多不利因素导致创业教育处于被忽视的尴尬境地。创业文化氛围是校园文化乃至于整个社会文化成熟度的重要体现，需要政府协同院校进行合理引导，还应发挥媒体的作用，使创业教育的价值和理念深入人心。

其二，整合政策资源，提高实施效率。地方政府应根据国家的相关政策制定实施细则，将与创业有关的部门政策进行整合，提高政策落实效率。在此基础上，清理和消除阻碍创业行为的各种行业性壁垒，合理设置和科学规定资金、人员和项目审核等准入条件；特别要为职校学生创业提供相应的法律保障，并给予宏观的创业指导。

其三，开展和落实创业指导服务，建立整体服务支持体系。重点建设包括具有公共服务功能的创业服务机构和社会保障机构等在内的"创业公共服务链"（把与创业教育利益相关的社会力量有机地组织起来，形成完整的创业教育公共服务网络）。这其中首要的任务应该是：鼓励政、校、企三方合作建设创业基地，给创业实践提供优质的实践机会，并提供切实有效的创业辅导以及相关的后续跟踪服务。

其四，增强资金扶持力度，撬动多样化的资金实现形式。根据"创业教育"的特点，这方面的工作主要包括：强化财税政策扶持，完善和探索这一方面政策落实的具体操作办法；通过设立创业专项资金和风险投资资金等，为毕业生创业提供融资支持；构建政府扶持、社会资助的职校学生创业服务平台，等等。

2. 院校主体

作为"主体"，职业院校应该对"创业革命"做出积极和有效的回应。在职业教育的各个层次开展有机衔接的创业教育，在职业教育的不同阶段培养学生多方面和深层次的创业意识和技能，是创业教育的核心"发动机"。

（1）主动寻求与政府的协同

创业教育是实践性很强的活动，创业实践是创业教育的特定模式。要实现和创新这种"模式"，学校就必须积极寻求政府的支持，在此基础上建立创业教育与经济、科技密切结合的机制；并在政府的协调下，争取市场和企业对职校生的创业给予更多关注，带动社会各方面资源共同支持创业教育；同时，积极培养职校生适应市场经济条件的创业意识和实践能力，为创业做好心理方面及知识、能力和职业素养的储备。

（2）健全创业教育管理体制

毕业生源的质量高才能成为市场经济中的活跃因子，也才能够形成"创业教育"的良性循环。职业院校要想在职业教育滚滚大潮的竞争中取得优势，须在人才培养的价值链中将创业教育提升至"核心竞争力"这一高度。创业教育管理机制的创新是确保其健康运行的关键，对这一"核心竞争力"的认识必须得到体制的认可并通过体制的合理安排来实现。目前，职业教育体系内部（包括院校各部门）对"创业教育"的管理往往"各自为战"，资源利用率较低。在管理体制上，有必要整合职业教育体系和院校各部门的资源，形成创业教育的整体优势。

（3）完善"双师型"队伍建设

人才培养模式的改革离不开适应创新教育教学的师资力量，院校应在政府及其相关部门的支持下，加强"双师型"教师的培育工作。

创业教育需要既具备较高专业理论水平又具有一定的企业管理和生产经营实践经验，并对"创业"活动有着深刻理解和正确认识的教师，院校甚至可以根据教育教学需要直接从企业聘任"技能大师"。"双师型"教师对创业领域的发展趋势和创业教育的社会需求变化有着较为敏锐的理解，对创业教育所需要的知识和能力有着天然的亲切感。从属于职业教育自身的本质属性，在校企合作和现代学徒制的框架下，"双师型"教师是教学互动中丰富课堂内容，完成技能型人才培养过程的关键性因素。

当然，由于我国长期计划经济体制形成的顽固的人事管理系统的局限和影响，从实际运行状况来看，职业院校虽然有着从企业生产和管理环节聘任深谙企业管理或者熟悉一线操作技术的人员的积极性，但仍存在诸多"障碍"，这一方式对"双师型"教师的补充起到了应有的作用，但还不能完全满足创业教育的需求。政府应在现有师资开发与管理的基础上，通过"政府购买服务"等方式，制定灵活多样的师资政策，激励企业生产经营和管理环节的"专家"和"大师"进校园，以使职业院校创业教育在深厚的知识和技能底蕴下真正成为复合型人才培养的"孵化器"。

（4）创新人才培养模式改革

创业教育是一项系统工程，职业院校仍需探索其具体的运行方式，在培养模式、课程设置等方面进行创新。目前条件下，采用已进行过成功探索并有着较成熟经验的"渗透式（将创业教育的因素有机渗透到相应的教学内容中去）""结合式（根据各类实践活动的不同特点将创业教育纳入其框架中）""复合式（将创业教育的目标纳入专业目标体系并确保其目标的实现）"等培养模式是行之有效的。

此外，在"职业资格准入制度"的框架下，职业教育系统应强调和运行学历证书与职业资格证书并重的教育理念与模式，将学分制引入"创业教育"，以着力培育复合型的创业人才。

（5）构建创业教育评估机制

构建起合理有效的创业教育评估机制是保证其持续健康发展的必要条件。"创业教育"所赖以为基础的思维逻辑起点乃是以人全面发展为核心价值的一种新型理念（而不仅仅是一种就业方式），在着眼于创业能力提升的同时，还应注重职业素养的培育，创业教育评估内容也要针对这二者进行全面考察。

值得一提的是，政策的监督反馈机制应作为创业教育系统中的重要环节，而相对完善的政策监督应是政府牵头，政、企、家、校等多方利益主体"协同"参与，充分体现权责明晰理念的机制。

综上所述，创业教育涉及到政府、学校、企业和社会等多方面的利益，其中，政府是创业教育的"主导"，职业院校是创业教育的"主体"，政府与院校的"协同"是创业教育得以健康发展的必备基础。此外，社会中介组织对加强政府与学校之间的沟通也是必要的。整个"协同"体系构建的根本目标应在于积极有效的政策和健全创新的机制。

第三部分

集团化发展的持续创新

职业教育集团化办学是市场经济发展的产物，也是有效地整合社会职教资源，提高办学效益，顺应社会经济发展的必然趋势。当前形势下，职业院校集团化办学研究虽然有着方方面面的视角，但主要涉及到的是两大实质性问题：一是"校企合作"，二是"中高职衔接"。由于后者所涉及到的相关概念及其研究成果有着较为独立的价值，为便于阐述，我们将在其后的第四部分中单独对"构建中高职教育有效衔接的现代职业教育体系"主题进行深入研究，这里主要涉及"校企合作"方向。

3.1 概念界定和现实基础

3.1.1 相关概念的界定

1. 基本概念

技术技术技能型人才：指经过专门培养和训练的劳动者，其既具有当代专业技术教育的技术技能和理论素养，又具有适应生产岗位的创造性能力和独立解决关键性问题的能力。

培养模式：指职业院校为实现其人才培养目标所应用的培养手段的构造样式和运行方式，包括人才培养理念、专业设置、课程模式、教学设计、教育方法、师资队伍组成、培养途径与特色以及实践教学等构成要素，人才培养模式不仅仅关涉"教学"过程，更关涉"教育"过程，它主要回答"培养什么样的人？"和"怎样培养技术技能型人才？"等根本性问题。

2. 核心概念

"校企合作"：在国际上称为"合作教育"，是指学校与社会上相关企业、事业单位及其他各种工作部门之间的共同合作，培养具有全面素质人才的教育模式。职业技能是职业素质的重要组成部分，是指运用知识或技术、完成相应职业活动的智力活动方式或实际操作能力。我们要紧密结合地方经济发展，通过校企双方目标、利益和资源的有效整合，加强实践环节的教学和训练，发展同企业等部门的合作培养，促进教学、科研、生产三结合，互惠共赢，着力构建一种相互渗透、整体发展的学生职业素质合作培养模式。

"集团化办学"：按照产业规律，将企业集团化经营模式引入职业教育，旨在依托行业、联合企业，加强学校与学校、学校与企业之间的联系，整合教育资源，实现资源共享，推进职业教育做大、做强、做优。职业教育集团的产生是教育发展过程中优胜劣汰的结果，是生存的需要，是发展的必然。如果说规模扩大是形成教育集团的现实因素，那么其客观因素为：随着经济的持续高速增长和人民生活水平的不断提高，共同构成对教育的庞大市场，同时，经济体制由计划经济向市场经济的转变，使得教育需求呈多样化、多元化发展。

职业教育集团的组建，既符合职业教育发展的基本特征，也符合国家提出的"要进一步整合职业教育资源，推动公办职业院校办学体制改革与创新，走规模化、集团化、连锁化办学的新路子"的发展战略。职业教育集团化办学对职业教育的改革与发展具有积极的促进作用，有利于促进职业院校教育教学改革；有利于促进中高职衔接与沟通；有利于加强师资队伍水平的提升。

现代学徒制：是产教融合的基本制度载体和有效实现形式，也是国际上职业教育发展的基本趋势和主导模式。它倡导学校、企业深度合作与教师、师傅联合传授，是对传统工学结合人才培养模式（如"订单培养"模式）的一种递进，该模式有助于解决企业招工难等难题，终极目标是服务区域经济产业升级、服务企业发展。归纳起来，推进现代学徒制的积极意义在于以下几个方面：促进行业、企业参与职业教育人才培养全过程，提高人才培养质量和针对性；推进"双证融通"（学历证书＋职业资格证书），建立国家技术技能积累制度；推进"双师型"师资队伍建设，创新职业教育招生制度、管理制度和人才培养模式；加快完善现代企业劳动用工制度，解决合作企业招工难问题等。

支撑"现代学徒制"的要素是：学生、学校、企业的自觉约定——构建校企合作平台；课程体系的重构、课程内容的重组——重建学习载体；"工"与"学"的交替——变革教学组织和管理模式；专兼结合教学团队的协作和互补——集聚教学团队的目标；针对性与发展性相协同的学习评价——可持续发展的价值取向。

3.1.2 集团化办学的现实需求

除了职业教育发展已经积累的经验之外，"集团化办学"有着及其明显的现实需求：

（1）校企合作是国际职业教育的基本走向

考察德国等欧盟成员国及其他发达国家的职业教育状况，发现校企合作办学是各国职业教育普遍采用的一种办学模式，并成为一种基本走向。

德国的"双元制"是最典型的一种校企合作办学模式。所谓"双元制"，是指学生既在企业里接受职业技能和相应知识的培训，又在职业院校里接受专业理论和普通文化知识教育。这是一种将企业与学校、理论知识与实践技能紧密结合起来，以培养专业技术工人为目标的职业教育制度。德国的"双元制"已经有100多年的发展历史，其主要特点是：以能力培养为主、以技能培训为主、理论教学为技能培训服务；采用模块式教学，学习内容安排由浅入深螺旋式上升；在企业与职业院校两个地点学习；学生同时具有学徒的身份。

自从19世纪初开始，美国就推行"合作教育"，提出一些专业和一些项目的学生一年中必须有1/4的时间到与自己专业对口的公司或企业单位去实习，以获得必要的知识。美国的职业院校很重视吸收企业界人士参与办学。例如芝加哥市有许多炼钢、炼油企业，该地的职业技术学校便开设相应的专业。为使这方面的人才培养工作与企业实际需求相一致，学校设立以下几种机构：一是工业顾问委员会，委员是本地区企业界的知名人士或企业主，他们讨论、研究本地区工业发展对人才的需要，确定专业设置；二是专业委员会，请专家教授参加，研究专业课的教学计划；三是人才调查办公室，由学校和企业界双方人员调查本地区各行业对人力的需要，根据需要办学。

在加拿大,培养职业技术人才的主要机构是社区学院。社区学院中的每个专业都设有专业顾问委员会,其成员由专业负责人和各相关企事业单位的专家组成。委员会每学期或每学年都要召开会议,研究本专业教学内容的改进,实验设备的改善和专业发展预测等问题。学院根据顾问委员会的意见,调整教学计划和教学内容,以及招生数量。学院与企业界的交流与合作,使学院的专业教学适应企业、社会的需要,跟上技术发展的步伐,也使毕业生的质量与数量与企业、社会的需要相一致。

"教学工厂"是新加坡职业技术教育的新模式。它力图把"工厂的需求"和"学校的教学"这两方面尽可能地沟通和整合在一起。它将现代工厂的经营、管理理念引入学校,将现代工厂的生产、经营环境微缩或模拟到学生的教学活动中,甚至将企业的某一个生产、经营环节引入学校,学校直接参与到企业的生产、经营过程中,使培养出来的学生既具有先进的理论知识,又具有现代化工厂所需要的实践技能,使学校教学真正做到"学以致用""学用结合"。

韩国为加强职业院校与企业的联系,从1994年起实施了"2+1制",即头两年在学校接受职业教育,第三年则在企业接受为期一年的实习培训。

此外,澳大利亚的"新学徒制"、前苏联的产学联合体、日本的产学合作、英国的"三明治式"等都是国外校企合作办学的模式。

然而,国外的校企合作办学模式是建立在各自国度的经济、文化、法制基础上的。中国有自己的特定国情,如只有几十年的工业发展基础,且大多数都是中小企业等等。照搬外国的办学模式显然是不现实的,但其精神实质如学校与企业相沟通、教育与科技工艺的发展相适应、理论知识的教学与实践技能训练相结合,却值得我们学习与借鉴。

(2)校企合作是国内职业教育改革的热点

根据研究,我国许多职业教育的法规与政策已多次对校企合作办学作出相应表述,这也已经为许多领导与专家学者所关注,许多职业院校都在积极探索校企合作办学。校企合作办学这一问题尽管已经成为我国职业教育改革的一个热点,但总体上还是处于探索阶段,还没有形成系统的理论，在实践中也还没有形成稳定的模式与成熟的经验。许多校企合作办学由于只是事实上的学校行为，企业没有积极性，校企之间缺少有效的互动机制，致使校企合作走入困境或流于形式。

（3）校企合作是企业生存发展的内在需要

企业间的竞争其实质是人才的竞争、技术的竞争，没有高素质的生产工人，企业将会面临被淘汰的危险，更谈不上发展。企业发展到一定规模，许多企业主已经意识到提职校工素质的重要性与迫切性。企业可以高薪聘请高级技术人员生产一二种样品，却不能"买"到大批技术工人进行批量生产。因此，新常态下，企业（特别是一些上规模的企业）对职业院校表现出前所未有的热情，对校企合作表现出积极的姿态，为校企合作办学提供了极为有利的社会条件。

（4）校企合作是职业教育改革的必由之路

在党中央、国务院以及各级政府的重视下，我国的职业教育事业取得了很大的成绩，但是也存在着许多的问题。这些问题集中表现在办学模式上：职业教育缺少自己的特色，教育教学没有与当地的企业接轨，培养的学生岗位适应能力不强，造成就业与招生的相对困难；教学思想、教学内容、教学方法以及教学评价等与社会实际需求脱节。这些问题的存在，制约着学生和学校的可持续发展，也制约着职业教育的可持续发展。

生产现场为培养技术应用能力和综合素质所必需。职业教育的主要特色在于它所培养的人才具有较强的技术应用能力和相应的职业素质。而技术应用能力和相应的职业素质的获得，取决于理论和实践的高度结合，这需要教学过程各环节的整体优化，其中实践性教学环节是最重要的。职业院校要完成实践性教学任务，使职业教育的质量特色真正实现，除有良好的校内基地外，还必须有数量足够、水平较高的校外实习基地，使学生有相当时间在生产和服务的真实现场经受真刀真枪的熏陶和磨练。显然，没有企业的参与办学，要达到这个目的是不可能的。

职业教育的培养目标是为社会经济发展培养大批具有一定专业技能的熟练劳动者和各种实用人才，这就决定了职业院校的办学思想、办学模式必须适应本地社会和经济发展的需要。如果没有企业的参与和支持，职业教育很难做到真正的理论联系实际，很难及时适应社会需求；职业院校如果不加强校企合作，办学单一化、内向化，就很难实现培养目标，培养的人才就会失去市场竞争力。在教育经费短缺的情况下，如果没有企业的大力资助与合作，就很难改善办学条件。因此建立校企双赢的机制，是职业教育改革发展的必由之路。

总之，职业教育集团化办学模式的建设与运用，对于顺应国际职业教育改革的潮流，构筑我国终身职业技术教育体系，对于培养高素质的技术人才，促进社会经济的发展与进步，对于建立适合社会经济发展的职业教育办学模式，促进学生和学校的可持续发展具有十分重要的意义。

3.2 职业教育集团化办学的理论基础

职业教育集团化办学是对职业教育办学模式的改革和创新，是一项复杂的系统工程，它不仅涉及教育界、产业界两大领域，还与政府、中介机构乃至社会大环境等等均有密切的关系。组建职教集团，可以为解决职业教育发展的关键问题找到有效可行的途径，特别是在进一步贴近经济社会发展和产业行业需求、提高技能型人才培养的水平和效率、促进产业和教育的互动等方面开展有针对性的探索。

3.2.1 教育学基础

教育理论认为，教育不仅应与社会生产相结合，还必须与社会生活相联系。现代科学技术的飞速发展，要求教育为社会生产培养适应社会发展的劳动者，接受教育是人全面发展的需要，也是人们改善生活的需要。因此，教育同社会生产和生活的紧密联系，是教育发展的必然。职业教育集团化办学就是在这一理论依据下，满足人的全面发展的需要。[1]

经过职业教育，一个"生物人"成为一个社会所需要的职业人，但又不仅仅是一个纯粹的职业人，而是一个要生存、要发展的社会人。职业教

---

[1] 姜大源主编.职业教育学研究新论.北京：教育科学出版社，2007年1月出版.

育集团化的办学模式可以充分地整合了整个社会职业教育资源，特别是行业和企业的参与，在人才培养上比单一的学校教育更能为学生搭建宽广的实践舞台，更有利于学生全面发展的需要。

3.2.2 管理学基础

1. 系统原理的理论

任何社会组织都是由人、物和信息组成的系统，任何管理都是对系统的管理。没有系统，也就没有管理。就其本质来说，系统是"过程的复合体。"[①]整体性、开放性、综合性是系统原理的要点。

系统还是开放的，不存在一个与外部环境完全没有能量、信息交换的系统。职业教育集团化办学模式突破了传统的单一校园环境办学模式，实现了学校之间、学校与企业之间、职业教育科研机构和相关实体的多元联合，使社会职业教育资源实行有序的对接与交流，达到互动多赢的目的。

2. 以人为本的管理理论

随着社会生产力水平的发展和生活水平的不断提高，促进了管理理论的进一步发展，"行为科学"应运而生。"行为科学"的核心思想认为，人的动机支配人的行为，而动机又是由人的需要引起的。人的需要是多层次的，金钱不再是刺激人积极性的唯一动力。人不仅是"经济人"，而且是"社会人"。企业中不仅存在正式的组织，还存在非正式的组织，这种非正式组织影响着小团体成员的情感和行为，等等。[②]

3. 效能论的管理理论

首先，职业教育的发展，需要学校拥有大量的实训实习基地，但由于政府对职业院校的投入有限，院校不可能花大量的财力、人力去投资实训基地的建设。职业教育集团化办学模式学校不但可以节省大量建设校内实训基地的资金，还可获得企业的资金、设备、资讯等部分资助，更可以为学生获取更有效的实践锻炼环境。其次，从集团内企业的角度来看，集团培养出的相关专业的技能型人才优于从单一校园环境办学模式培养出的学

---

① 周三多主编. 管理学——原理与方法. 上海：复旦大学出版社出版.1999.1.
② 周三多主编. 管理学——原理与方法. 上海：复旦大学出版社出版.1999.1.

生，由于行业和企业参与的办学资源相对较为充足，可以根据需要可以采取"订单培养""定向培训"的方式，毕业生可以直接顶岗，人才的效能可以充分挖掘，实现人才效益的最大化。此外，职业教育集团化办学模式可以充分利用集团内院校的科研优势，及时解决生产与发展创新中遇到的技术难题。

3.2.3 社会学基础

"市场"本身是某种特殊的社会交换关系体制。这种交换关系体现了特定的社会价值观念，是一个社会的传统、道德和文化的总和。职业教育集团内的院校、企事业单位和政府在相互了解的情况下，通过职业教育集团建立起一种特定的社会关系网，同时集团成员之间的长期合作有利于在某些方面达成共识。这不仅具有综合利用资源的优势，而且便于集团成员间的协调，从而节约校企、校政等合作运行的协调成本。

3.3 "双主体"办学治理及制度完善

21世纪以来，"校企合作"模式对职业教育改革方向和未来发展的重要影响已被普遍接受。然而在校企合作实践中，现有政策落实不力，相关制度不健全，运行机制不协调问题突显；企业参与积极性不高，协调服务平台缺失等问题普遍存在。由于校企合作本身的复杂性和研究的局限性，使得治理框架下形成的学校和企业的"双主体"办学之路在理论和实践两方面仍充满了茫然。机制体制创新力度仍需进一步加大，合作范围需进一步扩大、合作评价监督机制需进一步完善。溯本求源，校企合作的最大障碍应该是各利益相关者在目标和利益上的分歧以及在此基础上造成的"权利失衡"，加上缺乏健全的利益协调机制，使得合作动力不足。

3.3.1 双主体办学基本理论框架

校企合作的质量、深度以及长效机制等已成为制约职业教育发展的"瓶颈"，有必要就其理论基础进行梳理，在理论的发展与变迁中寻找启示和策略。纵观国内外校企合作发展的历程,"双主体"办学具有丰富的理论基础。

3.3.1.1 "协同"理论

协同论为"双主体"办学提供了有益的理论支撑和研究视角。如何形成校企协同发展的长效机制,是当前校企合作中的瓶颈性问题。校企合作是由多种要素相互作用构成的一个系统,各子系统既相互独立,又相互合作,当外部环境达到一定水平时,子系统间就会产生协同作用,使各子系统之间能够按照某种规则自动形成一定的结构或功能。职业教育的校企合作由校企合作主体系统(即"双主体"——院校和企业)、校企合作支持系统(政府、社会及行业)相互作用构成,每个子系统内的各个要素都要为赢得组织整体目标而努力,在协同发展过程中发生质的飞跃,促使校企合作系统最大限度地提升整体效应。

3.3.1.2 合作治理理论

在"协同"理论的基础上形成的合作治理理论更为强调治理主体间的相互作用和主动性。从治理理论的角度看,校企合作"双主体"办学属于社会公共事务范畴。在这一治理过程中,学校和企业作为"双主体",在政府的协调下共同对技能型人才开发进行治理。"合作治理"理论为推进"双主体"(即院校和企业)与政府主导办学提供新的思路。"合作治理"是指政府与院校、企业和家长、社会等在平等、合作的原则下,以技能型人才的培养为目标,多个主体共同参与开发过程的治理方式。在这一过程中,校企双方作为"主体"应协同推进,政府作为"主导"要充分调动多方的积极性,明确学校和企业的行动"边界",还需调动其他社会力量来全面支持校企合作发展。

3.3.1.3 "利益相关者"理论

以弗里曼对"利益相关者"的定义为标准范式,职业院校校企合作的"利益相关者"可界定为:任何影响校企合作发展或受校企合作发展影响的组织、团体或个人。这方面的研究者中,有的根据利益相关者与职业教育发展的联系程度分为核心层和外延层;有的根据参与者在校企合作过程中所发挥的不同作用划分为政府、企业、行业、职业院校、学生、教师和企业导师等七个利益相关群体。因此，从总体上来说，政府与职业院校、学生以及行业企业构成了一个利益相关者的共同体。

实践中，在计划经济体制影响下，很多职业院校在组织管理与制度建设上，并没有把教育产业放在整个社会经济大环境中作整体考虑。事实上，在职业教育大系统中，职业教育的发展与经济、社会等领域有着紧密的联系，在其发展过程中要保持与利益相关者（政府、企业、社会、学生家长）进行有效的沟通交流，在尊重各方利益的基础上建立合作伙伴关系，努力满足他们的利益诉求。

3.3.1.4 双主体结构的基本条件

作为一种制度化的安排，校企合作双主体办学的宏观治理进程是政府和行业企业、职业院校等多元行为体共同推动的；而其微观（内部）治理进程是由校企双方共同推动的，其关系的形成和运行需要权力、利益和认同的共同基础。因此，"权力平衡"和"利益共享"是构建"双主体"治理结构的基础，也是"双主体"治理结构在此基础上形成后所具备的基本功能，进而此二者又成为当前"双主体"办学运行中诸多问题的根源。

（1）权力平衡

以"权力配置"作为合作办学秩序化的起点，以"权力平衡"作为治理结构的稳定表现，共同构成"双主体"治理结构得以稳定运行的决定性因素。其权力分配与平衡，不仅由各自相对的能力所决定，还由政策、法律、制度等政治框架因素所界定和影响。校企之间通过治理制度、规则完善及其科学的决策程序，改变"双主体"及其周围环境的权力分配，最终形成校企之间相互制约的权利平衡体系。

（2）利益共享

共同利益是"双主体"治理的前提条件和终极目标。从经济学的角度来看，院校和企业只有在有助于获取共同利益的情况下，才会形成合作的长效机制。这种"共同利益"既包括经济利益，又包括社会利益，两种利益缺一不可。因此，科学稳定的校企合作治理结构必然具有合作机构的协调性、合作目标的兼顾性、合作形式的多样性等特征。

总之，"权力平衡"和"利益共享"这二者的实现程度反映了"双主体办学"的功能性目标，校企合作双方应在长期的"互构"中建立起有效的共同治理的内、外部结构，并保证这一结构稳定健康地运行和维持。

3.3.2 校企合作办学的运行机理

运行机理问题作为校企合作研究内容的重要组成部分，一直是理论与实践工作关注的热点。探究并发现其中的运行规律并将其立于理论的高度来指导校企合作实践不仅是必要的，而且是可行的。同时，合理有效的"运行机制"也是职业教育校企合作政策的要求。那么，在校企合作的实践中，校企合作运行机制是否是我们所预期，其运行的"机理"何在？

3.3.2.1 基础：产权分割

制度经济学的代表人物诺斯认为，产权是构成制度框架的重要元素，产权结构的无效率必然导致制度结构的无效率，而有效率的产权结构却能够使经济系统自发地产生出有效的运行机制。

伴随社会主义市场经济体制的逐步完善，产权划分或分割渐成经济社会发展的主题。而当企业改革进入以建立现代企业制度为主线的"深水区"，企业与职业教育的关系被彻底地改变了，校企合作关系随即从紧密走向松散。与此同时，同经济体制改革相适应，教育体制和行政体制改革也按照"产权清晰、权责明确"的原则展开，在办学上逐步形成了以地方政府办学为主、依靠企业、社会力量的格局。这种体制下，由于职业教育校企合作运行机制并不成熟，相关政策分散且效力不高，教育资源短缺且结构不合理。多元化的办学体制和"条块分割"的管理体制强化了校企合作治理的跨界性质，也增强了治理难度；而由于行政管理体制长期形成的惯性，协调配合机制的构建过程并不顺畅。政策的制定已明确在先，而体制的"破冰"仍需假以时日。

3.3.2.2 动力：利益分享

作为独立的经济单位，企业的本质是寻求"利益最大化"。随着现代企业制度的建立，其逐利的本质性也更加突显。特别是近年来用人总量逐渐增大的私有企业，其对于劳动力的需求建立在成本考量（包括用工成本、技术服务、政策扶助、社会责任等等）的基础上，对于并不成熟的校企合作机制的态度尤为谨慎。如何使得企业在"校企合作"框架下真正做到利益共享？目前来看，仍是这一矛盾的主要方面。

而职业院校校企合作过程中期待能通过校企合作来完成实践性办学，提升办学质量和社会声望，获取教育收益和社会收益。此外，通过校企更深层次的合作来加强与企业乃至就业市场的联系。一方面借助企业为学生提供实习实训场所与机会；另一方面以企业雄厚的资金和先进的技术为保障，通过合作办学、经营等途径获取经济收益。

3.3.2.3 方式：网络结构

由于主体、结构与机制的特点，"双主体"办学的治理有其独特的框架与模式，其治理方式表现出明显网络结构特点。"双主体"办学体系内部各主体通过集体的自组织行为实现治理从混沌无序变为井然有序，构建政府、学校和企业之间平等合作的伙伴关系，实现治理功能提升。当然，在我国现有的经济社会发展框架内，政府具有更大的正式权力，因此始终是治理的权力主体。

正如上文所述，权力与利益构成网络化治理的核心考量要素，治理运行中最多关注的问题在于指向利益冲突的协调机制，使得体系成为相互妥协、就权力分配问题达成共识的场所。其中，不同治理主体在各自的治理逻辑驱动下走向行动中的自由博弈，寻找利益契合。

3.3.3 校企合作存在的主要问题

目前校企合作普遍存在双主体"五对接"（校长对接厂长、专业对接产业、课堂对接车间、教师对接师傅、实训基地对接研发中心）不对等、不深入，效果不明显，寻求合作切入点的难度大，制约了校企合作健康快速发展。如何真正体现产教融合和无缝对接，是校企合作、双主体育人模式面临的紧迫而现实的课题。

3.3.3.1 校企合作长效机制缺失

在参与校企合作的企业中，大型企业面临着结构性调整的压力，去库存、去产能等实际问题给企业用工需求提出了挑战，解决"招生即招工"的问题仍然在路上；而中小型劳动密集型企业面临着转型升级压力，对高技能型人才尤其是创新型人才的需求较为迫切，对于职业院校数以千百计、在理论和实践两方面都属"菜鸟"的毕业生不会感兴趣。况且，由于缺乏有效的政策支持和制度保障，职校学生实习安全管理、风险管控等问题始终是企业的难题，而学校自身又无力提高学生在实习过程中的相对弱势地位。

总之，追求利益最大化与承担社会责任之间的矛盾依然困扰着企业的抉择，而政府尚未建立有效的税收政策和资金政策支持和制度保障，使得深化校企合作产教融合、形成双主体常态机制的愿景面临着诸多现实问题。

3.3.3.2 提高层次与升学的悖论

在校企合作过程中，存在着提高技能层次与升高职或本科之间相互矛盾的现象。一方面，经济新常态客观要求职业院校提高人才培养层次；另一方面，因为"校企合作"在学生就业预期上的不尽如人意使得许多职校学生将自己的"生涯规划"向升学倾斜，而这种升学更倾向于却追求学历的提高而非技能的提升。目前，职业院校普遍关注系统内部的（中高职）贯通，对职业教育的横向融合方面重视不够，有回归"重学历而轻技能"的倾向。职业教育没有与行业企业实现真正融合，校企合作流于形式化、表面化，导致职业院校无法了解行业企业对人才规格和质量的真正要求。更为严重的问题是，由于学生年龄原因和市场就业压力，职校学生毕业直接选择就业的人数明显降低，"3+2"和"五年一贯制"模式成为职校生的首选，有的地方升学上高职或是上本科成为主流倾向。这种状况实际上已经开始背离了职业教育的本质，与当前"双主体"办学体制的不健全，不能真正满足职校学生对"技能"学习和实践的愿望有着非常强的正相关性。

3.3.3.3 产学融合育人机制式微

职业院校是校企合作的主要参与者，专业性和实践性应是职业院校办学的基本定位，而校企合作、产教融合当然成为了其人才培养的基本模式。但在实践中，由于对生产一线技术改造和产品开发的信息获取速度较慢，实践教学相对滞后，技术研发和成果转化能力较弱，学校并不能成为企业技术研发和技术创新的真正合作者和信赖者，反过来使得职业院校离"校企合作"之路愈行愈远。

同时，鉴于多数学生以升学为主要愿望，而升学考试中实际存在的以文化课、专业课理论为主的现状，倒逼职校的实习实训课时量大幅减少，校企深度融合的要求和标准显著降低。表面看，既降低实习教学成本，又减小企业实习风险和因顶岗实习增高的流失率，实际上，职校培养技能型劳动者的办学定位受到了严重冲击。

3.3.3.4 市场缺位成为困惑根源

除了政府主导作用发挥方面的问题之外，市场的"缺位"已经明显地成为上述几方面困惑的根源。无论其相对价值如何，市场配置资源与政府宏观调控相比，其最主要的优势就是，在静止状态下从总体上说更具活力。一直以来，我国职业教育因其在理论和实践两方面都具有的准公共产品性质，政府成为当然的主导，而不是由市场来配置资源。《关于加快发展现代职业教育的决定》中第一次明确提出发展职业教育要遵循"政府推动、市场引导"原则，是对十八届三中全会提出的经济体制改革中"让市场在资源配置中起决定作用"提法的积极回应。但实际情况是，我国市场体系尚难以适应产业转型升级和经济发展方式转变的要求，在此背景下发挥市场的"引导"作用，必将是一个艰难探索的过程。

在市场经济体制下，仅仅依靠法律和政策强制完成校企合作"双主体"办学是很难收到实效的，必需依靠市场调节。因此，市场调节缺位是形成校企合作体制性障碍的重要原因。市场调节体现了从行政规制到利益诱导的发展趋势，其着力点在于"引导"经济主体积极参与到职业教育中来；而政府部门则要应为市场调节提供良好的运行环境。

3.3.3.5 企业回应的"二律背反"

长期以来，政府把技能培训仅仅看作是企业的责任，缺少制度上的协调，处于"囚徒困境"[①]下的企业缺少为工人提供长期正规培训的积极性，中小企业对技能型人才的培训则更少，"搭便车"心理极为普遍。由于政府

---

① 两个囚犯为符合自己利益的选择是坦白招供，原本对双方都有利的策略是都不招供从而均被释放就不会出现，这样两人都选择坦白的策略以及因此被判8年的结局。
按照亚当·斯密的理论，在市场经济中，每一个人都从利己的目的出发，而最终全社会会达到利他的效果，但是从"纳什均衡"中引出"看不见的手"原理的一个悖论：从利己目的出发，结果损人不利己，既不利己也不利他。

在技能型人才培训工作中的长期缺位[①],使得技能型人才供给不足的形势愈演愈烈,以致出现"技工荒"。

技能培训对同行业的企业而言具有较强的通用性和外部性。通用性是指员工的技能不仅能为本企业所用,而且能够被其他企业所用;外部性,是指当更多的企业进行培训时,行业中从业人员的平均素质和整体的经济绩效也将得到提升。现实情况是,当前的大部分企业,尤其是私营企业,员工与企业的劳动契约不稳定,契约期限过短,因而工人的流动性强,致使企业对培训技能型员工的预期收益无法得到保障。据调查,在70%的企业里,两年及两年以下合同工数量占员工总数60%以上;许多企业反映,工人流动性过高是企业缺乏培训爱好的最重要原因。此外,那些以雇佣农民工为主的企业,与工人的劳动合约一般是没有保障的短期合约,工人的流动性更强,企业更加缺乏培训的热情。

从对技能型人才内涵的界定、划分和特点分析中可见,在技能型人才培养体系中企业应该是主体。然而,尽管"技工荒"使许多企业感到了切肤之痛,但重"用"轻"培"、只"用"不"培",甚至只"挖"不"培"的二律背反现象依然较为普遍,以致形成了"挖"——"被挖"——"挖"的恶性循环。按照国家规定,企业可按职工工资总额的1.5%提取职工教育经费,但从实际情况看,相当一部分企业将这笔经费挪作他用。即使有的企业安排了职工教育经费,也远远达不到标准。部分企业技术工人受劳动强度大、工作时间长和培训费用较高等方面的影响,参加学习培训的主动性、积极性不高。

3.3.4 制度构建路径选择与创新

"双主体"办学的健康发展,应在厘清其理论框架、完善其运行机理的基础上,从"宏观(职业教育体系所处环境)"和"微观(职业教育体系内部)"两个方面考虑其实现路径。

---

① 直到2003年,国家才出台农民工培训规划,2004年开始组织实施"农村劳动力转移培训阳光工程",但对农民工转移后的技能性培训工作,中央政府至今没有专项资金的支持。对于企业技能型人才的培训,各级政府也没有制定相应的补贴政策。

3.3.4.1 宏观治理方面

在现代职业教育体系构建进程中，政府作为"双主体"办学治理的主导一方，应该聚焦于下述几个着力点的完善，这是实现"善治"，追求高质量职业教育的基本思路。

1. 加大政策法律引导力度

应坚持政府主导、行业指导、企业参与的办学机制，政府在职业教育发展规划、资源整合、政策制定、搭建校企合作建设平台等方面发挥应有作用。建议国家有关部门制定出台对合作企业税收减免政策，鼓励企业参与职业教育的积极性和主动性，不断创设良好的舆论环境，逐步解决"一头热、一头冷"的问题。

2. 完善"就业准入"制度

职业教育与就业准入制度主要包括职业资格证书制度、职业教育培训系统、职业技能鉴定系统和相关的保障系统。就业准入制度的实施，可以使劳动者对职业教育的潜在需求转化为现实需求；能够引导职业教育教学适应劳动力市场的需求及变化，因为就业准入制度直接反映了劳动生产领域对从业者素质的要求及变化。职业资格证书制度作为就业准入制度的核心内容，使得职业教育教学与市场就业需求紧密结合起来。

政府职能部门在实施职业教育和就业准入制度过程中发挥着推动、服务、监督的重要角色，应将学历标准和技能水平、综合素养结合起来作为技能型人才的就业准入标准，从资金、物质提供、政府支持等方面提供对职业教育和就业准入的支持与保证，不断提高职业教育的影响力和吸引力。

3. 明确职业教育育人定位

《国家中长期教育改革和发展规划纲要（2010-2020）》强调"教育教学应坚持结合生产劳动和社会实践，对实践课程与活动课程进行研发，让学生的科学实验与生产实习及技能实训的成效得以增强"。职业教育的教学目标是培养各种应用型人才，这些人才一定要具有比较强的"第一线"或者问题现场的解决能力和综合职业能力，而实践性教学便是这些能力培养的重要方法。应明确职校学校人才培养定位，加大实践性教学环节，形成可持续校企合作人才的人才培养机制。

3.3.4.2 内部治理方面

职业院校要增强主动性和自觉性，主动找市场，积极争取政府部门和行业企业的支持，为拓宽校企合作领域创造良好条件；进一步深化教育教学改革，紧跟产业结构调整升级"走"，围绕企业人才需求"转"，与产业和企业岗位紧密对接。合作企业需要进一步增强可持续发展意识，重视技能型人才培养培训工作，充分发挥企业优势，积极主动与校方配合，切实做好校企合作工作。校企双方深度开展产教融合，一是通过共建实训基地、培训"双师型"教师等方式和内容，增强学校的办学活力；二是紧紧围绕产业和企业需求培养学生，把企业理念和文化融入到教育教学过程中，保证学校专业设置、人才培养与企业实际需求相吻合；三是加快校企一体化建设，融合教育链与产业链，开发综合教学项目和生产项目，确保校企"双主体"人才培养工作落到实处。

总之，校企合作"双主体"办学的治理体系是一个区域制度创新系统，需要实现从政策干预到自觉行动；从冲突到协调，形成"合力"；从工具到价值，实现共同利益的转变。力求实现对合作方资源和人员的有效治理和分配，满足职业教育对经济活动的促进作用，才能形成校企深度合作的长效运行机制。

3.4 集团化办学的"府际合作"问题

在促进职业教育集团化办学这个问题上，政府无疑应扮演主导者的角色。当前，在理论和实践上，对相应的政策措施和实施路径已有较为深入的研究和相对成熟的经验。但从"协同理论"视角出发，在职业教育集团化方面进行"府际合作"的研究或者实践还比较少，本书试图对基于共同利益的职业教育集团化办学"府际合作"的生成逻辑和治理机制进行探索。

集团化办学是职业教育从粗放型规模发展向集约型内涵建设的有效途径。在 2016 年 3 月的"两会"上，时任中央政治局常委、全国人大常委会委员长张德江作《全国人民代表大会常务委员会工作报告》中指出，我国已建成 1000 多个职教集团，迫切需要制定实施关于深入推进职业教育集团化办学的指导性文件。在新形势下，政府需要找准定位，履行好"主导作用"角色功效，多层次多角度地参与到职业教育中，构建"现代职业教育体系"，而职业教育集团化对"府际合作"的需求正是这种角色期待的积极回应。

3.4.1 集团化办学"分散"和"不调"之惑

根据主导实体的性质，职业教育集团可分为政府主导型、院校主导型、企业或行业主导型等。从职业教育发达国家的实际来看，政府主导型职教集团所占的比例最大。从支撑职教集团的长远持久发展，尤其是在职教集团的初期阶段，"政府主导型"是最有效的模式。目前，我国职教集团的发展还处在探索阶段，相关政策并不完善，职业院校处于自身办学利益的考虑在运作上较为积极，因此，各地区组建的职教集团大多数属于"院校主导型"的职教集团模式。此类职教集团在发展过程中遭遇了种种发展问题，比如企业参与的积极性不高、集团内部结构松散、集团缺乏吸引力与凝聚力等。"集团化之前"，缺乏论证程序，"集团化之后"，变成一种典型的松散型合作，集团内企业基本不再参与"校企合作"中应由企业担负的职责，更不会关心院校的教育教学活动，或者是被动地、缺乏应有积极性地安排学生的实习；而"集团化"理事机构没有实际的运作，行业指导机构缺乏有效的调研工作和对校企双方在人才培养方面的实际的建议和系统有效的指导。地区之间职业院校和企业之间有时也会自发地开启集团化的机制，然而上述问题也会照样出现，甚至因为地区利益协调不畅表现得更为严重，院校、企业（行业组织）及政府几方面资源的浪费在所难免。

从人才培养和对经济社会发展的实际效果来说，直接造成两种结果：一是参与企业由于所在城市本行业技能型人才过剩，积极性受挫；或是因为所在城市职业院校缺乏急需专业的培养能力，企业不能从集团化办学中获得充足人才；二是本地区所需技能型人才不能从已有职业教育集团中获得满足。

纵观国际上职教集团的办学模式，我们发现"政府主导型"职教集团办学模式较其他而言，比较能迅速有效地促进职教集团的运作，尤其在职教集团的初期发展阶段，这种促进作用更为明显。根据目前自治区职教集团发展处于初期阶段的实际，应大力推进"政府主导型"职教集团发展模式。

3.4.2 "府际合作"是协同理论的实践探索

"协同论"是20世纪70年代以来在多学科研究基础上逐渐形成和发展起来的一门新兴学科，是系统科学的重要分支理论。"协同论"告诉我们，系统能否发挥最大效应是由系统内部各子系统或组分的协同作用决定的，协同得好，系统的整体性功能就好。如果一个管理系统内部，人、组织、环境等各子系统内部以及他们之间相互协调配合，共同围绕目标齐心协力地运作，那么就能产生1+1>2的协同效应；反之，如果一个管理系统内部相互掣肘、离散、冲突或摩擦，就会造成整个管理系统内耗增加，系统内各子系统难以发挥其应有的功能，致使整个系统陷于一种混乱无序的状态。

内蒙古大学任维德教授认为："府际合作，通常是指一个国家内各层次（级）政府之间以相互需要为基础而展开的各种形式的合作，包括中央（省、自治区、联邦）政府与地方（成员单位）政府之间的合作、地方政府之间的合作，以及政府部门之间或经由授权履行政府职责的其他公共组织之间的合作。"在"十三五"期间我国经济发展方式转变、结构调整的新常态视域下，这种"合作"毫无疑义能够带来特定区域范围内或者跨区域各成员之间的互惠共赢，有助于发达地区对欠发达地区的对口支援。[①]

同样，职业教育集团化办学需要政府部门（如：教育和经济管理部门、人社部门）之间及各级各类人才市场之间等等的合作。从当地经济社会发展实际出发，以专业、行业为纽带，以相关职业院校为成员，联合行业、企业、事业单位以及其他相关组织组建各种类型的职业教育集团，加强区域合作和城乡合作，实现学校、企业、行业和区域之间的资源共享、优势互补、共同发展。

而下述两方面的原因成为"府际合作"的动力源：一方面，区域经济

---

① 任维德."一带一路"战略下的府际合作创新研究[J].内蒙古社会科学.2016,（1）.

的发展为职业教育发展提供了良好的外部环境；另一方面，区域经济的特色产业、产业结构、经济效益等也限制着职业教育的专业结构、人才培养方向等，而"府际合作"能够适当的弥补这种制约。

3.4.3 集团化办学"府际合作"的生成逻辑

职业教育"集团化办学"的要义在于"校企合作"。通过院校和企业在集团化机制内的紧密合作，完成技术技能型人才的技能提升和职业素养完善，而对于这两方面追求的前提必须是经济和社会发展对技术技能型人才需求的满足。对于区域经济发展来说，本地区职业院校设置了经济发展和结构调整急需的专业并且较为成熟，而其区域内的该行业又中有着较为雄厚的基础，上述两方面是满足"前提"的必要条件。实际上，按照当前我国（特别是西部地区）职业教育发展的现状来看，并不能完全跟得上经济发展的步伐；而因为经济结构的快速转型升级，造成诸多专业成为本地区的新兴行业，技术技能型人才匮乏，很多区域还来不及补上相应的技术和人才，使得很多地区的急需专业或者部分急需专业成为地区经济架构中的"缺腿"。

跨区域之间的院校和企业相互之间也可能会自发地合作，但目前来看这种合作也只从校企自身的利益出发，不可能完全从政府的视角审视，或者追求为地方经济取长补短的目标。内蒙古大学田雨等对"府际合作"的意义有着清晰的说明："……一些公共服务资源（如教育、科技、文化、卫生、体育、就业服务……等）也完全可以实现区域性共享，这有助于节省建设成本，也有助于提高使用效率。"[①]这句话把通过"府际合作"实现区域之间职业院校集团化办学产生的效应阐述得比较全面了。

3.4.4 "府际合作"实际运行机制的再认识

由于我国处在现代职业教育发展的初级阶段，职业教育资源（包括人力、物力、财力、组织管理和信息等资源的总和）还相当有限，而东部地

---

① 田雨，张彬. 呼包鄂城市群府际合作问题研究［J］. 内蒙古社会科学.2016，(1).

区在资源占用上又处于绝对优势。因此，可以依托国家中西部职业教育合作项目，加强职业教育的全方位合作。政府和教育主管部门应当充分发挥主导作用，指导和促进这种合作。《国家中长期教育改革和发展纲要》明确要求各地政府承担起统筹职业教育发展的责任，强化职业教育资源的统筹协调与综合利用，推进城乡、区域合作。行业为主、城乡联合的"河南模式"是现有的成功范例，在双方面的合作中，乡村利用城市优质的教师资源和实习实训基地资源培养符合第一产业生产实际的农业技术技能型人才，城市借助乡村广阔的土地资源并且在合作中解决了困扰职业院校的生源问题；同样，在东西部地区集团化办学中，东部地区在学校与市场和产业的对接、实训场地和条件等方面都有一定的优势。西部地区职业教育借鉴东部地区的办学经验、先进理念，东部地区职业院校则由此换来了大量生源，解决了"招生难"的困扰。

3.5 集团化办学中的几个实践性问题

校企合作、工学结合的人才培养模式是职业教育改革的重要方向。针对学校人才培养与企业需求的不适应问题广泛地进行合作，共同探讨育人的途径与方法，有利于加强学生的实践教学，提升学生的技能水平，培养学生良好的就业观，提高学校的办学活力，实现企业、学校和学生的三方共赢。

能否根据企业的需求进行办学，建立校企合作办学的模式，以实现与企业紧密接轨，推进职业院校的改革与发展？《国务院关于大力发展职业教育的决定》明确提出：大力推行工学结合、校企合作的培养模式。与企业紧密联系，加大学生的生产实习和社会实践比重，改革以学校和课堂为中心的传统人才培养模式。"校企合作"人才培养模式是新形势职业教育改革的重要方向。

职业院校"校企合作"已取得了显著的育人效益和社会效益，然而在实践中我们也发现一些问题：学校培养的学生与企业需求的不适应问题还比较突出；学校的办学条件和师资力量还不能满足教育教学的需求；企业对员工的技能培训需求非常迫切却难以被满足，等等。

1.企业与学校的结合点在于人才，通过校企合作办学可直接建立人才的供求关系，对于学校与企业都有益。但是校企之间在人才供求上还有一个中介，那就是人才市场。在校企合作办学的研究中如何对当地人才市场进行全面研究，这不仅仅是一个理念问题，同时也是一个实践问题。

2.在校企合作办学的互动机制上，职业院校已经与许多企业在组织形式、人才交流与设备共享方面进行了实践与探索，在联合科研、联合生产方面还有等进一步探索与实践。

3.教学改革的深入问题：目前社会正处于深刻变革中，企业存在着许多活跃的因素，适应企业需求是一个动态的过程。因此与企业需求为导向进行教学改革将是一个长期的任务。同时，进行教学改革的过程中还会遇到一些深层次的问题，都需要继续进行探索。

第四部分

"中高职衔接"机制创新

中等职业教育和高等职业教育是职业教育体系中两个既相互联系又相对独立的不同阶段和层次的教育。教育部职业技术教育中心姜大源研究员指出，中等职业教育和高等职业教育是同类型不同层次的教育，"高等职业教育建立在中等职业教育基础之上，是同一类型教育中不同层次的教育。从经验层面的技能向策略层面的技能的提升，正是高等职业教育与中等职业教育的区别所在。"① 在大力发展职业教育的同时，中等与高等职业教育之间的衔接成为构建和完善现代职业教育体系必须解决好的一个问题。

1985年，《中共中央关于教育体制改革的决定》中第一次提出"高等职业技术院校要优先对口招收中等职业学校的毕业生以及……在职人员入学"②，为"中高职衔接"这一科学的教育发展规律迈出实质步伐拉开了序幕。《面向21世纪教育振兴行动计划》（1999年）提出要加强中等和高等职业教育的衔接与沟通。③ 从2002年《国务院关于大力推进职业教育改革与发展的决定》等政策文本开始，国家对"衔接"的关注开始深入到对微观层面运行机制的路径指导，《决定》明确强调："加强中等职业教育与高等职业教育，职业教育与普通教育、成人教育的衔接与沟通，建立人才成长'立交桥'。扩大中等职业学校毕业生进入高等学校尤其是进入高等职业学校继续学习的比例。适度发展初中后五年制高等职业教育；在高中阶段开展职业教育与普通教育相沟通的综合课程教育试验，建立中等职业教育与高等职业教育相衔接的课程体系；高等职业学校可单独组织对口招生考试，优先招收中等职业学校优秀毕业生；注重专业知识、职业技能的考核，对取得相应中级职业资格证书的中等职业学校毕业生，可以免除技能

---

① 姜大源. 现代职业教育体系构建的理性追问 [J]. 教育研究, 2011 (11).
② 中共中央关于教育体制改革的决定 [Z]. 1985—05—27.
③ 教育部. 面向21世纪教育振兴行动计划 [Z]. 1998—12—24.

考核。"① 从建立中、高等职业教育协调发展的现代职业教育体系的目标考虑，《国务院关于加快发展现代职业教育的决定》（2014年）提出："到2020年，形成适应发展需求、产教深度融合、中高职衔接、职业教育与普通教育相互沟通……的现代职业教育体系。"② 在《教育部关于推进中等和高等职业教育协调发展的指导意见》（2011年）等文件中，回应1991年颁发的《国务院关于大力发展职业技术教育的决定》所提出的中、高职均衡协调发展的价值取向，强调："遵循经济社会发展规律和人的发展规律，统筹中等和高等职业教育发展重点与节奏……增强服务经济社会发展和人的全面发展的能力。"③

如上可知，在国家政策层面，从形式到实质、从关注独立发展到兼顾平衡发展地对"中高职衔接"这一科学规律画出了一条脉络清晰的"政策逻辑"，为"衔接"的实施奠定了坚实基础。

在"中高职衔接"的制度方面，国内发达地区的政策制定和具体实践提供了可资借鉴的经验。江苏省在生源的选择机制方面，其操作规则基本上由院校自己定，省级不进行具体指导。这种机制的好处在于高职院校可以自主地选择中职生，选择适合基本一致但各有特色的培养目标和专业设置的中职生入学。在招考机制方面，《2012年江苏高职院校注册入学试点工作通知》要求："仅申请注册入学的中职学生不参加对口单招全省统一组织的专业技能测试，但专业技能必须达到院校提出的要求。"因此，实践中，参加了中高职衔接项目的学生可以基本无障碍地升入高职院校就读。在"中高职衔接"的评估机制建立与完善方面，2012年江苏全省对138个申报的中高职衔接项目通过"答辩"等环节和程序进行了严格的审查与评估，批准了71项。浙江省在《关于启动实施教育体制改革试点工作的通知》（浙政办发〔2011〕54号）中，将"中高职一体化培养模式"作为教育体制改革试点项目。在此基础上，该省教育厅发布了《浙江省推进中高职

---

① 国务院.关于大力推进职业教育改革与发展的决定［Z］.国发〔2002〕16号，2002—08—24.
② 国务院.关于加快发展现代职业教育的决定［Z］.国发〔2014〕19号，2014—06—24.
③ 教育部.关于推进中等和高等职业教育协调发展的指导意见［Z］.教职成〔2011〕9号，2011—08—30.

一体化人才培养模式改革工作方案》（2012年）要求：2015年中职毕业生升入高职学校的比例达到30%左右；对微观层面进行指导，在中高职的合作机制方面强调教学甚至具体课程的衔接。广东省在2009年启动"中高职三二分段"试点工作，2010年下发《关于2010年高等职业院校面向中等职业技术学校开展对口自主招生试点工作的通知》。在此基础上，拓宽多条通道促进"中高职衔接"，为中职生专门设置入读高职的选拔性考试（包括对口自主招生试点考试、国家示范性高职院校单独招生、参加"3+证书"考试，等等），建立免试保送制度（技能大赛获奖者可免试保送升读高职，等等），给予技能大赛获奖者在参与选拔性考试中获得加分优惠，等等。

如上所述，针对"中高职衔接"，无论国家层面较为全面的"政策逻辑"，还是发达地区根据各自区域经济发展和职业教育体系现状进行的多方"关注"，都在逐步推进"衔接"朝着健康、科学的方向发展，保障"衔接"对于技能型人才开发强大功能的充分发挥。

4.1 理论的反思及现实的基础

国家政策在不同时期和层面上强调了中高职衔接的重要意义，"中高职衔接"有着极其紧迫的现实需求，是破解中等和高等职业教育协调发展的关键性问题，还是一个亟须解决的时代命题。

4.1.1 概念的界定

"中高职衔接"，是指按照建设现代职业教育体系的要求，推动中等和职业教育协调发展，系统培养适应经济社会发展需要的技能型人才。中等职业教育是高中阶段教育的重要组成部分，重点培养技能型人才，发挥基础性作用；职业教育是高等教育的重要组成部分，重点培养高端技能型人才，发挥引领作用。构建现代职业教育体系，增强职业教育支撑产业发展的能力，实现职业教育科学发展，中高职衔接是关键。

促进中高职协调发展、系统培养高素质技能型人才，当前应重点在十个方面做好衔接工作：适应区域产业需求，明晰人才培养目标；紧贴产业转型升级，优化专业结构布局；深化专业教学改革，创新课程体系和教材；强化学生素质培养，改进教育教学过程；改造提升传统教学，加快信息技术应用；改革招生考试制度，拓宽人才成长途径；坚持以能力为核心，推进评价模式改革；加强师资队伍建设，注重教师培养培训；推进产教合作对接，强化行业指导作用；发挥职教集团作用，促进校企深度合作，等等。

4.1.2 "利益相关"视角下的反思

中高职"衔接"有利于职业院校走上符合自身特色和规律的发展道路，有利于职业教育质量结构的优化。无论从衔接所形成的对技能型人才培养的系统效应，还是从衔接过程中产生的"不顺畅"，都是由于"利益相关者"在其中形成和建立起来的关系所引起的。在中高职衔接的利益相关者系统中，主要的利益诉求来自承担衔接任务的院校：一方面，各方要通过衔接制度形成"合力"，实现为社会输送技能型人才的目标，从而在客观上能够提升职业教育吸引力；另一方面，"衔接"单位谋求院校本身的发展，实现各自的组织利益，这是"两端"利益诉求不一致的一面，从而使得中高职衔接出现了"不畅通"的风险。

4.1.3 "中高职衔接"的现实需求

"新常态"下，"中高职衔接"模式有着极强的现实需求。加强中高职衔接，大力发展高等职业教育，既是社会经济发展对高技能型人才的现实需求，也是变终结性中等职业教育为阶段性教育，拉动职业教育发展的改革必然。

4.1.3.1 制造业迅猛发展需要各层面技能型人才

中高职衔接的根本目的是通过专业的有机衔接来实现系统化和一体化的人才培养目标，促进学生对高新技术和复杂技能的有效积累，为产业经济发展提供更加合适的人才保障。探索中高职的专业衔接模式，首先要准确把握产业发展状况和技术技能的变化趋势。

制造业是我国国民经济支柱产业，是立国之本、兴国之器、强国之基，在经济社会发展中扮演着极其重要的角色。2015年，党的十八届五中全会通过的《中共中央关于制定国民经济和社会发展第十三个五年规划的建议》(以下简称《建议》)明确指出，加快建设制造强国，实施"中国制造2025"。2017年，党的十九大报告再次明确指出，要加快建设制造业强国，发展先进制造业。新常态下，已是制造大国的中国，要实现发展的可持续性，必然要经历由大到强的转变。根据国家相关统计数据，2012年，全国规模以上工业企业中制造业有31.88万家，占比92.73%；大中型工业企业中制造业有5.73万家，占比90.44%；私营工业企业中制造业有17.82万家，占比94.13%；外商投资和港澳台商投资工业企业中制造业有5.58万家，占比98.07%。2017年1-9月，我国基础设施建设固定资产投资完成额达12.44万亿元，同比增长15.8%；通用设备制造业固定资产投资完成额达9518.8亿元，同比增长0.09%，主营业务收入累计同比增长9.6%，利润累计同比增长15.8%；专用设备制造业固定资产投资完成额达8925.2亿元，同比增长3.8%，主营业务收入累计同比增长10.8%，利润累计同比增长24.5%。通用设备制造业和专用设备制造业营收和利润增速维持高位。2017年1-9月，工业机器人产量9.54万台，同比大增87.2%，增速小幅上升；金属切削机床产量为57.8万台，同比上升2.1%，增速小幅增加；叉车产量36.9万台，同比增长34.9%；工业缝纫机累计出口276万台，同比增长9.5%，增速持平。

  中国PMI指数稳定，制造业继续保持平稳增长的发展态势。2017年9月份，中国PMI指数为52.40%，连续14个月高于荣枯线（50），制造业继续保持平稳增长的发展态势。当月，挖掘机销量为10496台，同比增长92.3%；装载机销量8954台，同比增长74.7%；汽车起重机同比超预期增长，销量当月同比增速达194.1%；平地机销量376台，同比增长40.3%；压路机销量1405台，同比增长38.6%。2017年1-9月，汽车销量2022.45万辆，同比增长4.5%；新能源汽车销量达7.8万辆，同比增长77.3%；新能源汽车累计销量达39.8万辆，同比增长37.7%。①

---

① 以上数据来源：国家统计局。

然而，尽管我国已成为制造业大国，但还不是制造业强国。目前，我国制造业主要集中在低附加值行业，总体上还处于国际分工和产业链的低端，在国际竞争中处于弱势地位。我国政府和企业已充分认识到制造业的重要战略地位，并在积极推进制造业转型升级。围绕传统制造业转型升级和高端装备制造等战略性新兴产业的培育展，重点突出科技化、信息化、服务化发展方向，强调自主创新和技术进步。上述制造业发展的"强国"之路对技能型人才的开发提出了明确而急迫的"现实需求"。进而，与经济社会发展关系更为密切的职业教育就不仅仅要培养"经验层面"的技能型人才（中等职业教育的任务），而且应在此基础上加快培养"策略层面"的技能型人才（高等职业教育的任务），以满足上述制造业迅猛的发展态势和其对新技术和新科技的追求。这一对技能型人才培养的多重心、多层次要求的达成，需要中高职之间的有效衔接和完美结合。

4.1.3.2 经济社会发展中各层次技能型人才缺乏

转变经济发展方式、优化产业结构、发展高端制造业等战略决策的实施，关键在科技，核心是人才。制造业发展需要多点支撑（层次是职业教育得以发展的空间，从层次来划分，制造业发展所需要的"点"可分为经验层面和策略层面，前者是中等职业教育的任务，后者是高等职业教育的任务），而我国制造业技能型人才短缺情况相当严重，通过企业中师傅带徒弟的方式已远远不能满足上述制造业发展所需技能型人才，特别是高技能型人才的需求量，而当前的中高职培养方式输出的人才在数量上和结构上也与经济社会发展的需求有着较大差距。这一问题尤其在西部欠发达地区更为严重，成为这些地区发展步伐迟滞的"瓶颈"。随着我国制造业向科技化、信息化、服务化方向的转变，推动制造业结构调整和转型升级以不断提高工业制成品的技术含量，形成以技术为主导的竞争优势；不断完善产业链，提升产品附加值，努力改变在全球产业分工中的低端位置，制造业对新技术应用人才、先进制造技术研发人才和知识型员工缺口越来越大，急需通过职业教育予以补充。

4.2 制约中高职衔接的因素

中高职的衔接已成为职业教育发展的必然趋势，但目前中高职在发展中的外部环境和内部因素上存在着一些问题，制约着中高职的衔接效率和效果。

4.2.1 外部因素

1. 一般性的社会性因素

（1）对职校缺乏了解及轻视职业教育的思想观念

我国的职业教育相对于西方发达国家的职业教育来说还比较落后，加之对职校教育的宣传力度不够，社会对职校教育缺乏清楚的认识，认为普通教育是一流教育，职业教育是二流教育，存在着"上职校不如早就业、早上岗、早挣钱"的思想。目前来看，虽然国家政策方面已将"中高职衔接"提升到现代职业教育体系构建的高度，但是实践中，在普通高等教育的压力下，无论中等、高等职业教育总体上的吸引力"被不足"，使得中高职衔接的意义消解于无形。职业教育区别于普通教育的内在、自发形成的"自然吸引力"本应是职业教育经久不息得以发展的内在动力，但当前的状况是这一优势被现有的招生机制和社会整体意识形成的职业教育在整个国民教育体系中的地位被压低而大大弱化了。

（2）"普高热"对中职与高职的接轨造成冲击

从1999年开始，我国职业院校连续几年大幅度扩招，拉动了普通高中教育的需求。"普高热"加剧了中高职教育的办学困难，越来越多的初中毕业生报考普通高中的热情大大超过报考职业院校，职校生源数量和质量总体显下降趋势。需要强调的一点是，中职办不好，高职的发展就成了无源之水，难以满足进行后续教育的要求。

（3）就业市场高消费和劳动用人制度不规范影响了职业教育发展。

近年来，在就业市场上存在着这一现象，不少单位在用人规格上过于追求高学历，实质是人才的高浪费。这些状况，使得中学生拼命想考进本科院校、名牌院校，甚至不惜复读。职业院校成了落榜生退而求次的选择。

在劳动用人制度方面，职校生在就业市场上亦处于不利地位。《劳动法》和《职业教育法》所规定的职业资格证书制度、劳动就业准入制度和劳动预备制度等，在劳动市场上未得到真正执行，大部分人并不接受职业教育或培训照样可以就业非常不合理。职业技术教育是为劳动者就业而进行的职业准备教育，学校毕业生想通过接受职业教育借以谋得一份理想职业的这一目标难以如愿时，自然导致近年来职业教育缺乏吸引力。

2. 相关政策与管理体制

高职为中职招生撑腰，中职成了为高职打工的"招生办"，政府可以给名额，但是在招生政策上却缺乏管控；所谓的"中高职衔接"大都是披了一张"衔接"的皮，只是"旧瓶装新酒"罢了，中、高职之间还是各走各的路，之间的合作实际上仅仅是院校之间一般意义上的合作办学，政策的实质并未得到落实甚至不是"逐步地"得到落实和贯彻。究其根源在于"衔接"的制度建设——这一"基本保障"的乏力，"制度保障"无疑是最关键的"瓶颈"，当然，也成为解决诸多问题的"突破口"，实有"提纲携领"之效。

（1）政策定位偏差

职业教育要保持持续发展，各级政府不仅要在思想上高度重视，更要制定和完善相关政策，营造一个良好的政策环境。我国从 1996 年 9 月 1 日开始实施《职业教育法》以来，第一次把职业教育用法律形式固定下来，但是没有特定配套的实施办法与措施，使得《职业教育法》的实施大打折扣。职校毕业生预期收入普遍不高进一步降低了职校教育的个人收益率；而职业教育的个人收益率相对较低又抑制了职业教育的个人需求。

（2）投入政策不到位

职业教育具有产业属性和事业属性这两种性质。职业教育承担着提高整个社会劳动者的素质的任务，社会是最大的受益者。从这个意义上说，政府应该对职业教育和基础教育、普通教育一视同仁，在投入上同等对待。但由于近年来舆论界大谈教育产业化，人为夸大职业教育的产业属性，忽视职业教育的事业属性，从上到下各级政府不同程度地认为职业教育应靠自身产业运作的回报和接受职业教育受益者个人及在企业出资来增加投入，投入政策上重基础教育和普通教育，轻职业教育。

（3）招生政策厚此薄彼

无论是"分段贯通"模式还是"一体化设计"模式，均存在着招收中职生的比例有所限制、考试内容中的职业教育特色不明显等不足。其一，高等职业教育的最佳培养对象当然应该来源于中等职业学校，但实践上不合理的招生比例使得高职院校优秀生源的选拔受到一定程度的限制。其二，行业岗位技术含量高或与产业紧密对接的紧缺型专业宜于开展自主招生试点改革，但目前高职院校面向中职生源的招生专业类别单一。事实上，迫于生源压力，高职院校普遍有意识地选择在普通高考录取中比较困难的专业进行招生试点，导致自主招生的专业吸引力严重不足。其三，从高职院校自主招生来看，"文化基础测试＋综合素质评价/技能考核"是主要选拔模式。各校文化课的考核重点不一致，科学性与针对性明显不足；综合素质评价与技能考核主要采用面试形式进行，由于缺乏有针对性和科学的评价标准，评分差异较大，难以做到客观与公正。与理论考核相比，实践技能考核占比例较低，很难体现自主招生的特色。

高职院校是一种高等专门教育，其任务是为社会的各个领域培养高级技术型人才；而普通高中学生的知识结构并不适应职校学习，而且在情绪和态度上也没有为升入职校做准备。现行的职校招生录取中，独立设置的高职院校主要采取的却是招收普通高中毕业生为主的政策。高职虽然也会另行组织考试招收中等职业技术学校毕业生，但中职生文化基础比不上普通高中毕业生，因为高考是按普通高中毕业生应达到的文化水准而进行的选拔性考试，它不愿意也不可能顾及"三校生"知识、技能结构的特点。

（4）管理体系脱节

中职教育和高职教育的衔接与沟通还存在着管理体系脱节问题。1996年教育部（原国家教育委员会）明确高职教育由高教司归口管理，中职教育由职成司归口管理，但这仅限于中央一级，到了省一级又变得不十分明确。中等职业教育主要由各级各类行政部门和行业管理，政出多门，条块分割，相互脱节。由此造成了中职与高职教育之间互不了解，更谈不上进行协作、交流，很容易形成各自为战、沟通不畅、融合不够等问题，严重影响中高职教育的内部衔接。

4.2.2 内部因素

由于政出多门、相互脱节，中等和高等职业教育之间缺乏必要的协作与交流，缺乏统筹兼顾的科学管理体系，严重影响了中、高职的内部衔接。除了院校管理体制之间的脱节外，多年来，国家和地方政府没有针对"中高职衔接"的需要对各层级职业教育的专业和课程建设进行过全面系统的规范，使得当前的合作未能深入到课程设计、课堂教学及教师教研等基础性环节，名为"衔接"，实为"两校两制"，融合程度较低，在教育教学管理等方面发挥"衔接"的优势非常有限。

1. 教学管理的问题

（1）培养目标不统一

中等职业技术教育应为高等职业技术教育提供必要的学习准备和职业技能训练；高职是中职的延伸和提升，较中职毕业生而言，高职学生在理论上应当更深，在技能上应当更具独立性和创造性。但实际情况看，从教育管理者、教师到学生，多认为职校生就是要学会一技之长，中职教学的重点就是培养学生适应就业需要的技能和能力，把中等职业教育当作终结性的就业教育，认为中等职业教育就是培养熟练的操作工人的教育，于是纷纷把中职教育定位在某一特定岗位的就业预备上，仅就某一职业岗位专业技能进行突击强化训练，削弱了职校生应有综合职业素质的培养与发展，忽视了其全面竞争能力的锻炼与提高，更遑论为高等职业教育做准备了。

（2）专业设置不合理

目前，从国家到地方，从中职学生到高职各类学校，其专业建设如专业分类、名称、范围要求等不很规范，随意性较大，宽窄不一，中职学校尤其是职业高中，专业种类繁多且覆盖面较窄，使其许多专业的毕业生找不到对口的高职专业。中职开设专业较多，划分过细，专业面过窄，造成学生适应社会需要的能力减弱。个别专业与当地产业结构、就业结构不吻合，盲目追求热门专业，不管有没有条件都去办，造成质量下滑。而高职开设专业相对较少，既不能满足社会对一些专业高层次实用型、技术型人才的需要，也不能满足中职学生进入职校深造的愿望。许多学校设立什么专业主要看本校的条件而非市场和人才品种需求，也难以考虑中职向上延伸的需要。

（3）课程设置不衔接

中、高职教育衔接的关键是课程和教材上的衔接，但从目前情况看，课程衔接存在的问题很多。具体表现为：一是文化基础课存在脱节现象；二是课程设置和教学内容重复；三是专业技能（实习）课程有倒挂现；四是缺乏统一的课程标准，有些高职甚至不顾不同生源的基础学力特点和中职三类学校（职业高中、中等职业学校和技工学校）的差别，采用统一教学计划、教学大纲，难免使得学生的学习积极性受到伤害。

（4）学制年限不规范

大多数中高职在学制结构衔接模式上采用独立性结构类型。这种类型招生对象不仅有职高生、中职生，还有普高生，通过升学考试的形式和手段，高职可以选拔较为充足的高素质的学生。但是，由于生源范围宽泛，专业设置上并不合理，技能考核复杂，考试侧重于文化基础知识和专业理论，所以招收学生的实际知识技能基础有着较大的差异，而且很难避免专业方向的偏差和教学内容的重复所造成的学时损耗现象。

2. 办学质量的不足

高等职业教育作为中等职业教育更高一个层次的教育形式，在教育教学的逻辑起点上应该有着较高的追求，但在实际中，存在着高职只是中职技能教育在内容和方式上简单重复的悖论。

（1）高职办学特色不明显

高职院校从成立起就存在先天不足：一是原有的学校都有较长的按自身模式培养人才的发展历史，已形成自身的办学理念和管理体制，在制定培养目标、教学计划、专业设置等方面难以突出职业教育的特色。有些本该淘汰的中专学校摇身一变成了职业技术学院，其教育教学质量和管理效益可想而知。二是相当一部分高职院校仍没有转向以就业为导向，从分析岗位所需技能出发，培养生产、建设、管理、服务一线的应用型人才，理论基础不如本科，实践技能不如中职。三是专业设置重复，没有自己的拳头专业和特色。这些也是造成学生毕业后就业难度大的根本原因。

（2）大多数高职院校办学条件不足

职校教育一个重要特征就是加强实践实习环节，重在培养学生的实践动手能力，实现岗前培训的目的。因此举办高等教育需要大量的人力物力投入。但大多数高职院校存在的一个突出问题就是实践基地不足，实验仪器设备陈旧，技能培养环节薄弱。学生大多数的时间仍是在课堂上理论课，实践教学少。投入不足的现状也影响了各院校办学条件的改善。目前许多高职院校的教学设施不能适应学生的实训要求，尤其是一些新开专业的实训基地和设施设备极少，在招生数增加、对教育资源的需求急剧增加的情况下，这些矛盾如果得不到及时解决，必然影响到职校教育质量。

（3）师资素质较薄弱

师资队伍的结构和层次普遍不能达到要求，一方面教师大多从学校到学校，有一定的理论水平，而实践经验不足，特别是在企业经营管理、生产操作等方面，"双师型"的教师更是少之又少；另一方面部分院校仍存在着教师的学历达标问题，高学历教师的比例偏低，具有高级职称教师的数量偏少。部分高职院校没有形成自己的办学特色，难以跟上规模发展的要求。与中职相比，技术技能无明显优势，竞争力不强；与普通高教相比，理论水平实力欠缺，适应性不够。

综上所述，制约中高职衔接的因素是多方面的，它有外部环境因素的影响，也有内部发展中存在的问题；既包括政府行为，也包括学校行为。需探索并制定适合我国职业教育实际的各项措施，方可实现其二者的有效衔接。

4.3 中高职衔接的制度问题及其解决路径

中高职衔接的制度建设是确保中高职顺利衔接的重要保障。当前，我国中高职衔接的制度建设整体上说还不完善，制约了两者的顺利衔接。

4.3.1 中高职衔接制度的问题及成因分析

在中高职衔接的发生和发展中，培养目标是关键，课程是核心，而制度则是必要条件。制度保障是否有力，将直接决定中高职衔接的顺畅性。根据"利益相关者"理论，在中高职衔接中涉及的利益群体呈多元化特点。其中，宏观管理者即为负责中、高职院校人、财、物资源分配的行政管理系统，直接开展教育活动的机构包括中职和高职院校，教育的目标群体是学生，而企业则是技能型人才的接收者和人才发挥作用的平台。

4.3.1.1 宏观层面

在管理层面如何落实这一政策，涉及到中职和高职通力合作的"动力"是否充足，因此，中职、高职管理部门需要统筹协调。教育部高教司的"高职高专处"自2010年划归职业教育与成人教育司，有力地促进了中职、高职管理层面的衔接。但是，教育部职成司作为国家层面对于中职和高职的统筹管理仍然有一段路需要走。主要原因在于：一是国家并未针对中职、高职的统筹管理体制颁发任何实质性的文件，也就是说只是名义上将两个层次的职业教育纳入"大部门"，但并未正式的授权，高职的实际管辖权利仍在高等教育的归口部门。二是尽管在国家层面上，中职、高职已经趋向于共同管理，但是在地方层面上的统筹管理仍然需要时间磨合和推动制度建设。调研结果发现，中职和高职不同管理归属问题已在一定程度上阻碍了中高职院校的衔接，中职、高职教育按照各自的目标发展，职业教育整体目标割裂，仍无法形成内在的协同性。中职与高职教育之间互不了解，更谈不上进行协作、交流，容易形成各自为战、沟通不畅、融合不够等问题，严重影响中高职教育的内部衔接。

4.3.1.2 院校层面

政府及其教育行政部门在"衔接"实践中的缺位，使得当前"衔接"的责任主体基本上就落在了院校之间，院校的自觉性甚至是熟人关系成为"中高职衔接"的主要动力，这不仅从现代职业教育体系的构建直至推进"衔接"的开展来说是很明显的"不足"，而且从"服务型政府"出发来看也存在着较大的学理上的"不合理"。

调研结果发现，部分中职学校表现出极大的热情，希望通过"中高职衔接"来吸引生源，形成学校办学模式多元化的优势；相比较而言，高职院校则对"衔接"态度冷淡。高职院校未发挥应有的作用，原因是多样的，包括中职和高职缺乏定期的、深入的沟通机制，造成了中高职衔接不能深入。从利益相关者理论的角度而言，在院校层面造成中高职不衔接的原因有：一是"中高职衔接"后，高职的利益有可能受损。按照相关政策，"中高职贯通"的招生名额将会挤占高职招生的总体计划，由于在学费问题上要与中职学校进行利益分配，且在"衔接"的高职阶段只有两年学制，比高职直接招收高中毕业生的学制减少一年，使得对口招生给高职院校带来的办学效益相对地大大降低了。当这种情况出现又缺乏相应的补偿性制度时，高职参与"中高职衔接"的积极性必然降低。二是"中高职衔接"项目经费不足。事实上，"中高职衔接"是技能型人才培养模式的创新，既需要理论方面的研究，也需要实践方面的探索。调研结果表明，参与"衔接"的中高职院校必然会花费大量的人力、物力、财力，开发适合中高职衔接的专业教学标准和课程、教材等。在这个过程中，参与衔接的院校及其原有的合作企业很少因"衔接"带来任何财政的补偿或者额外的税负减少等优惠，如果没有相应的政策或者减轻参与院校的经济压力的配套经费，"衔接"的积极性就可想而知了。

4.3.1.3 学生层面

在中高职衔接的利益相关者系统中，学生的利益诉求包括：能够获得公平的教育机会，选择适合个人发展需要且能够促进自身职业生涯的可持续发展。与学生层面利益诉求相关的制度主要体现在招生制度和生涯发展指导制度，利益诉求的冲突包括：一是现行的对口招生制度存在职校生的升学利益诉求与高职院校对入学标准的利益诉求的差异。对于职校生而言，对口招生考试内容职业教育特色不明显，使技能优秀而普通文化课知识薄弱的职校生在考试中处于劣势；对于高职院校而言，如果学生不具备在高职学习的能力，就不能达到高职的入学标准，而这一入学标准又主要体现于其对文化课成绩的重视。调研发现，在对口招生实践中，中职生文化课是否达到最低录取控制线是进入高职院校的关键，而专业课成绩则只是一般地作为文化课控制线后的参考；二是职校生想要获得平等接受高等教育机会的利益诉求与高职院校对面向职校生的招生限制的冲突；三是学生获得符合个人发展特质，实现生涯可持续发展利益诉求与生涯发展指导制度缺失的矛盾。

4.3.2 完善中高职衔接制度的对策与建议

制度保障是确保中高职顺利衔接的必要条件，以职业教育制度利益相关者理论为分析框架，并从国际比较的视角透视这一问题，能够为我国中高职衔接的制度完善提供参考。

4.3.2.1 建立统筹中高职衔接管理制度

目前职业教育各层次的分割管理，不利于中高职的顺利衔接。一是仍然存在中高职教育各自管理主体不明确、管理效率低下的问题。职业院校大部分已经纳入教育行政部门的管理，但行业主管部门及相关企业等社会主体的参与管理的现象仍然存在，管理主体不明确、职能交叉等问题；二是职业教育体系内部管理层次相脱节。从国家层面来看，中等和高职教育已经打破原有的教育部职成司和高教司分割管理的不合理格局，但在地方上并未完全捋顺，中高职的综合管理由职成部门负责，但高职教学方案、教学质量及学籍管理等事务则由高教部门直接管理。这种管理结构的不合理交叉，必然会降低管理效率。

因此，要通过重建和完善"一体化"的管理体系来消除管理不协调的问题，形成统一管理、统筹协调的组织体系，使得职业教育体系内部衔接更为顺畅，改变管理上各自为政、效率低下的局面。

中高职衔接是培养适应经济社会发展需要的知识型、发展型高素质技能型人才的重要途径。而中高职顺利衔接需要理顺顶层管理面的衔接。一方面，从制度上确保中、高职管理系统的统筹协调，这是推进中高职衔接的关键之所在；另一方面，通过开展中高职衔接项目，可以加快推进中高职管理系统的深度协调。比如，统筹开展对中高职衔接中的质量审核工作、统筹管理适应"中高职衔接"特定要求的课程标准的开发工作等方面。

事实上，这是一个互动的过程，中职和高职管理层面的对话应该加快进程，促进现代职业教育体系的构建，帮助学生获得职业生涯的可持续发展，达成技能型人才培养在不同层次上的接续效果，满足经济社会发展的需要。

4.3.2.2 完善招生和职业生涯咨询制度

（一）完善中高职衔接的招生制度

当前，针对"三校生"的对口招生考试内容中职业特色不够鲜明。实际录取中，对文化课成绩的重视程度远高于对专业技能的重视程度。有必要在以下方面做出努力：适当扩大高职对口招收职校生的比例，招收更多愿意进入高职继续学习的中职生，有利于实现教育公平。高职院校招生时，应突出对口专业能力的考核和认定，增加专业技能考核在录取分数中的权重，这就为专业能力强，普通文化课基础水平一般的学生提供了更多升入高职的机会；突出面试环节的针对性，尤其是在中高职贯通的招生考试中，长学制专业对学生的性别、学习兴趣等有特殊要求。

（二）逐步建立职业生涯咨询制度

目前，针对职校生的生涯指导与咨询十分缺乏，针对个体的生涯咨询制度也尚未建立，这就在一定程度上导致了学生专业选择的盲目性。那么，如何使学生了解自身的职业兴趣，帮助学生选择合适专业？主要的路径就是逐步建立职业生涯咨询制度，其基础是构建动态的职业信息资源库，开展针对个体的职业生涯咨询，建立一支专业化的职业生涯咨询教师队伍。

4.3.2.3 逐步完善"职业资格证书制度"

当前，政府相关部门对职业资格证书制度和劳动就业准入制度的监督和管理不力，需要为中高职衔接搬除这个"障碍"。

1."职业资格证书制度"是衔接的保障

中等职业教育与高等职业教育的衔接，实质上是其各自对应的岗位层次的衔接。在统一的国家职业资格框架下，明确中高等职业教育的培养目标，准确定位其岗位面向，是实现中高职有效衔接的切入点。建立统一的职业资格制度是实现中高等职业教育有效衔接的前提，同时也是明确培养目标定位的出发点。高等职业教育的培养目标与中等职业教育培养的技能型人才有着很大的差别。但在实践中由于培养目标定位不清而导致的中高职培养的人才岗位面向模糊，是我国实现中高等职业教育衔接的"瓶颈"问题。

2. 推进"职业资格考核鉴定"的专业化

通观现行关于"职业资格制度"的国家政策及其内蒙古自治区在此基础上结合实际做出的相关法律法规，大都比较完善；同时，职业院校与"职业资格制度"的衔接及企业对"资格准入制度"也能够较为严格地贯彻。然而，当前职业资格鉴定的"专业化"问题已成为政策实施的"短板"，其中各级人社部门从事"职业资格考核鉴定"相关管理层面和技术层面人员的素质和专业化程度（即人的问题）又是这一其中的重点问题，从这个问题入手完善"职业资格证书制度"是破解体制难题的关键。从现实情况来看，目前自治区范围内各级各类职业资格鉴定大都"因人设岗"，从事考评的人员缺乏专业化的训练，使得这一本应成为技能型人才开发与管理的关键性岗位却成为传统人事制度的"遗留"问题，其群体中大多是"关系户"，抱着养老混日子的思想。这样一个群体对"考核鉴定的"公平、公正和专业化及其"社会信誉"起不到积极作用。

除了职业资格认证工作的管理层面，在技术操作层面，考评员是职业技能鉴定工作的具体操作者，考评员队伍素质的高低直接影响鉴定工作的质量。作为"国家考官"，考评员不仅需要有着较高的学历和素质，还应不断加强学习职业技能鉴定的基本理论、政策，熟悉和掌握职业技能标准及鉴定的规范、技术与方法，必须按照公开、平等、竞争、择优录用的原则聘用上岗。

4.3.2.4 学分制是"衔接"的有效手段

建立"学分制"是适应市场经济条件下对职业教育发展的要求，能够完善中高职院校的整体教学布局结构，进一步统筹中高职的衔接。"学分制"的实施有效地避免中职和高职课程的重复设置，减少了教育资源的浪费，对专业技能的提升和职业能力的深化有积极的促进作用。学分制管理有利于激发学生学习的自主性，有效地开发学生的潜能。其宽口径的管理模式，为学生兴趣发展提供了可能，也为学生的宽口径就业打下基础。因此，在保证中高职顺利衔接方面，学分制管理具有鲜明的优势。

从操作层面需要注意的问题是，学分制教学改革必须从中高职一体化教育的本质出发，处理好培养岗位（群）能力与学分银行制自由选择相冲突的矛盾，使学分制改革与中高职衔接机制相互促进，共同发展。建立中高职衔接学分制必须有机衔接中职与高职两级管理机构，加强制度建设，细化两级职责。

4.3.2.5 拓展"后中高职衔接"段空间

目前，我国的职业教育体系还没有真正意义上本科和研究生层次，在"后中高职衔接"阶段打通职业教育阶段的断头路，是拓展现代职业教育体系人才培养空间的必然选择。

一方面，拓展技术本科人才和"专业学位研究生"的培养，形成具有职业教育特点的本科和研究生教育，应成为职业教育人才培养向高端发展的有效尝试。另一方面，根据职业院校学生的知识、能力拓展需求，进行"学分证"改革，与普通教育机构间建立立交桥，实现普职互通。在普通教育和职业教育之间建立以"学分"为基本元素，集学历、学位、职业资格一体的质量保障框架也是"中高职衔接"体制的最终发展方向。

4.3.2.6 构建中高职衔接质量审核制度

（一）审核主体多元化

多元化的审核主体可以确保各方利益主体的意见得以体现，兼顾到不同利益主体对"中高职衔接"的利益诉求。"中高职衔接教育质量审核委员会"的设置是必要的。其成员应该包括：中、高职院校的校长、教师，进入"中高职衔接"培养模式的学生家长，职教专家，企业代表，职教评估专家，生涯指导教师，等等。

（二）审核内容全面化

中高职衔接教育质量审核内容应全面化，具体可包括以下方面：对投入教育经费使用效率的审核；对中高职衔接教育成果的审核，比如，多少比例的学生完成了中高职衔接教育，多少比例的学生从事了预期工作等；对"中高职衔接"实施过程的审核；企业对中高职衔接教育质量的满意度；学生对参与"中高职衔接"教育的满意度，等等方面。

（三）审核结果效用化

中高职衔接教育质量的审核结果应形成报告，并反馈给各个职业院校，为中、高职院校进一步改革提供方向和依据。可考虑将审核结果公开化,为公众关注和监督中高职衔接教育质量的高低提供便利。

4.4 "中高职衔接"中几个实践性的问题

制度保障是中高职顺利衔接的必要前提。其中,以利益相关者理论为基础,构建中高职衔接模式的"利益相关者"架构,是"衔接"的基础。"利益相关者"包括:负责中、高职管理的行政部门,中高职院校,接受中高职衔接教育的学生以及行业和企业(用人单位),等等。中高职衔接制度中利益诉求和制度保障存在的突出问题主要包括:一是在管理层面,中职和高职不同管理归属问题,在一定程度上阻碍了中职、高职院校的衔接;二是在院校层面,中高职衔接中,中职和高职的利益诉求出现不一致;三是在学生层面,由于对口招生制度的不完善以及生涯咨询制度的不健全,在一定程度上导致学生争取公平教育机会、促进自身可持续发展的利益诉求难以得到满足;四是在企业层面,企业的利益诉求能够得到体现的关键在于中高职衔接这种人才培养模式能否培养出适应经济建设的劳动力,确保这一利益诉求得以实现的前提是企业的声音能够在中高职衔接过程中得以出现。

实践中,搞好中职报读高职的宣传工作有着很大的必要性,学校和教育行政主管部门要有鼓励职校生报读高职院校的具体措施,以实现中高职教育的有效衔接。中高职教育培养目标要重新定位。中职教育既要侧重培养能从事某一职业的初级劳动者,又要为高职院校提供稳定的高素质生源,而中职和高职教育都应重视学生学习能力的培养。在招生方式方面,建议改变中职单报职校考试内容;提高中职推优的比例、让更多的学生有进入职校学习的机会,改革中职单报职校招生方式。

1.高职院校采用"申请入学制"招生方式招收中职毕业生就读职校(即中职毕业生向高职院校报名入学时、由自己向报读院校提出申请、并提交中职两年学习成绩和一年毕业实习成绩、高职院校据此自主选拔学生的双向选择招生制度)。

2.根据国家相关文件精神和各地人才需求的现状,制定、出台本地区中高职衔接招生实施细则。在确保高中毕业生就读职校高专院校的前提下，最大限度提高职校生被高职院校录取的比例。

同技能型人才的培养中政府应起到主导作用一样，"中高职衔接"这一办学模式也离不开政府的主导作用（参见《内蒙古技能型人才培养和使用政策实施研究》一文第三章，第五节）。只有重视并针对中高职衔接过程中的问题采取有效对策，才能使整个职业教育系统充分发挥整合功能，促进社会公平和人的全面发展，也才能增强职业教育的吸引，实现中高职教育的有效衔接。在专业设置和招生工作上还应注意如下两个方面：

其一，统筹专业设置和培养方案

1. 专业设置的衔接。中高职衔接很大程度上取决于专业的衔接，中高职在专业设置上的共同要求是，从地区和行业发展的实际需要出发设置专业，而不是按照普通高等教育模式设置专业。从促进中高职教育衔接的意义上讲，专业衔接是中高职衔接的一个必要条件。依靠地方和行业，加强职业教育的专业建设，研究制定中高职专业目录，使两个层次在专业上较好地衔接。高职院校专业设置面的宽窄，直接影响着中、高职衔接的对口程度和衔接通道的宽窄，高职专业设置是中职专业设置的纵向延伸和横向拓宽。只有中高职专业建设规范化，才能促进中高职课程的有效衔接。

2. 培养目标和规格的衔接。培养目标和规格是反映某类教育本质特征的两个不同方面。中高职教育在培养目标和规格上有许多共性，例如，两者都具有职业性、实用性、技能性等特点。培养目标都主要从行业的职业岗位不同要求及相应规范中去确定，中职学校重点培养中、初级技能型人才，高等职业院校重点培养高端技能型人才。

3. 课程和教学内容的衔接。探讨企业对专业人才的需求，就业岗位和在中高职两个阶段应具备知识、能力和素质结构，构建课程体系，确定教学内容。

课程体系衔接：根据不同阶段的培养目标要求，系统构建课程体系，课程设置由浅入深：中职课程重基础、强应用，让学生初步建立职业概念；职校课程重实践，强创新，鼓励学生在真实或模拟的工作场景中发挥主观能动性。

课程内容衔接：合作制定相互衔接的课程标准，确定科学合理的教学顺序和实施路线。既要避免中高职课程内容的重复，又要拓宽和加深课程内容，真正实现课程内容衔接的连续性、逻辑性和整合性。

　　职业资格证书衔接：分段完成职业技能培训，中职阶段进行初级培训，获得初级职业资格证书；职校阶段进行中、高级培训，获得中、高级职业资格证书。

　　4.教学模式的衔接。无论是中等职业教育还是职业教育，在培养模式上都应突出操作性、实践性的职业教育特色。如突出职业能力培养的课程标准、"双证书"毕业要求、与行业企业的密切联系、双师型师资队伍建设、实训基地的建设等等，都是共性特点，缺少哪个环节都会使"衔接"出现故障。

　　其二，招生政策上之改革诸问题

　　包括办学、教学、管理在内的教育制度上的改革，是中高职教育衔接的基本保证。招生录取制度和学制的衔接是实现中高职教育衔接的前提，既要实现学制上的衔接，又要在入学考试制度上衔接。中职升高职的入学考试不能按照普通高考或者沿用普通高中的考试办法，而要按中职的课程设置和教学内容要求进行考试，增加和突出专业课、实践课的考试。

　　首先是对招生计划和比例的扩大。实践中，高职院校出于自身利益，并不愿意多招中职生，因为比起招收高中毕业生，或者招收初中生（采用"五年一贯制"模式）来说，这种对口招生给高职院校自身带来的效益差很多。教育部在相关政策中对于高职对口（中职）招生的比例有一个5%的指导性政策，其意一方面在规范中高职衔接考试制度，另一方面也是从政策上使高职对口招生数量有所保障。尽管这个比例在有些地方的实际运行中还有所突破，但囿于政策的这个"圈圈"，这种突破与学校、企业和学生的期望值仍有一定差距。因此，应适当依据市场调节机制，放宽5%的招生比例，并充分利用政策的权威保证这个比例的贯彻，进而促进高职对口招生机制。

　　其次，实际上也是至为关键的，要在政策上给与院校更大的自主权，将高职院校的入学考试与中职的教学、考试、证书、技能竞赛等成绩结合起来，完善高职院校对接中职的自主招生和保送制度。这是政府主导性的一种重要体现，既可以鼓励高职对口招收中职生，也能够更进一步从宏观政策方面突破高职招生对文化课分数的过度依赖，从而扩展更多中职毕业生的学业上升通道。

第五部分

"现代学徒制"模式创新

"现代学徒制"作为职业教育模式的契机，需要广泛的借鉴国外成功案例，但更需要在对本地区具体情况进行充分调查的基础上，归纳和总结出一套普适性的做法。这个过程中离不开政府、企业、行业、社会的支持和配合。只有找到多方共同的利益诉求点，才能实现"现代学徒制"健康发展的长效机制。

5.1 "现代学徒制"教育教学模式的理论依据

"现代学徒制"作为一种有效的教育体制，在我国现代职业教育进程中加以推广，不但需要借鉴发达国家的经验和做法，同时也应对其所以生成的理论依据有所理解。

5.1.1 帕森斯"结构功能主义"理论

1. "结构功能主义"的提出

结构功能主义是在对早期"功能主义"的继承和发展基础上，形成的一种既完整又综合的宏观性的社会学理论。"结构功能主义"最基本的研究对象是整体的社会系统，通过阐释社会系统各部分的功能，即存在的必要性，找到一种结构化的方式，这种结构化的方式能够把社会各部分的要素协调统一起来。通常，社会系统是一个以有序方式相互联系的综合体，这种整体性的社会系统处于相对稳定和平衡的状态，任何部分因素发生变化都会影响整个社会系统。而在系统之间和系统内部各要素之间相互作用后，又会达到新的均衡状态。

2. 结构功能主义的系统关系

社会行动体系组成了一个整体的系统，每个系统都可以相应地划分为四个子系统，功能需求的满足要通过行为有机体、人格系统、社会系统和文化系统四个附属系统的相互配合才能实现。四种系统共同发挥作用，形成控制论意义上的层次控制系统。任何社会行动系统的基本制度化结构都是在满足一定功能的基础上才能维持自身有效性的存在。整体上社会系统存在四种主要功能：适应、目标达成、整合和潜在模式的维系。

5.1.2 对学徒制外部保障的现实关照

维护和保障职业院校"现代学徒制"人才培养模式的实施是一项社会行动，也是在一个特定的系统中开展的。其中，政府制定和履行法律法规，并依照法律法规对企业、学校、社会进行控制、监督和管理，政府与社会之间的引导和监督、企业与学校之间的相互扶持、企业与社会之间的相互监督和规范、法律与文化价值观之间的相互补充等关系错综交叉、协同创新是"现代学徒制"得以健康发展的要义。当前，从理论和实践两方面加以探索，对我国职业教育实施和运行"现代学徒制"的制度环境进行切实和有效的分析，可以为"现代学徒制"构建一个社会系统环境来分析各子系统对主体的影响以及各子系统要素之间的相互影响，以便为这种模式的实施提供更有效的外部环境保障。

5.2 优化职校"现代学徒制"外部环境的建议

德国职业教育推行的"双元制"是以企业培训为主导，职业院校教育为辅；企业和院校相辅相成、平行开展的以"学徒制"作为基本形式的人才培养模式。"双元制"有时又被称为"双轨制"，其中"双元制"中的"一元"代表国家举办的公立职业院校，另"一元"代表企业，通过学校和企业的密切合作来培养市场所需的专业技能型的人才，保障技能型人才培养的质量。实际上，"双元制"将学生在学校学到的理论知识和企业所接受的实践锻炼有机结合，培养了大批高素质的专业技能型人才。

要实现我国职业教育"现代学徒制"的长效发展，整个社会系统环境中的政府、企业、行业和社会都要发挥作用，同时更要借鉴西方成功的案例和我国传统"师徒"文化的精髓，推动职业教育"现代学徒制"的可持续发展。

5.2.1 政府支持

5.2.1.1 扶持性政策和有倾向性法律

我国的市场经济是政府宏观调控的市场经济体制，不管是从教育制度的角度看职校教育改革，还是从劳动制度的角度看学徒制培训的发展，都少不了以政府为主导的宏观调控政策作为保障。"现代学徒制"是教育制度和劳动制度在中国的结合体，是既可以有效地解决就业又能够达到推动技术创新的唯一可行路径。"现代学徒制"要在中国得到更好更长久的发展，首先要得到政府的充分肯定和支持。如果失去了政策保障，企业对校企合作的尝试或切入就只是为了扩大社会影响力这一经济性目的，而不再顾及社会效益和自身应担负的社会责任，最终对这种人才培养模式能否促进自身的发展也必然持怀疑态度。因此，政府有责任也有义务对校企合作进行严格的监管，培育、引导和强化多数企业的社会参与意识。保障"现代学徒制"人才培养模式的实施更合法、更规范的措施是形成多元、开放的校企合作政策，并要小心翼翼地提高政策执行的科学化水平。

5.2.1.2 加大对职业教育的资金投入

如果企业不能自觉地参与到"现代学徒制"教学过程中，院校也就很难根据企业的需求来设置教学计划和组织教学活动。因此"现代学徒制"合作双方的开始仍应在政府主导下依靠市场经济这一杠杆完成。建议从以下方面着手：

其一，加大对职业教育的政策倾斜力度

职业教育作为一种准公共产品，必须由国家拿出专门用于实训基地和实习场地建设的费用，或者对企业的经济投入给予税收优惠和其他扶持待遇。比如，对接受学徒实习、学校教师挂职培训的企业减免税费的征收；对"现代学徒制"实施有显著效果的企业进行财政补贴或奖励，等等。

其二，建立"现代学徒制"专项基金

政府要对职业院校的专项资产进行分流，用来补偿企业与学校的合作办学；建立职业教育专项基金制度，用于技能培训的费用支出。如此，不仅可以让多数企业获得政府的项目和科研支持，更调动了企业参与社会办学的积极性，逐步形成完备的现代职业教育体系。

其三，形成多元化办学格局

现代职业教育的市场庞大，如果完全依靠政策资金的支持，在实践上短期内难以奏效，在理论上也并不被主张。学校应该主动与企业联营，为企业培养所需要的专业人才；企业将部分生产场地或设备转移到学校，充分利用职业教育资源提高经济效益。在此基础上，有效地吸收社会闲散基金，调动融资、社会福利和税收的力量来形成多元办学的格局是必要的，也是可行的。

5.2.2 企业主导

总体上来说，企业不愿意高度配合"现代学徒制"的原因，主要是受社会资源整合驱动、现实利益驱动和技能需求驱动的综合影响形成的。一般来说，普通的企业在面临较高投资风险的时候，只会关注短期的经济效益，缺乏人力资本投资意识；而国有大中型企业虽然天然地应具备社会责任，仍然需要政府利用政策和依靠行政权威来促进。因此，除了政府要完善法律法规，强化监督，以政策和法律等手段缩减培训成本外，各类经济体还需要在以下几点上积极"迎合"：

5.2.2.1 拓展现代学徒制人才思路

企业要认识到职业院校毕业的学生掌握了解决技术问题的知识，更初步掌握了服务社会的能力，而将这类学徒看作"准技能型人才"。《国务院关于大力发展职业教育的决定》明确指出，职业院校与企业密切合作的关键在于要依靠企业的力量来发展职业教育，开展校企合作是谋求职业院校和企业共同发展的唯一有效途径。作为企业，应该意识到"现代学徒制"的实施就是为了更好促进学校和企业双方的生存与发展，要获得自身长远的利益，只有依靠科学技术和技能型人才储备，建立与职业院校双向互动、共同参与，形成产学研一体化的良性循环模式。此外，企业可以通过这种方式节约劳动力成本，并在这种关系中充分利用学校资源开展员工培训等。

5.2.2.2 建立"现代企业教育制度"

现代企业教育制度的建立可以从根本上形成企业参与"现代学徒制"的内驱力。从企业和行业参与外部联合的角度来看,企业应该按照产业类别以参股或入股的形式实行企业与职业院校的联合,组建企业教育集团,加强企业参与职业教育管理的主动性和积极性,实现多元化的人才培养体制。校企双方根据职业教育的人才培养方案,共同制定培训计划,使学生较早地熟悉企业制度和企业文化,增强对企业的认同感。大量的实践经验说明,企业参与职业教育集团化办学,可以有针对性的培训适合企业需求的技能型人才,有利于建立校企合作的长效机制,为学校、企业、学生和区域经济的长远发展奠定基础。

5.2.2.3 树立正确的人才储备理念

从人力资源管理的角度说,只有实现和保证企业与员工的双向利益的达成,才能体现双方的平等地位并进行贯彻现代人力资源管理理念。现实中,企业招聘中存在信息的不对称和机会的不均等都会导致企业针对职校学生的技能培训和实习严重缺位。因此,企业掌握着人才需求的主动权,要想在"技工荒"的境遇下拥有适合企业岗位要求的技能型人才,就必须预先担起培养人才,建立人才储备的义务,不能把人才培养的任务完全归结为职业院校的责任。作为行业企业一方,要树立正确的人才招聘观念和储备意识,由此,形成学校和企业之间的内在稳定机制,搭建高效的校企培养人才信息渠道。

5.2.3 行业协调

行业组织作为行业整体的代表,需要在这个过程中发挥组织、服务、监管的作用,最大限度地处理各方主体间的关系,减少"现代学徒制"的运作成本。

5.2.3.1 建立沟通利益相关者的交流机制

德国"双元制"是在政府、企业、行业协会、学校的合作基础上建立的,这些组织较全面地代表了"双元制"所有的利益相关者,在"双元制"实施过程中都扮演了不同的角色,各方之间通过协商的方式对"双元制"的实施达成规范性的意见,最终订立一套完整而系统"双元制"人才培养模式的组织和管理"方案",所涉及的内容应广泛而具体,如职业院校的课程设置、学徒工的津贴发放标准、学业成绩评定及技能水平的考核、企业培训税的征收、国家公共拨款等等。① 在这里,行业组织可以作为体现政府、企业、学校和学生共同意愿的中介机构,作为非政府、非营利性的中介机构,协调职业院校在办学和培养方面的革新,但更多旳是用于协调政府、院校和企业之间的利益关系,这是行业组织应承担的社会责任,也是行业组织在现代职业教育体系中的重要角色。

5.2.3.2 加强行业管理的机制创新

通过行业来加强职业资格认证与管理,是因为行业内部包含着一整套市场所需的创新能力体系单元,并且有着将创新能力体系推向经济发展空间的动力。只有将能力标准与国家资格证书联系起来,才能使每个单元的知识和能力得以随时的分解量化,将专业教学和课程要求融入到行业和企业的实际需要中来。因此,行业组织需要将其意识到并整合形成的创新能力体系积极地推向社会和企业,进而将推动其在职业教育体系中首先得以完成,保证经济发展对人才的迫切需求;而政府要根据对职业院校学生的培养要求,将职业技能和资格证书的标准融入职校教育的课题中。

---

① 关晶.西方学徒制研究——兼论对我国职业教育的借鉴[M].华东师范大学,2010.

第六部分

人文素养提升的多维创新体系

技能水平和人文素养是新常态下经济社会发展对人才的要求，这两方面如同"车之两轮、鸟之两翼"，对人力资源充分地发挥作用创造价值均有着重要的意义，缺一不可。职业教育的实用性成为院校和企业意识到的发展方向，但是在把握这个方向的同时，却也忽略了学生不仅仅需要专业技能、知识的学习，还有人文素养的习得；即强化了教育的纯"工具意识"，淡化了教育的"价值意识"。另外，由于职业院校扩招带来的普高热，职校生源差已是不争的事实，这种状况更造成了职校学生的人文素质整体性下滑，造成恶性循环，难以适应经济和社会对人才综合素质的需求。

6.1 职业院校人文素养教育的理性回归

职业教育应该以注重应用型人才的培养、强调职业技能的传授为特色和己任，但绝不能要把职业院校办成纯粹的职业培训场所。夸美纽斯在其《大教学论》中就明确指出，"希望所有的人都受到完善的教育，使之得到多方面的发展，成为和谐发展的人。"职业教育肩负着为社会培养高素质技能型人才的任务，人文教育的理性回归策略主要包括：

6.1.1 "工具价值"向着"人文价值"的回归

过分强调职业教育的实用性，即职业教育的工具理性价值，忽视人文教育的价值，导致了人文价值理性的缺失问题。可持续发展要求职业教育应走科学发展的道路，将注重技能与技术的培养与人文素养相结合。实现职业教育由工具价值向人文价值理性的回归，既是时代的要求，也是职业教育健康发展的必然选择。

1. 人文精神与个性教育回归

首先，职业院校应树立"以人为本"的教育理念，营造具有职校特色的校园文化环境。人文精神以人自身的发展为最终目的，有助于正确的理想和价值观的塑造，有助于培育人的责任感。新常态下，职业院校要树立人本化的教育理念，其基本途径就是要重建逐渐失落的人文精神和开发备受忽视的人的个性潜能。

其次，通过有效的方式对学生进行人格教育和价值理想的教育。人文精神的不是先天具备的，而是通过后天的教育熏陶而成，学校应该采取措施帮助学生树立起健康高尚的价值观，提升学生的人文修养水平。

2. 整合与重构人文教育学科

人文教育课程是人文价值的重要载体。目前，职业教育主要是通过人文学科和人文课程开展人文教育。人文学科着眼于"完整的人的发展"，关注的是人性和人生价值的完善。人文教育课程既要符合我国经济社会发展的需要，还要符合学生的兴趣。因此，职业院校人文教育课程的设置就既要顾及职业技能培养的目标，也要使学生获得从事岗位职业所必需的人文支撑，如从事职业所必需具备的职业素养、团体精神等。

6.1.2 应然与实然统一之下的技术与人文融合

在职业教育实践中，技能教育与人文教育虽然可以被看作是教育的两种不同体系，但两者之间并不是相互排斥的。而将二者有机地结合起来，从而提升职业技能与人文素养融合的深度和广度，应该成为职业教育改革和现代职业教育体系重构的切入点与最终目标。

当然，以人文精神为核心的职校人文教育并不是要构建一个纯粹的"精神乌托邦"，而是要在这种理想性的人文视野中解决职业教育面临的一些现实问题，在现实性的基础上引导培养的人的全面发展和职业基础能力的回归。因此，我们所说的要使人文教育回归职业教育是理性的，是建构在现实基础上的。也就是说，在专业与技能发展的同时，要回归对人性的关怀，这是职业教育的的"初心"。

6.2 职业院校人文素养提升的实践探索

近年来，职业院校学生的数量逐年持续增加，就业竞争日趋激烈，而职业院校学生的职业素养却不容乐观。另一方面，社会对职业院校学生的职业素养要求也越来越高，职业院校学生要想获得更多的就业机会，需要迅速适应学校环境向社会领域的转变，需要在学校期间提升自己的职业素养。因此，研究职业院校学生的职业素养现状与提升就显得尤为重要。

有关职业院校学生"就业难"这个问题的探讨数不胜数，古人曾以"立业成家"作为人一生当中的两件大事，可以看到，职业的成败直接决定着人生的成败。在现代社会，职业的成功与否同是否具有良好的职业素养有着密切的关系。然而随着近年来职业院校学生的数量逐年增加，就业竞争日趋激烈，职业院校学生要想获得更多的就业机会，需要迅速适应学校环境向职业领域的转变。而这种转变的成功与否又取决于他们是否具备社会所认可的职业素养。同时，职业教育者需要认识到，这种素养的具备绝不是朝夕可获的。这些素养从意识层面包括秩序意识、合作意识和尊重意识；从能力方面包括实践能力、创新能力等。通过系统的学习和探索，促进学生从"校园人"向"职业人"的迅速转变。

6.2.1 素养和能力提升是职业教育的最高命题

1. 素养教育是职业教育的最基本要求

职业教育是以就业为导向，为生产、建设、管理、服务一线培养数以千万计的高素质劳动者和应用型专门人才的教育类型。在市场经济环境下，职业素养和职业能力越来越被用人单位注重，以前那种一辈子就指望某个专业或一种职业吃饭的观念已经不合时宜了。职业院校必须将职业素质教育和职业技能训练一样重视，全面提高职校生的职业素养，为学生参与社会竞争奠定良好的基础。就目前的现状而言，不少职校生存在着集体主义思想淡薄、责任心差、缺乏合作精神、怕苦、怕累、学习懒惰、纪律松弛、挥霍浪费等不良品质。其职业素养如果不能得到有效的提升和培育，最终必然会被社会所淘汰。目前对职校生的职业素养培养还是一个薄弱环节，一些职校生对加强职业素质教育不以为然，不认真对待职业技能训练时的严格要求，其职业素养表现令人堪忧。大众对职业教育的热情，主要还是由于对就业期望值比较高。如果学生毕业时很难就业，家长的教育投资得不到回报，人们对职业教育的不满势必会增加，这必然不利于职业教育的发展。

2. 职业素养教育是就业和创业的深层次需要

就业是民生之本，扩大就业是我国当前和今后长时期重大而艰巨的任务。进入职业院校学习的学生和家长对找到一份理想的工作赋予了很高的期望。通过学习来改变自身命运和家庭的经济状况是职校生最重要的人生诉求之一。职校生是一个特殊的社会群体，他们面临着由学生向职业人的转变，校园往往是他们走向社会的最后训练基地。虽然各行业都有各自的行为准则，但各个行业对求职者基本职业素养的要求是一致的。

因此，要教育学生在学习过程中把优秀的职业道德品质和高尚的职业理想结合起来。通过教育，培养职校生树立敬业精神并且养成奉献意识，使职校生深刻感受到自己的责任感和使命感。从个人发展的角度来看，只有具备了良好的职业素养，才能较快地适应各个职业的要求，进而成长为符合要求的专业人才，为自己进一步的发展提供稳固的平台。

6.2.2 现状与问题的分析及其解决问题的路径

当前，职业院校人文素养方面的培养无论在理念还是在教育教学的实践中均不容乐观。

6.2.2.1 职业院校学生职业素养现状与问题

（1）职业意识淡薄，职业道德水平也有待提高

职业意识是作为职业人所具有的意识，是职业道德、职业操守、职业行为等职业要素在精神层面的体现。有调查表明，目前大量职业院校学生对自己将要从事的行业知之甚少，不知道目标公司的选才要求和用人标准，还有相当一部分学生从未考虑过自己的职业发展。有些毕业生入职之后不能很快适应单位的陌生环境，组织忠诚度低，频繁出现跳槽现象。这些问题反映出职业院校学生职业意识比较淡薄、职业价值观模糊、与社会需求脱节的现状，职业道德水平也有待提高。

（2）职业观念不强

从《职业》杂志等相关的调查来看，有52%的职校生从没有考虑过要

找的行业是什么样子;对目标单位的选才要求和用人标准回答"不清楚"的人占23.9%,回答"还行吧,大概能想象"的人占33.9%;同时,51.4%的人对"你清楚考虑过自己以后的职业发展吗?"感到茫然。这些问题反映出职业院校学生职业观念不强,大部分学生在学校还是为顺利毕业拿到文凭而努力,与社会需求脱节。

(3)职业心理素质较差

很多职业院校学生对自己了解不够,不能够很好地给自己定位。一方面,自视过高,不愿意从一线做起;而当不能达到既定目标时,又认为自己没用,产生消极情绪而妄自菲薄;如果定位太低,目标很轻松就达到了,这又使他们又产生了自负心理。工作中遇到问题和挫折是很正常的,但部分职业院校学生不能很好地正视和处理这些问题,抗挫折能力较差,无法承受所遇到的挫折,有些学生甚至会因此走向极端。

6.2.2.2 职业院校学生职业素养现状与问题原因分析

(1)学生自我效能感低,对自己的未来感到迷茫

职业院校中,大多数学生一旦失败,就会认为是自己不具备取得好成绩的能力,降低自我效能感。由于一次的失败可能导致其失去继续做某件事情的信心,长期下去就产生很强的挫败感,以至于有的人在一新事情的之前就会打起退堂鼓。正是这种自我效能感的低下,不少学生产生了对学习的厌恶感,也对自己的未来感到了迷茫,这种情况持续到社会上必然会影响就业。

(2)对自己专业的就业方向不了解、职业观差

第一,职业院校学生的职业观存在诸多偏差,强调个人职业价值,忽视社会责任;第二,就业缺乏自主性,存在依赖心理,有些学生不善于推销自己,把求职当作学校、老师、家长的事,坐等工作自己找上门来,大都期望一毕业父母和亲戚就帮自己找到一份稳定的工作;第三,职业认识模糊,对自身专业缺乏认知,大多数学生不知道本专业毕业后的就业方向,对以后的就业不明确,职业规划不足。

(3)学校对学生的职业素养培养不到位

职业院校大多不重视也缺乏个性化就业辅导,就业指导机构的作用有

待增强。应该从强化理想信念教育、引导就业观念更新、加强就业指导、普及职业规划教育等方面纠正学生职业观偏差,更好地引导职业院校学生职业发展。

6.2.2.3 职业院校学生职业素养提升的具体路径

职业素养是职业院校学生职业素质的内在表现,职业素养更多的体现了职业院校学生的品质特点,属于职业院校学生求职的"软件"条件。可以从以下几个方面着手培养和提高:

(1)树立科学的职业观和职业理想

一个人进入社会,实现职业生涯的成功,是要通过职业这一平台来实现的。在学校职业准备阶段,职业院校学生确立什么样的职业观,树立什么样的职业理想,才能为职业生涯发展打下良好的基础,为今后的健康幸福的做好铺垫呢?现实中,有些人工作稳定职业高尚,可问其是否幸福,其答案却是否定的;有的人虽然没有显赫地位和良好的工作环境,但是他们热爱自己的工作,热爱生活,这与其职业观与职业理想的明确与否密切相关。

职业理想有其目标价值,具有超前性和导向性的特点,对人们能够产生吸引、激励作用。由于当前国际国内形势的种种变化,有些职业院校学生对前途感到困惑、空虚。所以,在学校时代只有树立科学的职业理想价值观,才能把职业院校学生的思想引导到积极、健康的方向,激发他们的精神动力,塑造健全的个体人格。

(2)重视职业道德的培养

职业道德是指在一定的职业活动中所应该遵循的、具有自身职业特征的道德准则。职业道德是一种高度社会化的社会角色道德,既有各个职业所共同具有的一般要求,又具有鲜明的职业特征,每一个职业院校学生都应恪守"高度的责任感、对工作敬业、遵守职业规范和诚实守信"的职业道德准则。

(3)培养良好的职业心理素质

职业心理素质培养的目的是帮助职业院校学生解决在未来择业过程中所面临的各种具体的心理问题,如:职业角色意识、抗挫折能力、健全人格、交往能力、成功心理的培养等，这些素质会直接影响到学生个人的职业发展。培养职业院校学生职业心理素质是一个全方位、全过程的系统工程。由于众所周知的原因，大部分职校学生都不同程度地有一些自卑心理，给他们的学习和就业造成诸多消极的影响。因此，培养良好的职业心理素质对学生来说特别重要。当然，良好的职业心理素质也是与个人在学习和生活等方面的能力高低分不开的，这也是职业教育需要认识到并加以解决的问题。

第七部分

基于专业发展的教师评价体系变革

"评价"，即按照一定的标准做出价值判断；"教育评价"，是指通过对教育现状信息进行分析整理，依此对教育过程和结果进行的价值判断，是对教育工作的管理体制、人力资源和物质条件及其绩效进行质和量的评估，是教育客体对主体需要满足程度的一种判断；"教师评价"，是教育评价的重要组成部分，是针对具体的教育教学活动做出的价值判断；"高校教师评价"，是依据学校的培养目标及其教师的责任和义务，运用现代教育评价的理论和方法对教师工作质量进行的价值判断。

推进教师评价制度改革，建立有利于教育教学质量提升和教师专业发展的评价体系，是高校人事制度改革的主要目标，也是服务经济社会快速发展所必需的基础性工作，是在我国整个教育制度改革中所必须引起足够关注的源头性的问题，因为大学本应该具备"能在任何学科上把知识灌输给全体学生"的教师。当前，我国高校现有的教师评价体系仍存在不少弊端。突出表现在：仅根据教师过去的工作表现作为判断其教育教学任务优劣的标准，并作为对其进行奖惩及可否晋升职称、是否实施聘任的主要依据；重管理轻发展、重"输出性评价"轻"输入性评价"；由于教师在心理上的抵制所产生的强烈的矛盾，严重影响了评价结果的客观性和公正性。此外，现有的教师评价体系片面追求量化，用某种僵硬的"尺度"来衡量不同岗位和能力的个体工作，未能考虑到教师之间的"差异"，缺少评价的"区分性"，不利于教师专业化、个性化的发展。

针对上述弊端，为更好地实现教师专业化发展，有必要对"教师评价"的基本制度和运行体系加以变革。"区分性教师评价"是一种发展性的评价制度，注重对不同发展阶段的教师进行差别性的评价，更强调教师应积极参与评价全过程。教师的发展水平和需求参差不齐且各具特色是对这种制度进行理论研究的假设和实践推行的前提。

7.1 职校教师评价的目的和意义

对教育教学工作进行科学的评价，有利于促进教师职业发展，有效地提升教育教学质量；与普通学校教师一样，职业院校教师科学合理的评价系统的建立对于职业教育健康稳定地为经济社会源源不断地输出合格技能型人才有着关键性的价值。

7.1.1 职校教师评价的目的

一般地，理论界将教师评价的目的分为奖惩性和发展性两种方向，教育界一直存在终结性评价与发展性评价之争，并由此在突破传统评价思维的过程中"去伪存真"而形成的复合性评价、反思性评价及区分性评价奠定了基础。终结性评价的是通过鉴定，为教师的奖惩等决策提供依据；发展性评价是通过"诊断"教育方案或计划及教育过程中存在的问题，提高实践中正在进行的教育活动的质量。

前者采取自上而下的实现方式，是在教育活动发生之后的判断；后者属于自下而上的模式，一般发生在活动进行的过程之中。相应地，"奖惩性"的评价目的是依据一定标准对教师的工作优劣进行判断，并依此奖励或者惩罚，着眼于面向过去的总结性目的，侧重采用刚性策略；"发展性"的评价目的是促进教师的专业发展，对教育教学工作现状进行客观的描述和分析，对缺陷和不足做出诊断，促进教师不断总结、改进工作，调动教师的工作积极性和创造性，最终全面提升教育教学质量，着眼于面向未来的过程性目的，侧重采用柔性策略。

前者的优势在于：某种程度上可以强力促进改革；后者的优势在于：及时发现问题、服务决策，教师乐于接受，并对教师的专业发展提供有效的指导。前者的弊端在于：其终结性的实现目的和自上而下的实现方式使得教师与评价者之间关系紧张，不利于调动教师的内动力；后者的弊端在于：由于其主张在没有奖惩的条件下促进教师专业发展，形成实施标准的模糊性、实施手段的温和性等特点，评价者和评价对象缺乏专门的培训，容易导致评价拘泥于形式。

7.1.2 职校教师评价的意义

学校管理科学化的重要标志之一就是师资队伍管理的科学化，职业院校也不例外。教师评价是教师队伍科学化的正确途径，是实现学校管理化科学化的有效措施。教师评价是促进学校管理科学化的核心因素，是对教师工作现实价值的判断，是提升教育教学发展水平的有效途径。缺乏系统、科学的教师评价制度，将使教师管理的基本环节相互脱节而不能形成有序的机制，或者因环节不健全而失去应有的管理效果。科学有效的"教师评价"机制对于促进教师自身专业的提升和职业院校的长远健康发展具有不可替代的意义。

7.1.2.1 是甄别教师资格的重要手段

我国《<教师资格条例>实施办法》和《中华人民共和国教师法》等法律法规明确，教师资格条件包括：中华人民共和国公民身份、思想品德条件、学历和教育教学能力条件等4个方面。对教师进行客观、科学的评价，是使教师具备一定资格标准的重要手段。借助教师评价，即可以衡量每个教师的素质是否符合上述标准，及是否适合承担特定的教育教学任务。

7.1.2.2 有利于教师队伍管理的科学化

师资管理是学校管理工作重要组成部分，在学校硬件基础设逐渐趋于同质难以拉开差距的现实下，办学质量的高低一定程度上取决于其教师队伍的优良与否。因此，高质量的师资管理是职业院校所追求的目标。教师评价的指标体系和评价标准为教师队伍的科学管理提供了可靠的依据和客观的标准。在党和国家的教育方针和学校培养目标下，建立一定的指标体系，对教师的政治业务素质、教育教学能力等进行评价，为教师队伍的管理提供了科学标准和可靠依据。

7.1.2.3 有利于帮助教师提升业务素质

教师评价的指标和标准体现了党和国家对教师的要求，体现了学校的发展目标，不仅为广大教师树立了高质量教师的标准，也为教师自觉提高自身的政治业务素质提供了明确的方向。使用现代教育评价的理论和方法科学地衡量教师的工作质量，就能有效地督促教师按照评价标准来提高自己，达到提高教育教学质量的目的。科学的教师评价能够帮助教师发现其业务素质上的薄弱之处，并提出新的促进专业发展的意见和建议，以促进教师提高教育教学质量。

7.1.2.4 是衡量教师绩效的有效工具

教师评价可以评判教师是否履行了其应尽的职责，是否达到了教育教学的要求。构建科学、合理、统一的教师评价指标体系，形成具有效度和信度评价结果，是教师专业技术等级岗位晋升和绩效工资等的科学依据。

7.2 职校教师评价的发展与问题

自从有了"教师"这个职业，就有了对教师的评价。但长期以来，教师职业是一种相对"自治"的专业性职业，教师也没有面临严峻的挑战；因此，在实际上，即使到了近代人类历史之前，对教师的评价仍然是零星的、自发和无序的，而有系统的教师评价至今仅有半个多世纪的历史。

7.2.1 国外教师评价的发展历程

总结国外教师评价研究的发展历程，从中可以看出其发展的大致脉络——从奖惩性评价到发展性评价，再到将二者整合后浸润着绩效管理思想的评价体系，成为"区分型教师评价"的理论变迁基础。

20世纪50年代末到80年代，关注学生学习结果的"奖惩性教师评价"被创立并在实践中广泛使用，其又称"教师效能评价（Teacher Effectiveness）"。在教师评价上，用学生的考试成绩达标与否决定教师的留任、晋升、提薪和解聘等考评结果，许多教育工作者把教师评价等同于一种定期"聘用或解雇"的人力资源管理机制，结果并不十分理想。英国1983年《教学质量》白皮书指出："雇主只有在对教师绩效的确切了解后才能有效地管理教师队伍，政府相信以此为目的对教师的绩效进行评价是十分必要的，并且它应当以校长或教研室主任对教师的课堂教学的观察，对学生的学习进行评价以及考虑教师对学校生活的贡献为依据……"[①] 而在这

---

① 涂勇英. 国外教师评价述评［J］. 外国教育资料，1993（5）.

之后，要求改革这种教师评价制度的呼声却很高。

在教师评价相关理论中，存在着两种对立的观点：一种是前面提到的"控制观"（controlling view），这种观点在教学效能的评价中强调教师的责任；另一种是"非控制观"，持这种观点的学者认为，大部分教师是胜任自己工作的，评价的目标应是帮助教师改进教学。[①] 发展性教师评价就是建立在"非控制观"基础之上的教师评价思想。"以评促改"，"评价不仅仅是为了奖惩，而是为了促进发展"，类似的评价理念早已日益深入人心。发展性教师评价的目标是帮助教师提高教育教学水平，是一种"形成性评价"，始终把促进人的发展放在第一位，并且在教育的各个环节上得到充分体现。20世纪80年代末，以英国为首的一些发达国家开始推行"发展性教师评价"理念，并受到了广大教师的欢迎。1986年，在名为"咨询、调解、仲裁服务工作组"的报告中指出："评价应被理解为不是一系列草率敷衍的周期性事务，而是一个连续而系统的过程，它旨在帮助每个教师的专业发展，有助于保证教师的在职培训及教师工作安排能适应学校及教师个人的需要；通过提高教师对工作的满意程度、根据更广的信息制度的更适当的在职培训和更完善的专业发展计划来提高信息的教育质量。"[②] 此后，英国政府逐渐放弃奖惩性的教师评价而采纳发展性的教师评价。1989年，发展性教师评价得到了英国国家筹划指导小组（NSG）的肯定，教育部在总结国家筹划指导小组的建议时指出："评价目标应是1986年'咨询、调解、仲裁服务工作组'报告所阐述的那样，它们写进教师评价的法规里……"这样，其教师评价目的主要完全转向促进教师的专业发展、学校的进步和教学质量提高的目的。但由于这一时期评价的标准模糊、评价的目的性较差、评价的过程和结果过度"温和"，使得发展性评价的实施并不十分顺利，尤其是，缺少"奖惩"压力的评价在实际效果上往往差强人意。

20世纪末，出现了突出奖惩性的绩效管理教师评价制度。这种教师评价制度将教师业绩与职位薪水挂钩，将适度的竞争引入教师队伍，在适当的压力和竞争下，更能提高教学质量，提高教育水平；这种评价制度不但

---

① 蔡永红.对教师绩效评估研究的回顾与反思［J］.高等师范教育研究，2001，（3）.
② 涂勇英.国外教师评价述评［J］.外国教育资料，1993（5）.

能够促进教师的创造性和主动性,更可以有效地提高教师的责任心和教学水平,大大激发了日本教育的活力。

7.2.2 我国教师评价的发展历程

针对我国教师评价的发展历程,有的学者曾在考证式的研究过程中,从先秦时期开始,将其缘起和发展的研究进行了"战略纵深"的拓展。具体来说,分为:经验考核时期(春秋战国到隋朝)、科举考试时期(606年-1905年)、系统发展时期(1905年-1985年)、变革探索时期(1985年-1992年)、成熟稳定时期(1992年至今),等几个阶段。这种划分及在其基础上的研究未免牵强。实际上,"教育评价"和"教师评价"只有在现代教育理论奠基后才成为一种自觉性的实践活动。现代教育评价始于20世纪30年代,以泰勒(Ralph.W.Tyler)为首的美国进步主义教育联盟组织在1933-1940年所倡导的著名的"八年研究"。不应该将之前教育活动中的朴素的、零散的"自然"性评价活动作为其发展历程中加以研究的对象,否则将使"教师评价"这一带有鲜明现代管理属性活动的研究走入误区,而且也是缺乏必要性的。

与欧美发达国家相比,我国的教育教学评价在理论和实践上起步都较晚。新中国建国初期,教师评价活动多属于"自然"性而不是自觉性的评价,缺乏科学的客观评价标准和制度。

自觉性的"教师评价"始于20世纪60年代,并因为众所周知的原因在"文革"期间停滞下来,"改革开放"后才得以恢复并走入"自觉"和科学发展阶段。

2002年,教育部下达了《基础教育课程改革纲要(试行)》等纲领性的教育改革文件,充分表明了我国政府和教育部门对新时期教师评价的重视与期待,指出:"要改变课程评价过分强调甄别与选拔的功能,发挥评价促进学生发展、教师提高和改进教学实践的功能。"

在我国现行的教师评价实践中,学校更多采用终结性评价,把奖励和处罚作为一种行政手段。虽然在不断吸收发展性教师评价思想,但奖惩性的手段和目的仍然在实际评价中占据重要的地位。值得注意的是,目前我国的"教师评价"特别是针对职校教师的评价尚缺乏深入的理论研究，至今还没有形成独立的、植根于中国的、系统的评价理论和具有操作性的科学的评价体系。职校教师评价改革该走向何方，应建立在对我国教师评价现状的调查分析与反思的基础之上。

7.2.3 评价系统存在的主要问题

实施教师评价机制改革，建立保障教学质量并有利于教师专业成长的评价体系，是我国教育体制改革的主要目标之一。在教师评价改革的理论研究和实践探索之前，首先要清醒地认识我国教师评价体系的现状。

当前，我国职业院校存在着两种不同的教师评价体系。一种是指向教师过去绩效的，为教师的加薪、晋级等人事决策提供依据的奖惩性评价，另一种是指向教师未来绩效的，为教师专业成长提供帮助的发展性评价。前者比较重视效能指标，实行自上而下的制度化考评，将评价结果作为对其进行奖惩的主要依据；后者注重教师的专业价值，主张在没有奖惩的条件下促进教师专业发展，会根据教师的工作绩效确定其发展目标，为教师提供相应的培训和自我发展机会。在现行的教师评价中，奖惩性评价制度已经根深蒂固，发展性教师评价制度的探索刚刚起步，未能形成完善的评价机制，严重影响着"教师评价"的公平、公正，直至教育事业的健康发展。在实施的过程中存在许多不容忽视的问题，突出地体现在以下几个方面：

7.2.3.1 评价机制不完善

目前，我国不少职业院校管理者对教师绩效管理认识不足，仅仅把教师绩效管理当作一项事务性工作来做，缺乏从战略的高度来系统设计教师绩效管理体系的能力和机制，职业院校战略目标无法通过绩效管理工作层层分解到教师身上，造成职业院校的整体发展战略与教师评价目标脱节，即使教师绩效管理工作做得再好也无法通过其有效地确保职业院校战略发展目标的实现。另外教师绩效管理的实施要牵扯到不少人的利益再分配，必然会遇到不少的阻力。在阻力面前，只有高层领导的积极参与，大力的支持与帮助，才能协同各种力量共同完成教师绩效管理工作。然而不少高层领导者对教师绩效管理关心不足,缺乏主动参与的意识和行动,造成大多数教师抱着绩效评价就是评"优秀",甚至以与已无关的心态应付了事。

7.2.3.2 重"输出性评价"轻"输入性评价"

一般地,理论界存在两种根本性输入性和输出性教师评价方法。目前,我国职校教师评价以后者为主要方式,即根据教学结果作为衡量教师业绩的主要指标甚至是唯一指标,并将之作为教师绩效奖惩的一种依据。在此情况下,教师过于重视学生的考试成绩,而忽视学生兴趣、情感和思维方式的培养,他们对平时的教学工作大多采取消极应付的态度,很多学校的公开课自然也就演变成一种教学表演和作秀,久而久之,教师就会失去教书育人的快乐和教学的热情。不仅如此,某些学校即使采取了诸如教学观摩、学生反馈等输入性的评价方式,在实际的操作过程中往往流于形式,并不能有效的促进教师的专业发展。

在所有的教学工作中,课堂是教师职业生涯中最基本的一部分,也是学生经历成长的必由之路。在课堂中,"教师与学生分享彼此的思考、知识与方法"。[1] 教师评价如果忽视了课堂环节对教师和学生成长的重要性,也就失去了教师评价真正的意义。

7.2.3.3 重惩罚性评价轻发展性评价

职校教师绩效管理的目的是通过教师绩效计划的制定、绩效实施的沟通、辅导与帮助,绩效结果的反馈与运用等系统过程,帮助其找出绩效实践中存在的问题及其原因,制定有针对性的解决方案,不断地提升其绩效能力和水平,促进其专业的成长。然而目前我国不少职校教师绩效管理的目的不明确,把职校教师绩效管理当成是发放年终奖金、课时津贴等奖惩的依据,忽视了教师专业成长的需要,无法有效促进职校教师绩效能力和水平的提升。

目前很多职业院校的教师评价中,评价考核的指标标准主要由学校的行政管理部门制定并组织实施,评价的结果与教师的职称晋升、酬金发放、评奖评优等挂钩,带着浓厚的行政管理和控制色彩。在实施的过程

---

[1] 吴刚平.解读教与学的意义.[M].华东师范大学出版社.2005(7)

中，不仅没有促进教师专业发展，反而形成各方面对评价目的的错误认识。在评价指标的制定上，教师与学生的参与度极低，职业院校并没有结合本校特色和教师与学生的特点进行评价指标的构建，只是行政管理人员依据个人经验单方面确定的，使得评价指标在制定方面存在着片面性。

职校教师评价目的有管理和发展之分，由此形成了奖惩性和发展性两种评价体系。奖惩性评价是把评价结果作为奖惩依据的评价方法体系。发展性评价主要是通过绩效沟通、反馈和指导，帮助教师提升绩效水平，确保教师不断成长的评价体系。职校教师是典型的知识型员工，大多具有良好的专业素质和学术水平，他们希望在职业院校发展过程中不断成长，希望得到别人尊重、信任和肯定，同时还渴望拥有一个较为宽松的外部环境等。然而目前我国许多职校教师评价体系只是为了确保职业院校短期管理目标，过多强调对教师的管控，仅把教师评价结果作为奖惩的依据，忽视了通过评价如何有效地促进教师专业成长。这是由于我国职业院校长期以来实行的是传统的人事管理，这种管理在绩效管理中表现出来的是"奖惩性评价"。它把教师绩效管理的目的简单地定位为实现职业院校短期目标的一种手段，将教师评价结果作为奖惩的依据，以此来对教师做出晋升、加薪、降级、解聘等奖惩决定。广大的教师的积极性无法有效调动，潜能得不到有效开发，造成他们采取"不求有功，但求无过"的消极态度对待教育教学任务。

职校教师绩效管理过程包括职业院校战略目标的分解与传递、教师绩效计划的制定、绩效辅导与帮助实施、绩效评价、绩效评价结果的反馈与运用。教师绩效管理强调从职业院校的战略目标出发，科学分解制定教师绩效计划。它注重绩效产生过程中的信息沟通和结果反馈，注重绩效评价结果的全面运用。

7.2.3.4 忽视评价对象的个体差异

职校教师由于从教时间、工作经历，以及知识经验、兴趣、性格等方面的不同，形成新手型教师、适应型教师、熟练型教师、专家型教师和问题型教师等不同发展阶段类型；另外职业院校也有教学型、教学研究型、研究教学型和研究型的类型之分，即有以教学为主，以科研为主和以教学与科研并重之分。

目前的教师评价基本采用同一方案、统一标准对教师进行评价，缺少过程性工作累计，评价过于主观，针对性不足，不能满足不同层次职校教师评价的需要。这种评价方式虽然节省了大量的人力和物力，保证评价统一性但同时也忽略了教师的个体差异，存在着很强的"区分性缺失"问题。

此外，职业院校学科门类众多，在学科之间均存在着教师评价的不可比性，如基础学科与专业课之间、人文学科与理工学科之间的学科特点不一样，科研条件不相同，甚至科研成果产生的时间、方式、方法等都有所差异。目前我国许多职业院校在进行教师评价时，忽视了学科之间的差异性，一味追求用统一的教师评价指标体系来评价所有教师的绩效，造成不少学科专业教师有着严重的不公平感，影响其工作积极性的发挥。

7.2.3.5 评价主体缺乏培训

绩效评价主体培训的缺乏是造成职校教师绩效管理失效的重要原因之一。绩效评价主体在考核前缺乏必要的基本素质和关键技术培训，在考核中不能把握好评价的规则和内容，也无法克服晕轮效应、首因效应等心理弊障的影响，造成绩效考核的公正性和科学性严重不足，绩效考核结果无法作为制定教师成长计划的基础和培训依据。

7.2.3.6 评价过程沟通不畅

职校教师绩效管理的目的在于通过教师绩效管理过程，帮助职校教师找出绩效实践中存在的问题及其原因，不断地提升其绩效能力和水平，促进其专业的成长。教师评价结果的反馈是提升职校教师评价效果的一个重要环节，它有利于职校教师正确认识自己，不断地修正自我来提升其绩效能力和水平。持续不断地双向沟通更有利于信息共享、优势互补，还可以消除信息不畅造成的误解和抵触等。

然而，现行的教师评价理念及体系忽视了评价沟通与交流。教师作为被评价者，既不了解绩效考核标准、内容和过程，也无法从绩效评价中发现自己工作中存在问题的原因和今后如何改进绩效等，始终处于被动的被评价地位。在教师工作中要想产生良好的评价效果，就要为教师和学生创造和提供表达自己的意见、需求的机会，评价才能发挥切实可行的、有意义的作用。在教学评价规章制度内容和评价指标的构建上，很多职业院校都忽视了教师和学生主体的参与性，使得教师和学生在评价中处于被动地位，未能有效发挥参与权、监督权和决策权等，甚至出现了雷同的内容，没有结合职业院校自身的特色和教师与学生特点来设定评价指标。

7.2.3.7 评价方式过于简单

职校教师评价方式就是指绩效评价所采用的评价方法和步骤等。目前我国大多数职校教师评价方法太过简单。另外教师评价资料来源单一，评价信息处理也极为简单等都造成教师评价不能有效反映教师绩效水平，无法客观、全面、公正评价教师绩效，也无法对教师的绩效改进提供指导和帮助。

同时，现行教师量化的评价虽然有助于统计、运算、比较、选拔，但教师劳动具有复杂性和创造性，很多教学行为和效果难以用量化的指标进行衡量。有效的教师评价在于发现其潜在价值，为教师找到更多的发展自身潜能的机会。

7.2.3.8 评价结果利用不足

绩效考核结果的运用是绩效管理体系运作中最重要的一个环节，它强调如何将考核结果用于促进教师的专业成长，对教师进行有针对性的指导、帮助和培训，挖掘其潜能，以提升其未来绩效。目前我国职业院校绩效考核的结果的使用出现两种极端：一种是根本不用，不仅造成绩效考核资源的巨大浪费，也使得绩效考核过程变为走形式、走过场的一种工具；还有一种情况则是职业院校管理者滥用绩效考核结果，把其当成对教师奖惩的依据，评价结果成为威慑教师的帮凶，教师的潜能不仅得不到开发和重视，还助长了其急功近利思想。

现行的教师评价对教师工作水平和效果等做出评价，然后将评价结果汇总反馈给教师，评价至此结束。有些职业院校甚至没有将评价结果反馈给被评价的教师，出现为评价而评价的趋势。多数教师反映目前的教师评价流于形式，评价成了职业院校的一项任务而不是职责。这种外部评价往往会存在一些主观因素，出现了不公平、不可靠、不真实的评价结果，评价无法真正反映教师教学活动的实际情况，打击了教师工作的积极性和主动性。

教师评价主要是对教师教学效果和科研能力等方面进行评价，教师作为评价对象，最了解自己在课程设计、教学方式、教学过程中的优势和劣势，他们能对教学活动有着最大的发言权。理论上讲，教师的自我评价应该对教师的评价结果有很大的参考作用。对教师评价的再评价有助于我们及时发现教师评价体系方面存在的问题，科学进行绩效管理工作，调动职校教师在绩效管理中的积极性，进而改进和提升教师绩效水平与能力。

但在实践中，本应作为绩效评价对象的教师严重"缺位"，职业院校的教师评价一般是由学校领导一手控制实施，易形成管理主义倾向。少数教师即使参与了，对评价指标、评价原则、评价的操作程序和评价结果的影响等方面也缺乏足够的话语权，对评价结果的形成没有实质性的影响和作用。这在很大程度上影响了教师工作的积极性，他们不得不以旁观者的姿态看待绩效评价，缺乏对绩效评价应有的认同感，阻碍了教师专业的发展。

由于评价反馈机制的缺陷，教师没有收到评价结果的反馈，有的职业院校对评价结果秘而不宣，甚至只是将评价材料存档在案。教师无法通过评价结果了解到自己在教学过程中存在的问题，不清楚自己的教学效果，不知道如何改进教学方法，朝着什么方向努力，大多数教师并不能通过评价切实地提升自己的教学质量。

针对当前教师评价中存在的各种弊端，为了能更好地提高教育教学质量，调动教师的积极性，实现教师的专业化发展，教师评价体制和方式必须进行改革。首先要明确，教师评价不只是为了管控教师，更多是为了促进教师专业成长，因此我们应该在发展性评价与奖惩性评价中寻求平衡点，构建出区分性评价体系，提升职校教师评价工作的针对性和科学性。

7.3 区分性教师评价

7.3.1 区分性教师评价运动

如前文所述，从1983年的教育质量调查报告《国家处在危机中教育改革势在必行》开始，教育质量问题就始终是美国教育改革的重点和难点。

从这一阶段开始，各种教育报告及方案都指向同一个观点：教学的有效性与学生学习成就之间高度相关，教师的教学水平是影响学生学习的最重要因素。尽管从传统型教师评价到发展性教师评价，教师评价制度实现了重大转变，然而随着教育改革实践的推进，发展性教师评价却无法解决一个难题，那就是以人为本理念下教师的个性化发展需求。随着对人本主义理念的推崇，各国在致力于追求教师队伍长远发展的同时，越来越认识到：要真正激发教师工作积极性，就必须以教师自身的发展为本。然而，不同教师的专业发展阶段、个人发展需求及性格特征等均存在差异；发展性教师评价虽然解决了重视教师长远发展的问题，但其过分强调教师专业发展的同一性，在评价指标体系构建上采用无差别的评价标准，难以有效评价每一位教师，无法实现教师个性化专业发展需求。从根本上来说，发展性教师评价过于强调教师的教学技能，缺乏对教师的成长过程及教师所处的不同发展阶段的考量，也没能将有经验教师和新教师的特点区分开来。

能否有一种教师评价制度既关注教师长远专业发展，又能适应不同教师不同专业发展阶段的个性化需求？"区分性教师评价"应运而生。区分性教师评价由"区分性督导制度"演进而来，对其相关研究对区分性教师评价制度起到了重要的促进作用。在实际的研究中，有时将两者等同一事。高加夫和威利尼奇（Graf & Werlinich, 2003）认为，要更好地促进学校发展，就要先创设一个信任和道德环境，在这样的环境中，采取区分性督导并使得督导策略满足每位教师的需要和特征。[①] 撒迦利亚和约瑟（Zachariah & Jose, 2000）认为，要达成区分性督导的作用，督导者应根据教师自身的发展水平和需求选择合适的督导方法，使教师能进行自我指导式的发展；教师以个体或群体的形式通过参与具体的观察、试验和反思等活动促进自身的发展；管理者应致力于营造有利于专业发展与合作的文化氛围，如团队计划和共享等，创造同伴实践型的反思文化。[②]

---

① Graf, O.Werlinich, J. Differentiated supervision & professional development：Using multiple vehicles to drive teaching & learning from good to great [C]. Paper presented at the principals' Academy of Western Pennsylvania, Pittsburgh, PA, 2003：68.

② Zachariah Wanzare, Jose L. da Costa. Supervision and staff development：Overview of the literature.[J]. National Association of Secondary School Principals, 2000：47

总体而言，"区分性教师评价"运动的兴起，既有人本理论、发展性评价理论、反思性评价理论、差异化管理理论和职业发展阶段理论等广泛兴起的评价理论作为基础；也有发达国家日益注重教师专业能力提升、关注教师个性化发展的现实需求。

7.3.2 "区分性评价"的理论基础

20世纪60年代开始，教师评价开始被持续不断地关注，成为教育管理理论研究领域重要的、不可或缺的一部分。研究人员把"教师评价"作为提升学校教育教学质量的一种关键性的机制，教师质量对学生学习的重要性受到越来越多的关注。

"区分性评价"吸收了奖惩性评价和发展性评价等评价理念的优点，克服了其不足之处，在对以往多种教育评价理论借鉴与批判的基础上，形成一种综合性的教师评价制度体系，其理论基础相对较为广泛。通过总结20世纪90年代以来相关学术研究及教育改革的实践发现，构成区分性教师评价的理论基础主要有两大类：一类是围绕着教师评价与教师专业发展、教育质量提升的逻辑关系问题展开的。区分性教师评价融合了反思性评价理论和发展性评价的思想，一方面，明确了教师专业发展是教育质量提升的重要途径，使人们认识到教师专业发展的重要性；另一方面，厘清了教师专业发展与教师评价之间的"目标——工具"关系，即教师专业发展是教师评价的目标，而教师评价则是促进教师专业发展的重要工具。另一类是在明确教师专业发展、教师评价和教育质量提升三者逻辑关系的基础上，围绕从哪些维度能更好地运用教师评价促进教师专业发展，继而提升教育质量的问题进行的，即教师评价维度划分与教师专业发展关系问题的理论。一方面，区分性教师评价在结合差异化管理思想的基础上认为，从横向来看，同一时间段里不同教师的发展水平和需求各有特点，且每位教师的专业发展途径也会有所差异；另一方面，区分性教师评价在结合职业生涯阶段理论思想的基础上认为，从纵向来看，教师的职业生涯发展是一个漫长的过程，其在不同的发展阶段存在不同的需求特点，按照统一的评价方式进行评价和提供发展动力难以取得好的效果，应对不同教师群体采用具有区分性的评价方式。

因此,"区分性评价"理论可以从奖惩性评价、发展性评价、复合性评价及反思性评价等理论追踪溯源,而差异化管理理论(分类管理)和职业生涯阶段理论等共同构成了区分性教师评价的主要理论基础。

反思性评价理论是对传统奖惩性评价理论的批判,教师专业发展的重要性成为区分性教师评价的逻辑起点;发展性评价理论是对教师专业发展与教师评价的"目标—工具"关系的明晰,因此,这一理论基本上构成了区分性教师评价的思想基础。差异化管理理论以横向的教师评价维度区分构成区分性教师评价的研究基础;职业生涯阶段理论则以纵向的教师评价维度区分构成区分性教师评价的另一研究基础。

7.3.2.1 基于复杂情境的反思性实践

20世纪80年代中期,施瓦布和舍恩关于"反思性实践家"的概念和以"活动过程的反思"为核心的实践性认识论获得了教育管理专家们的普遍认可。虽然"教学"作为一种社会活动,自身的价值非常高,但是由于教学实践中所面对问题的复杂性与综合性,以及由此所带来的不确定性,使教学这一职业一直被归于"二流职业",即:它很难构成知识的序列性层级结构(以纯粹科学为顶端,其下层是应用科学,再下层是应用技术,最底层是现实问题解决的实践)。学科理论专家无法解决教学中学生碰到的复杂问题,它的解决需要教师运用自身实践经验中培育的"默会知识"——实践知识和能力,构筑其与学生间的对等关系,求得问题解决。它不强调教师对于学生和家长的权力,而是强调教师与同事和教育研究者的平等合作关系,以及学生与教师、家长之间的民主式亲和。这种对教学情境复杂性和教师教学知识个性化的认识,是区分性评价思想和理论提出的发轫。

芝加哥大学的施瓦布教授指出,研究者和教师分别具有"理论方式"的话语和"实践方式"的话语。"理论方式"话语的特征是,其目的在于形成新的知识,其内容在于表达对特定事实的严密认识,其方法在于从已知知识过渡到可能解决的未知知识;而"实践方式"话语的目的与其说是指向特定知识的形成,不如说是旨在形成解决实践问题的决策。其认识的内容不是严密的、特殊的知识,而是综合多样理论所获得的总体性的知识,其方法立足于不确定前提下未知问题的解决。① 由于教师的"实践性知识"是依存于有限情境的一种经验性知识，同研究者拥有的理论知识相比，尽管缺乏严密性与普遍性，但极具生动性、活跃性。教师的"实践性知识"所具有的个性，是以每位教师的个人经验为基础的。教学对于教师来说，是在在复杂的文化和社会背景下产生的，旨在解决复杂问题的持续不断的判断与选择的过程；教师要在这种复杂的语境中展开实践性问题的解决过程，就需要进行实践性的思考。显然，由于教学情境的多样性、复杂性和教师教学水平的不同，教师"实践性思考"的方式不仅不同，而且水平也不一样的。比如，日本学者佐藤学在比较"资深教师"与"初任教师"的教学监控过程后指出，创造性的资深教师与初任教师的"实践性思考方式"相比具有五个明显特征：② 实践过程中应对时刻变化的即兴性思考；对于不确定状况的敏感及对于问题表象的熟虑；实践性问题的表象与解决中多元视点的综合；建构实践情境中所产生的问题现象相互关系的语脉化思考，即问题表象与解决中的背景化思考；基于教学展开的固有性不断重建问题表象的思考方略。教师是反思性的实践者，促进教师成长的最强烈的动机，来自于教师对自身实践的省察和反思，来自于教师发展的内在兴趣。正如佐藤学对资深教师的阐述一样，斯腾伯格等人从知识、效率和洞察力三个方面对专家型教师的特征做了概括。关于知识，他们认为：专家和新手之间最基本的差异在于专家将更多的知识运用于专业范围内的问题解决中，并且比新手更有效，专家型教师的这种知识优势即是体现在与书本知识相对的个人实践性知识方面的优势；关于效率，他们认为：专家解决问题的效率不仅和他们有效地计划、监控和修正问题解决途径的能力有关，而且和他们将熟练的技能自动化的能力有关，这种综合多种学科旨在解决问题的能力也属实践性知识；关于洞察力，他们认为：这与"选择性编码""选择性联合""选择性比较"有关，"选择性编码"意味着区分与问题相关的信息与无关的信息，"选择性联合"指以有利于问题的解决的方式将一些信息结合起来，"选择性比较"涉及到将所有在另一背景中获得的信

---

① ［日］佐藤学著，钟启泉译．课程与教师［M］教育科学出版社，2003：P227.
② ［日］佐藤学著，钟启泉译．课程与教师［M］教育科学出版社，2003：P227.

息运用到手边的问题上来。后两种能力也是一种实践性知识。所以，新手型和专家型教师在实践性知识和能力方面形成和存在着较大的差距。①

基于上述原因，教师评价如果意在改进教学，促进教师专业成长，就必须考虑不同教师"实践性思考"方式和水平的不同，并以此为指导，对不同教师做出"区分性"的评价。

综上所述，教师在复杂情境中进行教学，需要彰显他的实践性知识和能力。这种知识和能力，不是仅仅靠灌输一些教育学和心理学理论就能培养出来的。它需要在一个相互关心和合作的氛围中，通过尊重不同教师专业成长的需要，凸显不同教师的个性来实现。反映在"评价"上，就需要对教师进行区分，认识不同教师所特有的个性化实践知识，并做出相应的、有针对性的评价，以便切实起到激励和发展的功能。

7.3.2.2 教育哲学中应有的关心模式

相比较其他职业，教师的工作是繁重而枯燥的，备课、上课、批改作业、组织和完成学生的学业考试，等等，除此之外便是等待被考核或被评价。职业的特殊性使然，教师每天基本上是各自为政，很少有机会敞开心扉与他人交流，相对而言处于孤立与无助的状态，特别是在英美法系的国家，教师并未被纳入国家公务员行列，社会地位不高。这是众所周知的事实，伴随这一事实的是教师深刻的"职业倦怠"。据美国教育协会（National Education Association，NEA）调查，美国现职教师中有约30%想改行。②面对这种令人担忧的"职业倦怠"感，仅仅考虑提高教师的经济地位是不能奏效的，教师更多地期望精神上的报偿，以及相互的合作与关爱，也包括对时代共同使命的追求。20世纪以来，教育管理者始终在强调：学校必须充分重视学生发展的多样性，建立一个充分关心而不是竞争的环境；但是却很少考虑学校也要重视教师专业发展的多样性，应该在教师中间建立一个充满关心而不只是竞争（即使是良性的）的环境。学校往往以简单划一的标准衡量教师，并进行分类划等，形成优劣排序。这只能在教师中间孕育出互相竞争甚至是敌视的环境。真正能够促进教师发展，

---

① ［美］斯腾伯格，霍瓦斯.专家型教师教学的原型观［J］.华东师范大学学报，1997（1）.
② 刘维良编.教师心理卫生（第11版）［M］.知识产权出版社，1999.

并使教师感到精神愉悦的环境，应是一种关心的环境，一种教师不同的天赋、能力和兴趣被给予充分关注的环境。

美国斯坦福大学的内尔·诺丁斯教授吸收德国哲学家马丁·海德格尔的思想，从本体论的高度，把"关心"作为人类的一种存在形式。她说："所有有认知能力的人都在关心着人或者事物，这是人之所以为人的一种标志。"① 诺丁斯的提倡使得"关心"成为一种可供选择的教育模式，"关心伦理"成为建立学校新型人际关系的基础。诺丁斯认为，关心意味着一种关系，其最基本的表现形式是两个人之间的一种连接和接触。"当我真正能关心一个人时，我就会认真去倾听他、观察他、感受他，愿意接受他传递的一切信息。"② 关心是面向个体的行为，在解决关心的问题时，程式化思路具有致命弊端，它不能带来真正被"关心"的感觉。关心需要因地因人而采取不同的策略。换句话说，关心拒绝普遍性。诺丁斯举例说："关心有时需要严厉，有时需要温柔。对于那些冷峻严肃的人们，我们的关心更多的是表现一种敬慕和尊重；而对于温柔随和的人，我们的关心则更多的通过拥抱和其他外显形式表达出来。有时，关心只需要几分钟的注意；而有的情况下，关心则需要长期不懈的努力。"③ 职业院校中每个人的情况是千差万别的，因此，我们之间彼此关心的方式也应该有所不同。诺丁斯从更为宽泛的意义上指出："对各种关心领域的重视和能力的开发必须要考虑……各种差异，由此产生的各种见解和主张也必须得到及时的尊重和富有建设性的处理。"④ 诺丁斯把"关心"确立为学校生活中的一种关系伦理，这对我们有着重要的启示。学校生活只有围绕关心来组织才可能彻底改变控制的取向，创造宽松、自由、和睦、关爱的氛围，使教师在忙碌的职业生涯中找到精神的家园，免除教师的"职业倦怠"。从这个角度出发考虑问题，评价作为教师发展的重要的战略因素，如果利用不当，必然会沦为一种"控制"教师的简单化的手段，并使得"关心"缺失。一方面，一直以

---

① ［美］内尔·诺丁斯著，于天龙译.学会关心—教育的另一种模式［M］.教育科学出版社，2003：P27.
② ［美］内尔·诺丁斯著，于天龙译.学会关心—教育的另一种模式［M］.教育科学出版社，2003：P2.
③ ［美］内尔·诺丁斯著，于天龙译.学会关心—教育的另一种模式［M］.教育科学出版社，2003：P2.
④ ［美］内尔·诺丁斯著，于天龙译.学会关心—教育的另一种模式［M］.教育科学出版社，2003：P51.

来，教师评价的内容更多的把着眼点放在课堂教学上，师生生活和教师职业的发展等问题被置于无足轻重的地位，这使得传统教师评价过于狭隘。另一方面，无论是社会、学校还是家长，都更为注重学生的学业成绩和就业率，等等，所有学校的一切工作都是围绕这个重心展开的。因此学校和行政管理人员没有时间，也没有耐心倾听教师的心声，了解教师自己的人生愿望和发展方向，当然更不可能为他们对自己人生的设计提供相应的支持。教师评价所一直遗忘的一个事实是：教师是千差万别的，没有一种评价和支持模式是适合所有人的。我们进行教师评价的目的，不仅仅是考核教师，更是为了培养一个完整的人，为不同的教师提供多样化的发展选择。从关心出发，充分考虑每个教师的差异，与每一位教师建立一种富有建设性的接触，这应该成为教师评价的逻辑起点。

7.3.2.3 差异化管理理论

差异化管理思想是分类管理的基础，其关键性的论点在于，正是由于组织的工作任务和员工的特长等存在差异，因此应进行恰当的"区分"来使每一个员工配置到最恰当的工作任务当中。差异化人力资源管理能够充分利用个体差异带来的互补增值效应，在工作实践中进行人职匹配调整，为员工提供不同的职业发展阶梯，从而实现人力资源优化配置。

当前，"教师评价不应追求一次性、放之四海而皆准的制度方法，而应是一个基于支持教师发展和提高教育水平的综合性系统"[①]这一观点已得到国内外教育界的普遍认同。

1. 理论的起源和发展

早在"科学管理"时期，以泰勒为代表的学者就提倡通过社会分工来提高社会生产效率，而社会分工本质上就是一种差异化管理（分类管理）。差异化管理理论在引入教育界以后受到极大重视，不仅由于不同层次学校所开展管理的模式有差异，而且由于学校需要提供有针对性的个性化教育。随着社会对教师知识和专长的日益重视，以差异化理论为基础的分类管理也被引入到教师管理工作中。

---

① National Institute for Excellence in Teaching. A Teacher Evaluation System That Works.2010（8）.

2. 该理论的主要观点

（1）正确看待因个体差异而导致的冲突

组织成员对组织的异议、组织内部的压力和焦虑是组织不可缺少的活力因素。如果过分追求和谐化与同质性，那么不管其成员之间关系多么融洽，却无法弥补组织内部应有的多样性、创造力和新思维。

（2）"适才适岗"的选拔程序

人们力求使自身的个性、兴趣和将来的职业准备密切相关，不断寻求能够获得必备技能并发展兴趣的职业，即与自己"相适合"的职业。对人员的选拔应从分析空缺职位开始，不仅要求候选人的职业发展和组织文化有一定的契合，还要充分考虑候选人在心理、兴趣以及技能等方面的个体差异，真正做到"适才适岗"。根据组织成员的个体差异特征为员工提供不同的职业发展阶梯，使每项工作都由适合的人来承担，实现人力资源的优化配置。

通过一段时间的培训、自我调整等社会性学习过程，在工作实践过程中还应该进行人职匹配调整，考虑员工的个性特点是否与工作环境相适应。不仅在纵向职位调整上考虑员工个性心理因素有重要意义，还要在横向职位调整上考虑员工的个性差异。

（3）差异化的教育与培训

差异化管理模式根据组织成员的个体差异进行教育和培训，在此基础上做到"适人适岗"。这样做的目的是使个体对组织的目标任务有着明确的了解并为之努力，也使组织中的成员对自己及他人有着深入的认识，从而使个体在组织中的自我定位更加准确，组织更易发挥其整体优势。对不同个性特征的成员在其职业发展道路上给予区别性的指导、设计，既能发挥员工的潜力，又优化了组织资源的配置。

（4）尊重个性差异的组织文化

将个性差异管理上升到组织文化层面，在软性制度上保证其得到更广泛地认可，树立个性差异管理意识，建立相应的行为准则。在创建尊重个性差异的组织文化时值得注意以下几个方面：创建尊重个性差异的文化，并考虑该文化特征与组织的核心价值观相融合的程度；建立积极应对差异的价值观；管理者对员工培训的项目中包含个性心理的理论知识，并提供相关的测量工具和方法，建立完备的员工个性心理档案；高层领导积极参与个性差异管理政策的制定和执行。

总之，差异化人力资源管理模式积极看到组织中的个体差异所带来的冲突，基于组织成员的个性特征实施"适才适岗"的选拔程序，在实践中进行人职匹配调整，为员工提供不同的职业发展阶梯，对组织成员进行差异化的教育与培训，并创建尊重个性差异的组织文化，从而实现人力资源的优化配置。只有认识并有效地利用组织成员的差异，才能使组织既保持和谐与稳定，又富有生机与活力。

3. 对区分性评价制度建设的意义

由于教师工作存在特殊性，不同岗位的教师所担任的工作可能差异比较大，如行政岗位教师和教育岗位教师，迫切需要根据教师的工作任务来采用不同类别的管理模式，以开展教师评价、聘用、激励等各方面工作。这为"区分性教师评价"理论的形成起到了积极的引导作用，具体而言，可以从以下两个方面来考察差异化管理理论在区分性教师评价制度建设中所起的作用：

（1）为不同教师类型的划分提供了思想指导

差异化管理承认管理对象的差异性，因此提倡为了提高管理的有效性应采用针对性的差异化管理方式。而在同一时间和学校组织内，由于教师类型以及学校发展阶段均会有所差异，因此需要根据工作任务和个人发展阶段对同一学校内的教师群体进行划分，以便于评价及相关管理工作的开展。在构建区分性教师评价体系中，学者们对一般将教师群体划分为四种类型：新手型、经验丰富型、问题型和适应型教师。学者丹尼尔森和麦克格利尔对前三类教师加以区分并定义："新手型"教师一般指在试用期内的实习教师、刚参加工作0-4年的教师以及近期跨学区调动工作的教师，这类教师专业成熟程度较低，需要在评价中获得更多督导和反馈，从而获得专业成长的认同感及应对职业发展的困惑；"经验丰富型"教师则是指有经验的教师，尤其是已获得终身任职资格的教师，他们任教时间较长，对专业教育实践已较为熟练，能自主确定实施并完成专业发展计划，因此在整个评价中的自主参与程度比例可以更高一些;"问题型"教师则是指教育上存在困难的教师,这类教师在明确有效教育标准的特定方面存在特殊帮助的需求,需要由教育研究专家、学科专家及其他教师给予特定指导和帮助。其他学者在新手型教师和经验丰富型教师之间增加了一类适应型教师,指的是从教时间一般为 4-10 年、已较为熟悉常用的教育方法并开始形成自我教育风格、但教育水平还不是很稳定的教师群体。另外它还包括一些从教时间在 10 年以上、心理和专业成熟度还不是很成熟的那些教师。目前,闻名世界的美国联邦州际教师评价与支持联盟(INTASC)将教师划分为实习型教师、新手型教师、成熟型教师和专家型教师四种类型,正是顺应了上述理论的要求。

(2)为评价指标的区分提供了借鉴

在同一时间段内,任何一所学校中均存在不同类型的教师,如若采用同一套评价方法来对全体教师进行评价,必然会导致评价结果对部分教师的不公平。如对刚参加工作的新手型教师和已工作多年的经验丰富型教师采用同样的标准评价,使得新手型教师难以达标并且造成较大心理压力,而对于经验丰富型教师则可能标准过低而无法形成工作的激励性。因此分类管理理论提倡的不同目标对象采用不同管理指标方法的思想,启示了区分性教师评价对不同教师类型应构建不同的评价指标体系。学者们均认为区分性绩效评价制度应通过不同的评价指标来体现不同评价对象的需求特点,即为不同对象的评价在指标数量和方向上都应有所区别。在指标数量上,美国的一些学校采取渐进地增加评价指标的方法来使新手型教师能有一个适应工作的过程,即对于刚参加工作第 1 年的新教师只评价指标体系 22 个中的 10 个基础指标;在第 2 年的评价中增加另外 6 个扩展指标;在第 3 年评价中再增加最后 6 个高难度的指标。① 而在指标的衡量方向上也应有所区别,如对于新手型教师应以评价其掌握基础教育技能为主,对于经验丰富型教师则可在结合其专业发展优缺点及专业发展兴趣的基础上,根据上一轮绩效评价的结果来确定其今后发展目标和计划,而对于问题型教师

---

① Charlotte Danielson. New Trends in Teacher Evaluation [J].Educational Leadership,2001,(5):12.

的评价指标在一部分上可以与新手型教师相似,即帮助其重新学习基础教育技能,并对其存在的教育困难制定有针对性的整改指标。

7.2.3.4 职业发展阶段理论

随着社会和教育机构对于教师专业化的重视,从 20 世纪 60 年代末开始,职业生涯阶段理论被引入到教师发展研究当中,并涌现出大量教师职业生涯方面的研究。学者史密斯于 20 世纪 80 年代提出了教师培训的知识基础(Knowledge Base)。对教师培训的知识基础的重视正是教师职业发展阶段理论的一个研究切入点。学者们认为系统的职业知识培训是教师专业发展的基础。而根据皮亚杰的认知发展理论,个体在知识建构从低级向高级水平发展的过程中遵循着一定时间发展顺序,因此可以从教师个体从教开始,依据教育时间的推进,将专业能力的提升划分为不同的职业阶段。学者柏林纳将教师教育专长的发展划分为新手、熟练新手、胜任型教师、业务精干型教师和专家型教师五个阶段,并且指出不同的发展阶段中教师具有不同特点的教育专长。

1. 理论的起源和发展

职业发展阶段理论源于 20 世纪 40 年代起心理学、社会学等学科对于职业行为和生涯发展的研究。该理论代表性学者萨柏将个体职业生涯发展氛围探索期、立业期、维持期、衰退期四个阶段。而学者莱文森根据其生命阶段理论提出职业生涯发展与人的生命周期是密切结合的,30 岁、40 岁、50 岁左右分别是人的生活结构转型期的时间点,因此以时间点为分界划分为不同的稳定期,并且在每个稳定期中,个体都有不同的职业目标与价值观。

2. 该理论的主要观点

职业生涯是一个人长期的职业发展经历,且在其不同的发展阶段,有着不同的职业需求和人生目标,"职业生涯发展阶段"的划分是职业生涯规划研究的重要内容。对于发展阶段的划分标准和范围,有着不同的观点。施恩(美)根据职业状态和职业行为的重要性,立足于人生不同年龄段面临的主要问题和职业任务,将职业生涯分为 9 个阶段;格林豪斯依据人生不同年龄段职业发展的主要任务,将职业生涯划分为 5 个阶段。而被理论界广为推崇的是萨柏的划分法和解释,其职业生涯发展阶段是一种纵向的职业指导理论,对个人职业倾向和选择过程本身进行研究,把人的职业生涯划分为五个主要阶段,分别是:成长、探索、确立、维持和衰退,且每一个阶段均有大为迥异的"主要任务"。

3. 对区分性评价制度建设的意义

这些关于教师职业生涯发展的理论和模型均极大地促进了各国教师专业化发展。具体而言,教师职业发展阶段理论在美国区分性教师评价中所起的指导作用,可以从以下两个方面来考察。

(1)为评价对象的划分避免绝对化提供了思想基础

职业发展阶段理论扎根于发展心理学。该理论认为,人的职业生涯是由多个阶段连续而成的发展过程,每个阶段中个体的心理需求与特征均存在差异。因此教师职业发展阶段理论尽管把教师的职业生涯划分为不同的阶段,但由于这些职业阶段并非相互独立割裂,而是以连续的形式出现在教师个体的职业发展中,因此对于教师职业发展的认识应该建立在动态发展的基础之上。正是教师职业发展阶段理论这种动态发展的观点,指导了区分性教师评价在教师个体对象的类别划分上也并非是绝对的,其会随着教师职业生涯的发展而不断变化。如图7-2所示,按照正常教育生涯发展途径,一名新手型教师可以通过其职业生涯的不断发展转变成为适应型教师,甚至是经验丰富型教师。因此伴随着每位教师的职业知识和能力的转变,其所处的职业发展阶段就会出现转变,而对其的类型划分也应随着发生变化。

(2)为区分性教师专业发展计划的制定与实施提供参照

教师职业生涯发展阶段理论使人们认识到教师职业生涯是一个不断学习、不断接受教育的连续变化的过程,因此"终身教育"应当贯穿于教师的每一个职业生涯阶段。学校应根据教师不同发展阶段的需求制定不同的专业发展计划,充分运用教师培训教育促进教师职业发展。而区分性教师评价的目的不仅是为了得到教师的绩效考核结果,而且更是为了根据评价结果来推动教师的专业发展,因此在制定教师的专业发展计划时就应根据其划分类型而各有不同的侧重点。具体而言,新手型教师的专业发展计划应当通过有效的外部督导评价来解除其对教育工作和个人职业生涯发展的困惑，引导其尽快建立良好的教育反思与职业生涯规划能力，避免在教育生涯初期形成错误的观念及行为习惯，从而为其顺利过渡到适应型教师，甚至是专家型教师打下坚实的职业生涯发展基础。适应型教师由于处在职业发展快速上升的关键时期，既需要外部评价来帮助其尽快进一步扎实的教育基础技能，又需要自我评价来引导其理清教育思路、创新教育风格方法，因此适应型教师的专业发展计划侧重于外部评价与内部评价相结合。专家型教师在专业发展计划上更多侧重于自主计划为主，使其在职业发展中能结合自身专业发展兴趣获得更大职业规划自主权，而与此同时，通过包容灵活的外部评价来进一步辅助自我内部评价的完善。而对于问题型教师来说，则需要有更具体的评价数据作为基础性材料来提供一些有针对性的帮扶改进项目。以美国马萨诸塞州的专业发展计划评价（根据新的马萨诸塞州教师评价法规）为例，将教师专业发展计划分为四种类型：教师发展计划，自我定向发展计划、定向发展计划和改善计划。[①] 除教师发展计划外，其余三类计划均可用于达到专业状态水平的教师（PTS），而自我定向发展计划则用于绩效表现等级为模范的经验丰富型教师评价。在得到相关评价人员的审查允许的基础上，自我定向发展计划的目标由经验丰富型教师自己设定。由于经验丰富型教师对学生的教学影响力等级一般可达到中高等级，因此目标设定后一般以两年为周期，在第一年年末进行形成性评价，而在第二年年末进行总结性评价。

综上所述，差异化管理理论表明，从横向维度看，同一时期、同一组织内必然存在不同类型的教师个体；而"职业生涯阶段理论"则指出，从纵向维度看，同一教师个体其在职业生涯发展的不同阶段会有着不同的思维方式、教学习惯和实际表观等。从而，"区分性评价"主张从纵向和横向两个维度，采用具有区分性的评价方法对不同教师类型和同一教师的不同发展阶段开展科学的评价。

---

① National Institute for Excellence in Teaching. A Teacher Evaluation System That Works.2010（8）.http：//eric.ed.gov/?q=Differentiated+Teacher-Evaluation&id=ED533381.

7.3.3 "区分性评价"的理论变迁

"区分性评价"的前提是：教师的发展水平和需求是参差不齐和各具特色的，如果按照统一的标准和方式来评价教师，即使投入了大量的时间和精力，其结果往往会适得其反。管理者应对处于不同水平和具有不同需求的教师进行有针对性的评价，根据教师的发展水平和需求采取适切的措施并使之制度化。

7.3.3.1 奖惩性教师评价

奖惩性教师评价的存在承载着特定的社会价值体系，因而有其存在的必然性和合理性。它是实现"教师能进能出、职务能升能降、待遇能高能低"的动态配置的客观要求。在计划经济时代，我国的教育评价机制中突显"平均主义"，即不管教师劳动贡献大小，一律付给相同的劳动报酬，这种做法挫伤了教师工作的积极性。一般而言，如果教师劳动价值得到了合理的经济回报，则教师敬业乐业精神高涨；若得不到合理的经济回报，则教师会出现不满情绪，甚至会另谋高就。这在部分地区已是不争的事实，东南沿海地区的经济发达水平吸引着优秀教师抛弃本应拥有更多师资资源的欠发达地区院校向着发达地区院校大量地流动，直接引发了教育的"不均衡"。

奖惩性教师评价的特点主要是：重视效能指标、以量化考核为主要手段、实行自上而下的制度化考评，并依评价结果对教师实施奖励和形成等级工资。

7.3.3.2 发展性教师评价

"发展性评价"是以教师的主体性发展为目的的评价，是对区分性教师评价理论形成影响最为直接的理论。在实际的研究中，有的学者将"区分性教师评价"当作"发展性评价"的下位理论概念。发展性评价理论强调对教师专业发展的促进作用，倡导将评价结果作用于教师工作的改进而非奖惩，使教师通过内心的体验，积极调整自己的工作方向和目标。评价主体和对象间可以建立有效的互相信任关系，双向互动。

发展性评价理论始于20世纪80年代中期，美国学者古巴（E.Guba）和林肯（Y.S.Lincoln）在对传统评价的批判基础上提出了"第四代教育评价理论"。在此基础上，20世纪80年代末，英国政府针对传统的教师评价体系过分注重奖惩，无法对教师形成有效激励的弊端，最先提出"发展性教师评价"这一概念。自此，以"第四代教育评价理论"和多元文化为背景，教师评价进入转型时期，美国相关部门和部分学者也开始将"发展性教师评价"作为一项制度加以倡导和推行。

作为一种"形成性"评价，与奖惩性评价以将成为目的相比，发展性教师评价的目标是在没有奖惩的条件下促进和实现教师的专业发展。华东师范大学王斌华教授归纳了"发展性教师评价"体系的十个主要特征，分别是："学校领导注重教师的未来发展；强调教师评价的真实性和准确性；注重教师的个人价值、伦理价值和专业价值；实施教师之间的评价；由评价者和教师配对，促进教师的未来发展；发挥全体教师的积极性，提高全体教师的参与意识和积极性；扩大交流渠道；制定评价者和教师认可的评价计划，由评价双方共同承担实现发展目标的职责；注重长期的目标。"[①]

作为重要指导理论之一，发展性评价为区分性教师评价制度建设所起的作用可以从以下三个方面来考察。

（1）为区分性教师评价铺垫了思想基础

发展性评价是对传统奖惩性评价的批判，它为区分性教师评价铺下了思想发展之路。尽管教师评价是一项伴随着学校的产生就已经出现的教育活动，但在20世纪以前，这种评价活动在世界各国均是自发的，人们在日常生活中根据自己的价值标准来评论教师的工作。进入20世纪以后，美国教师评价进入传统评价时期，教师评价获得了长足发展。在此期间，深受西方泰勒式科学管理思想影响的奖惩性教师评价制度在美国得到了广泛运用。然而从20世纪40年代开始，世界各国逐步认识到，传统单一的奖惩性教师评价虽然强化了教师管理，但是却难以对教师形成激励，不利于教师的专业发展，各国学者在对奖惩性评价的批判与反思中逐步总结出了一种新的评价理论——发展性评价。在区分性教师评价提出之前，发展性评价理论就通过对传统评价的批判反思使得教师专业发展、注重个体差异化

[①] 王斌华.发展性教师评价制度研究[D].华东师范大学，2000.

等思想深入人心,从而为区分性教师评价的更易为人们接受与认可。

(2)为区分性教师评价目标的定位建立了坐标

发展性评价理论将评价目标定位为促进教师专业发展,从而提高教育质量。发展性评价理论主张评价与奖惩相脱钩以减少教师对评价的厌恶与恐惧,提高教师参与评价的积极性。但是在评价实践中,尽管教师大多均对发展性评价表现出较大的热情,但由于发展性评价对于教师过分宽松而无法形成有效行为约束,从而导致教师满意度提高但教育质量不一定改善的状况出现。发展性评价理论的这一缺陷导致学者们对区分性教师评价的目标定位进一步反思。事实上评价从本质而言就是一种价值判断活动,并且这种价值判断必须通过奖惩杠杆才能对组织成员形成行为引导。因此不应对奖惩性评价一刀切地否定,也不应对发展性评价过分地夸大,必须将二者优势结合起来运用。区分性教师评价正是它将目标更多的定位为奖惩与发展相结合的一种评价方式,既以发展性评价为思想起源又注重评价对于教师的引导管理功能。以美国马里兰州针对问题型教师的同行评价为例,问题型教师的绩效评价是将对他们的发展帮扶措施与人事奖惩管理相结合的。首先,由同行参与组成的同伴辅助与评议委员会会对被评价教师的相关评价材料进行裁定。当被评价教师被裁定为问题型教师后,评议委员会要根据教师的具体情况帮助其指定改进辅助计划,包括为其安排顾问导师与提供学区补救项目等。随后在教师接受了一段时间的教育改进以后,评议委员会应与其他评价者共同收集问题型教师的教育改进信息,并对其做出一定的是否继续聘用的决定。这样就使得对问题型教师的改进帮扶与人事任免决定相结合起来,既促进教师的专业发展,又能对教师形成奖惩约束。

(3)为评价对象的区分打下扎实的基础

发展性评价理论所提倡的"注重个体差异"理念为区分性教师评价对象的区分打下了扎实的思想基础。形成个性化教育是发展性评价理论的重要观点之一,其要求打破传统教育标准制定和执行两个环节相脱离的做法。以往传统的教育标准提倡的是由教育研究机构制定标准,然后强制要求教师不带任何主观思想地在教育实践中执行。发展性评价认为这种出自大学科研机构的标准更多是建立在理论之上,缺乏了对教育实践的总结,因此在教育实践中的效果不佳。发展性评价鼓励教师在自身教育实践的过程中不断总结创新教育方法,针对学生特点与自身特长形成个性化的教育风格。这一观点为区分性教师评价对象的区分打下了重要的思想基础。正如学者诺丁斯所指出的"对各种关心领域的重视和能力的开发必须要考虑多种差异,由此产生的各种见解和主张也应得到及时的尊重和富有建设性的处理"[7]。因此这种基于"对各种差异的考虑"的观点也是进行区分性教师评价的重要思想起点。从本质而言,区分性教师评价的对象区分是对发展性评价理论中形成个性化教育这一观点的深化。区分性教师评价之所以需要进行不同教师类型的区分,其目标正是希望通过对象类型划分使得评价工作能更多结合每种对象类型的教育实践工作特点,通过有区分度的评价标准引导每类教师都形成个性化的教育,更好地提升教育质量。

7.3.3.3 复合性教师评价

"复合",一般在汉语词典中的解释是"合在一起"的意思。李润洲教授在《复合性评价:教师评价的理性选择》一文中对复合性教师评价的界定是:"复合性教师评价指,教师评价既要根据教师实际工作业绩予以奖惩,也要关注教师的未来成长与发展;既要总结教师过去的工作表现,也要面向教师未来的发展;既要发挥教师评价的诊断作用,也要使教师评价具有导向和激励功能。"①

从理论上看,奖惩性教师评价和发展性教师评价有结合起来的可能性,这种结合不是把二者简单地相加,也不是在传统奖惩性评价中增加一些发展性奖项。应在实践中探索两种评价体系之间的结合点,形成一种既要根据教师实际工作业绩予以奖惩,也要关注教师的未来成长与发展;既要发挥教师评价的诊断作用,也要使教师评价具有导向和激励功能的教师评价体系。第一,在教师评价的目的上,强调外在奖惩和内在发展的统一,使教师评价既符合社会发展的需要,又能满足教师发展的要求。第二,在教师评价的方向上,确立起"总结过去,立足现在、面向未来"的

---

① 李润洲.复合性评价:教师评价的理性选择[J].教师发展与管理,2003(3):16-17.

评价方向。第三,在教师评价的价值取向上,确立起"以人为本"的价值观;并在注重质性评价的同时,不忽视量化评价。第四,在教师评价的内容上,应采取多元化的评价指标体系。第五,在教师评价的方法上,将他人评价和自我评价结合起来;重视教师自身的纵向比较的同时,不忽视横向比较。第六,在教师评价的方式上,注重过程性与终结性评价的结合。

王斌华教授认为:"有两种目的不同的教师评价制度,一是奖惩性教师评价制度;二是发展性教师评价制度。奖惩性教师评价制度是以奖励和惩处为最终目的,通过对教师工作表现的评价,做出解聘、晋升、调动、降级、加薪、减薪、增加奖金等决定。这种教师评价制度势必影响教师的坦诚态度,很难指望全体教师的积极参与。"[1]而"发展性教师评价制度是一种新型的、面向未来的教师评价制度",这种"以促进教师未来发展为目的的发展性教师评价制度是形成性评价制度。它没有将教师评价制度作为奖励和惩罚的机制。其目的是,在没有奖惩的条件下,促进教师的专业发展,从而实现学校的发展目标。"[2]

这种将奖惩性评价与发展性评价直接对立起来的做法,近几年在理论界已经引起广泛质疑。张其志在《对发展性教师评价的审视与思考——与王斌华教授商榷》一文中一针见血地指出:"奖惩只是一种手段,是评价实施者达到某种目的的一种手段,手段背后才是目的","教师评价的目的原本就是发展性的,在现实中很少存在绝对的奖惩性评价或没有奖惩的发展性评价,奖惩性与发展性教师评价各有各的优越性和局限性。"[3]杨启亮也指出"两难意味着冲突或矛盾,走出两难困境则意味着消解冲突或矛盾。消解冲突或矛盾换一个思路来看其实也就是寻求协调一致性。"[4]复合性教师评价正是面对传统教师评价与发展性评价在实践中的两难处境,在力求寻找两者之间结合点的基础上提出的一种新的评价思想和策略,调动广大教师工作积极性和创造性的同时促进学校不断加强对教师队伍的管理和建

---

[1] 王斌华.发展性教师评价制度[M].上海:华东师范大学出版社.1998:301.
[2] 王斌华.发展性教师评价制度[M].上海:华东师范大学出版社,1998:301.
[3] 张其志.对发展性教师评价的审视与思考——与王斌华教授商榷[J]..教育实验研究,2005(1):61-72.
[4] 杨启亮.走出教师评价的两难处境[J]..教育研究,2005(9):31-35.

设,最终达到全面提高学校的教育教学质量的目的。

复合性教师评价就是要通过多角度、多主体、多样化的评价标准和评价方法,将奖惩与发展相融合、自评与他评相融合、量化与质化相融合,将教师个人发展与学校发展紧密结合,进而实现学校和教师个体的可持续发展。复合性教师评价的策略研究就是从理念到方法的系统操作,根本目标是构建促进教师发展、学校发展的双赢评价体系。其中,"策略"既可以指实现目标的方案集合,也可以指方式方法。其特点则体现在评价取向的人本化、评价内容的多维化、评价主体的多元化和评价方法的多样化上。

(一)评价取向人本化

复合性教师评价是立足现在、兼顾过去、面向未来的一种评价。评价的立足点应放在教师的未来发展上,强调外在奖惩和内在发展两种目的的统一。传统教师评价一般把评价看作对教师实施规范管理的手段,突出对教师已有成绩的肯定或否定,关注教育教学效果和短期目标的实现;发展性教师评价关注的是教师的未来发展,重视对教师的指导和激励,以实现教师个人的长期规划。在评价实施中,学校管理者往往将"管理"与"发展"对立起来,其实只要转变评价观念,坚持以人为本,运用复合性教师评价策略,每一次评价都会成为促进教师专业发展和加强学校管理的得力助手。

评价不是学校用来监督、控制教师的工具,而是引领、激励教师发展的助推器。学校应当关注的不仅仅是结果,而是通过恰当的评价方式使老师们从评价中有更多的收获和启发。因此,复合性教师评价在实施过程中,完全可以通过有效的策略,将绩效与发展相融合,将奖惩与发展相促进。

1. 统筹兼顾,将"业绩"与"发展"相融合

业绩评估是对教师的水平进行评定和实现利益分配的必要手段,这种评价着眼于教师已承担的职责和已取得的工作成就,强调学校当前目标的实现。业绩评估与教师发展性评价是共存于教师评价中的两种评价体系,他们之间存在着差异,同时也有着密切的联系。

在评价目标方面,发展性评价的目标是通过评价手段提高教师的职

业素养和教育教学能力以促进教师自我价值的实现。在评价主体方面，发展性评价的评价者可以是教师的同事、校长、家长甚至学生，也可以是教师本人。在评价内容与标准方面，发展性评价关注教师的背景和基础，重视教师当前的水平和表现，但着眼点在于教师的未来。所依据的资料和证据是日常的、局部的、即时性的，往往不能体现教师的综合素质和最高水平。在评价过程和结果方面，发展性评价所得出的结论主要用来进行纵向比较，以期发现教师发展变化的轨迹，并与教师的名誉和各种利益相关。业绩评估与发展性评价在教育实践中并不是相互排斥的，其评价内容和评价标准可以相互借鉴和使用。

复合性教师评价最终要达到的目的是以绩效评估为外在动力，帮助教师确定个人未来的专业发展目标，引导教师朝专业发展的方向努力，学校应引导教师明确自身发展的定位，具体可以提出如下三方面的问题：一是"你现在在哪里？"即教师个人在集体中所处的位置；二是"你可以到哪里去？"即"最近发展区"，指明教师今后的发展方向和对未来前景的展望；三是"你怎样到达那里？"即今后发展的具体方法、策略。通过复合性教师评价策略的使用，促进每位教师不断对自己的教育和教学活动进行反思，并逐步走向成熟。

2. 以人为本，将"奖惩"与"发展"相融合

长期以来，我国教师评价一直存在"重管理、轻发展"的倾向，将评价的目的局限在对教师的奖惩、晋级和评选上，忽视了评价对教师成长的反馈和激励。对于以教育人、培养人、塑造人为己任的教育工作者来说，"以人为本"思想显得更为重要。教师评价的目的是一种价值取向，评价方式方法的选择，很大程度上取决于管理者的评价观念。观念的改造是深层次的根本性转变。评价者把自己看作是高高在上的管理者，评价取向必然以奖惩为主；而评价者如果能够把自己定位为服务者，评价改革必然可以达到以人为本，并且能够立足于教师的长远发展。为此，学校管理者应当首先转变评价观念，由自行其是的审视者变成与教师双向互动的倾听者和对话者，由教学成绩的评判者变为教师专业发展的引领者、指导者，关注教师的全面发展、自主发展和个性发展。

从我国目前的国情看，彻底否定奖惩性评价是不现实的，上级主管部门对学校、教师的评优评先、职称评聘仍然发挥着着"指挥棒"的功能。完全采用发展性评价的作法也是不现实的，发展性的指标是软性的，单纯依靠教师个人的积极性，很难达到预期效果。复合性教师评价主张利用业绩评估作为发展性教师评价的有益辅助，一方面发挥发展性教师评价体系的优越性，客观准确地评价教师，促进教师的主动发展；另一方面，适当吸收绩效考核中奖惩机制的激励作用，达到奖励先进、激励后进的目的，借外部刺激推动教师的专业成长。

俗语云："有压力才有动力"，在我们当前的教育管理体制下，一定程度的奖惩还是非常必要的。在压力适度的前提下，奖惩在一定程度上具有调动教师工作积极性的积极作用。既能调动广大教师的主观能动性，又能增强教师的危机感和责任心。当然，奖惩机制和手段一旦应用失当，也可能引发教师们的不满和愤懑，甚至影响到学生的发展。运用奖惩评价时应注意把握好尺度和实效性，"奖"要大于"惩"的力度。在惩罚的同时不能对教师的不当行为"一惩了之"，而应在奖惩中积极引导，强化教师的责任意识，使教师从抵制到自觉接受，从而形成良好的竞争氛围。

"奖惩"有奖惩的优势，"发展"有发展的弱点，在其相互融合过程中，学校管理者要注重的关键是学会扬长避短，使每一次评价都能成为促进教师发展的新起点，而这一切的根本就是观念的转变。复合性评价要想取得实效，最关键的就是树立以人为本的思想，尊重人、关心人，从而更好的成就人、发展人。

（二）评价主体多元化

复合性教师评价提倡评价主体多元化，但不同评价主体的角色、地位、能力、经验不同，决定了他们在教师评价中发挥的作用也各不相同。复合性教师评价中，多元评价并不是多个"一元"的简单相加，而是通过科学的实施策略在各种评价结论中寻找共性的、公认的、一致的看法，使"多元"成为一个整体，达到促进教师主动发展的目的。

1. 重视同行评价

同行评价是教师间的相互评议。由于同行对课堂教学、教材、教师最为熟悉，更能对教师改进教学工作提出具体与实用的建议，因此，同行评价不仅能够得到大多数教师的支持和认可，也可以得到学校管理者的普遍重视。

同行评价的实施策略是：为评价人员提供适当的专业培训，提高教师的评价素养和交流能力，减少评价误差；为评价人员提供必要的时间和空间，减少与自身教学工作的冲突；营造和谐民主的文化氛围，搭建互助交流的平台，引导教师进行良性竞争，增强彼此间的信任；灵活运用多种评价方式，充分发挥同行评价的促进和激励功能。如骨干教师与青年教师可采取同伴结对式评价，同年龄段教师间采取同伴互助式评价，校外专家与本校教师采取同伴协助式评价等，调动各方面教师的专业特长和优势，实现经验的共享和共进。

2. 引导学生评价

学生对教师的师德、教育教学水平、专业技能最有发言权。如果学生不能充分参与到整个教学活动的评价中或在评价中忽略了对学生的学业成绩的考量，那么，教师评价的科学性、真实性就很难得到保证。

学生评价的主要内容：针对教师的师德、工作态度、教学方法、教学效果、作业批改等方面进行评价，也可以通过评选"最喜欢的教师""最值得敬佩的教师"等达成目标。

（4）建立有效的沟通反馈机制，做好对教师的正面引导，减少负面效应。

对于学生评价的结果，学校应采取个别交流与集体反馈相结合的形式，不仅有定量分析，更有定性建议；不仅有共性问题的整体反馈，也有针对教师的个体反馈；不仅将评价结果作为量化的一部分，也要进行跟踪指导。尤其对于学生评价中出现不够积极的方面，学校应在全面客观的了解实际情况后，引导教师认识教学中的问题，促使教师主动与学生沟通交流，把主动征询学生对自己的评价意见当作不断发现问题、解决问题、改进教学的一种有效方式。学生给教师打分的目的不是给教师排队，而是让教师体验教学的成功与快乐，反思教学的问题与不足，从而不断改进教学方法，提高教育教学的水平。

3. 淡化领导评价

在以往的教师评价活动中，学校管理者往往占据主导地位，复合性教师评价主张淡化领导评价，领导在评价中起到的作用应该是协调、引领和服务。

领导评价的实施策略：（1）经常深入课堂、深入教研组，实事求是地评价教师的优势与不足；（2）充分考虑教师工作的特点，体现人文关怀，以动态生成的观点发现教师的进步，帮助教师树立自信心；（3）坚持民主集中制原则，营造宽松、和谐、民主、平等的评价氛围。

4. 参考家长评价

家庭教育是学校教育不可缺少的一部分，家长评价有利于加强家校之间的联系与沟通，及时了解家长对子女的期望，帮助教师反思和改进教育教学方式。由于家长的评价信息大多是间接得到的，主观性较强，在复合性教师评价中，家长评价一般作为其他评价的参考依据。

家长评价的实施策略：（1）评价前对家长进行培训，让家长了解评价目的、内容、过程和程序，引导家长全面、客观、动态地评价教师；（2）充分考虑家长的城乡地域差异、文化素质差异、职业差异和家长对教师的了解程度，适度使用评价结果。

5. 突出教师自评

复合性教师评价强调自评与他评的有机结合，尤其突出教师的自评。教师自评的主要方式和途径：一是根据别人对自己的评价来评价自己；二是通过与他人的对比来评价自己；三是通过自我分析来实现自我评价。

教师自评的实施策略：（1）选取适当的可比对象，全面客观地比较，不断地反思与完善自己；（2）主动听取他人的评价意见和建议；（3）制定自我规划的发展目标，实现可持续性发展。

教师成长＝经验＋反思。这一公式表明：复合性教师评价实践中关键是把教师的自评与他评有机的结合起来，通过多主体间的互动和合作，构建以多元信息整合为基础的教师评价机制，使教师评价活动成为一种交互活动。

复合性教师评价重视教师自评，但对教师自评并不是完全的放任，而是通过各种有效地方式鼓励教师全员参与、全过程参与，督促、帮助教师认识自身问题，通过有效整合他评结果促进教师的自我反思，使教师由"要我发展"为"我要发展"。

（三）评价内容多维化

复合性教师评价在内容上要求克服传统评价内容窄化的弊端，制定出全面、完整、系统的评价指标体系。教师评价既评价教师的教育教学效果，也评价教师的教育教学思想、教学行为、教学方法；既评价教师的教学内容，也评价教师的职业道德和工作态度；既评价教师的业务水平，也评价教师的科研能力和业务培训；既重视教师自我评价的作用，也关注他人评价的导向功能，努力使社会评价标准与个体评价标准趋于协调一致。

美国著名管理学家杜拉克指出："谁也无法去实现一个要求模糊的目标，员工必须知道他们的目标是什么，什么样的活动有助于实现目标，以及什么时候完成这些目标，而且这些目标应是可以考核的。"制定一个相对统一的、科学的、明确的评价标准不但对于提高评价的准确性和客观性是必要的，更重要的是能为学校教师提供努力的方向和目标。在统一规范的评价标准实施过程中，学校可以根据发展需要，选择不同的评价方式，进行综合评价或单项评价，也可通过调整权重的方法体现差异性和可行性。

（四）评价方法多样化

复合性教师评价主张采用多种评价方式，具体实施策略为：

1. 定性评价与定量评价相结合

量化管理在一定程度能够提高评价的精确性和客观性，但片面量化会把教师僵死化、简单化和表面化。由于教师工作是一项复杂的劳动，教师的需要和动机、经验和能力、兴趣和态度、情感和观念，这些都不可能用精确的数值进行描述，因此量化不能成为评价过程中绝对的和唯一的途径，还需要适当的定性评价，把定性评价与定量评价有机地结合起来，提高其科学性和真实性。

随课程改革的不断深入，追求有效课堂成为各校关注的重点。如何通过改进课堂评价直接推动教师的专业成长呢？在不断修订课堂教学评价标准后，管理者意识到单凭标准引领是不够的，俗话说"旁观者清、当局者迷",只有在评价中引入多种真实有效的评价方法才能更好的帮助教师提升和发展。

课堂观察强调在课后第一时间的反馈与研讨,评价者和被评价者都要发表个人的看法和观点,最后双方共同总结得出结论。课堂观察的结果不仅可以通过及时有效的交流促成教师的教学反思,而且可以充分调动教师的主动参与及与同伴的积极互助,使评价更客观、更全面。

复合性教师评价一方面运用量化指标对教师的整体表现进行评价,并按照等级决定对教师进行奖励或惩罚;另一方面采用各种非量化的手段,运用一些陈述性、表现性、定性的方式对教师进行全面评价,使教师专业获得进一步发展。

2.建立双向评价反馈机制,实现平等对话与交流

获得一个评价结论,并不是评价工作的结束,更重要的是合理反馈,及时整合来自多方面的评价信息,使教师在评价中获得帮助和提高。复合性教师评价提倡通过建立双向评价反馈机制,在平等对话的基础上实现评价的双向交流,其实施原则为:

(1)时效性原则:任何一次评价活动,都是在一定的时空和范围内进行的。由于教师工作的特殊性,学生、课堂、教材、教法随时间的推移和对象的变化存在很大的变数,学校不能放"马后炮",更不能"秋后算账",否则必然贻误教育时机,甚至对教学造成不可弥补的损失。

(2)互动性原则:教师可以自由发表意见,评价者应认真听取被评价者的解释和打算,共同帮助教师分析问题,指明今后的努力方向。反馈的目的不是追究责任,而是责任共担。

(3)区分性原则:复合性教师评价重视教师的主体地位,重视教师的个性发展,它不是简单地对与错、优与劣的价值判断,而是对教师个人目标达成度的总结和对现状问题提出的意见和建议。

(4)激励性原则:"评价的目的不是为了证明什么,而是为了改进"。反馈过程中,评价者应根据不同的评价内容、评价结论及教师不同的个性特点,使评价对象能够冷静地、虚心地接受或认同评价结果。学校对评价结果应注意保密,维护教师的尊严;对评价结果的表达应尽量采用建设

性、激励性的语言，以书面反馈的方式进行；对评价结果的解释应全面、客观，采用个别面谈的方式，同教师们一起分析出现的问题，避免评价"形式化"或"行政化"。

3. 加强团队评价，将教师个人发展与学校发展紧密结合

"管理心理学"强调：群体的准则、规范、舆论和人际关系，往往会形成一种无形的压力，有效地影响和改变着一个人的态度。团队评价可以更好地将个人发展与学校发展有机的融合在一起，教师教育教学水平的提高很大程度上需要来自他人的评价和建议。教师的团队合作有利于教师从同伴那里获得有价值的信息、建议甚至比较成熟的教育教学模式，从而少走弯路，获得快速发展。教师与教师之间不仅是竞争的关系，更是合作的关系。当评价对象由针对个人转向集体的时候，教师的心理压力会相对减弱，团队意识增强，出于对集体荣誉的珍视，很多教师会主动自觉的提醒、帮助部分年轻教师或问题教师，大家坦诚相待、真诚合作，一些老师的不足之处将会因为合作而大大的减少，而教师的合作能力、协调能力、人际交往能力及教育教学的专业技能，都将有很大的促进和提高。

从对教师个人的评价到加强对教师团队的评价，更有利于调动广大教师的积极性，实现教师和学校的双赢。学校的教研组、备课组等等，他们不仅是学校的行政组织，更是教师工作、学习、研讨的学习型团队。复合性教师评价倡导"同伴互助"，鼓励教师间形成伙伴关系。学校可以实施捆绑式评价，充分发挥集体的力量促进教师的专业成长和发展。

要实现学校的总体需要和目标，不仅要依靠组织的力量，更主要的是要依靠教师的努力，通过科学的教师评价机制，更好地调动教师的内在自觉，营造和谐、宽容、合作的良好氛围，用文化育人，用评价成就人，用评价发展人，最终实现教师、学生、学校的共同发展。

从理论与观念上理顺发展性评价与奖惩性评价的关系，在实践中探索出一条切实可行而且行之有效的改革之路，对于深化素质教育，促进教师专业发展来说都具有非常重要的意义。复合性教师评价对于"区分型评价"体系的创新意义在于：

1. 教师专业发展的必然要求

传统的教师评价管理过程中,教师评价的理论研究者和实践者频繁使用"优胜劣汰"和"末位淘汰"等词语,给教师造成了不必要的压力。在对全国 14 个地区 168 所学校的教师进行抽样检测中发现,52.32% 的教师存在心理问题,而不合理的教师评价制度是导致教师职业倦怠的主要原因。教育部颁布的《关于积极推进学校评价与考试制度改革的通知》指出:"学校教师评价制度的改革要有利于加强教师职业道德建设,促进教师业务水平的提高,建立有利于实施素质教育、发挥教师创造性的多元的、新型的学校教师评价体系。"教师评价的特殊性主要来源于教师角色的多样性、教师劳动的复杂性、教师管理的特殊性。这就需要构建一套合理的复合性教师评价体系,在管理过程中达到促进教师专业化发展的目的。对教师业务素质能力的评价中,应将教学与科研结合。对教师的教学评价中,强调教学改革方法及实施和现代化教学手段应用;对教师科研业绩的评价中,应加入科研项目的基础研究工作部分,将科研项目的最终成果与基础性研究相结合起来,并注重研究的应用价值;在承担教师公共服务职能的评价中,对服务学生、关爱学生和其他公益服务性工作列入指标体系。

此外,该理论重视教师的职业发展,从个人发展目标与方向选择,到教师的潜能与发挥和教师职业培训提高,成为复合性评价体系的实施基础。教育管理者首先会根据教师个人发展情况做出评价后,对其进行相应的职业培训,并对职业培训的效果作出考核,以促进教师的不断进步。

2. 学校科学管理的实践需要

学校人力资源管理的变革成为每位教育工作者必须面对的现实,教师评价是学校对教师进行管理的重要手段之一。很多时候,学校的评价制度主要是上级主管部门政策的延伸,即使有变革,也要依据上级部门的要求或根据学校整体发展的需要制定。学校管理科学化的重要标志之一,就是实现对教师队伍管理的科学化,而教师评价是加强教师队伍管理和建设的一项有力措施,是实现教师队伍管理科学化的有效途径。

复合性评价的探索和实践可以帮助学校管理者在奖惩与发展中把握"适切性",不仅为管理者对教师做出聘任、提升、加薪等决策提供有说服力的依据，同时帮助教师反思和总结自己在教育教学中的优势和薄弱之处，将教师个人发展与学校发展相融合，最终达到促进学校可持续发展的目的。

3.教师评价改革的应然方向

20世纪80年代后期，英、美等国开始摒弃奖惩性教师评价，推行发展性教师评价制度。美国制定了着眼于教师表现的专业化教师评价制度，实施优秀教师认证制，将统一标准与个性化标准结合起来。其后，英国实施了具有折中色彩的评价体系，将教师薪金与教师表现或绩效挂钩。"一个通过中介（外部评价员）实施的多元化综合评价体系正在形成：它既结合了政府的宏观调控，又照顾了具体组织及个人发展目标的实现；实行自上而下和自下而上相结合、标准与非标准相结合、形成性评价和终结性评价相结合的方法。"[①]

从国外教育发达国家教师评价的理论探索与实践经验看，如何将"奖惩"与"发展"有机结合的问题已成为教师评价研究急需解决的问题，复合性教师评价的提出顺应了教师评价理论与实践研究的发展趋势，为传统的教师评价体系向"区分性评价"体系的过渡奠定了坚实基础。

7.3.3.4 反思性教师评价

"反思性教学"以解决教学问题为基本点，是一个动态的过程。在关于教师评价的改革中，"反思性评价"提倡建立促进教师不断提高的评价体系，尤其强调教师对自身能力提升的"反观"作用；主张教师作为教学情境的"内部人员"，在评价中具有主体性，而不仅是供"外部人员"评价的对象。当下，反思性评价已演绎为教师评价的主流范式，并直接成为与"区分型教师评价"并列并作为其思想补充的重要理论。

反思性评价理论最早起源于19世纪30年代美国实用主义教育家杜威对"反思"进行界定的思想。在对杜威思想进一步发展的基础上，学者萧恩最先将反思性实践这一概念运用于教育领域。美国学者维拉将其定义为"教师借助发展逻辑推理的技能和仔细推敲的判断以及支持反思的态度进行

---

① 李润洲.对教师评价的审视与反思[J].天津市教科院学报，2003（6）：1.

批判性分析的过程"①。在反思性教育思想树立之前,规范的教育标准被认为是保证教育质量的核心,教师的职责仅仅是适应并严格执行外部研究形成的教育行为标准。"教师总是被看作是课程知识的消费者,而从未被认为具有创造或批判那种知识的技巧"②。因此,教师这一职业长期被社会定义为"二流"职业,认为教师仅仅是重复教育劳动的技术性人员。对此,芝加哥大学的学者施瓦布认为研究者和教师分别具有"理论方式"的话语和"实践方式"的话语。尽管教师的实践性知识与研究者的理论知识相比在一定程度上缺乏严密性和普遍性,但实践性知识以具体教育情境和教师的个人经验为基础而形成,更具有个性化,甚至在某些教育问题的解决中更加有效。20世纪80年代中期,美国麻省理工大学教授舍恩(Schon.D)在对马克思·韦伯的"技术性实践"理念批判的基础上提出了"反思性实践"理论,并对教育界产生了极大的影响,成为了教师行动研究和教育研究的理论基础。

在古今中外,"反思"这一行为均受到各国学者的重视与推崇。洛克认为感觉与反思都是经验的来源,其区别在于:感觉属于外部经验,而反思则属于内部经验。而在我国,儒家学派推崇"吾日三省吾身"作为个人修身的基本方式,反映出我国古人对于日常言行积极反思的重视。而评价作为一种价值判断活动,其是对客体满足主体需求程度的判断,因此教学评价是对教学活动满足学生及社会发展需求程度所做出的价值判断活动。美国学者格朗兰德(1971年)认为,教学评价就是"测量(量的描述)或非测量(质的描述)+价值判断"。根据教学评价的目的来划分,教学评价可分为终结性评价和形成性评价两种。终结性评价就是传统的以评价者为中心的阶段性的静态评价,而形成性评价则是结合教师发展周期的以教师为中心的动态评价。反思性评价强调教师在评价中的反思主体作用,因此其属于形成性评价。

---

① L.M.Villar, Teaching: Reflective, from T.Husen et al., The International Encyclopedia of Education, 1994.6215.

② Paris, C.(1993).Teacher agency and curriculum making in classroom.New York: Teacher's College Press.149.

在"反思性评价"理论的研究当中,涌现出了一大批学者。杜威认为,"反思型"教师会对任何思想观点均持批判态度,并提出反思型思维五步说,这五步分别是:对困难的感知、对困难的界定和认识、对不同解决办法的设想、运用推理对设想意义所做的发挥以及进一步的观察和实验,其思想为形成反思性教学评价提供了重要基础。卡尔和凯米斯从技术层次、实践层次和批判层次来论述"反思"。他们认为,反思的问题在技术层次是有效实现特定的目标,而在实践层次则是包括了假设、倾向、价值观及行动所组成的结果;在批判层次上,反思的问题包括了社会、政治、伦理等方面的问题。萧恩认为反思有两种时间框架,一种框架是反思发生在行动前和行动后,即"对行动的反思",另一种框架是反思发生在行动过程中,即实践者对行动过程中出现的意外状况进行反应和知觉,从而调整行动。因此,反思者既对行动反思也对行动过程反思。

(1)关于评价主体

反思性评价强调教师对于教学活动的自我反思,因此反思性评价主体首先是由教师本人所构成。反思性评价致力于培养反思型教师,其特点是能够对自我教学实践行为过程、实践背景、实践效果等进行自我剖析,并从剖析中归纳总结出教学中的优点以及需要进一步改进的缺点,从而使感性认识上升到理性认识,最终形成科学和客观的教学规律,进一步应用在新的教学实践中。其次,反思性评价主体还应包括教师周围的社会其他成员。这些社会其他成员包括学生、同事、学校管理层、教育专家以及家长等。这些成员共同围绕教学行为进行反思,并通过总结给予教师有益的反思建议。

(2)关于评价标准

反思性评价标准是提高评价质量,促进反思性教学有效发展的重要保障。然而建立反思性评价标准却是评价实施过程中一个无法绕开的难题。正如学者斯金纳所言,人的内心就像一盒黑箱。由于反思是一项内隐性很强的活动,评价过程中经常难以直接观察到反思者的内在心理活动,而只能通过外显的教学行为进行推测,因此外在教学行为准确反映内在反思的程度是建立反思性评价标准的首要难点。尽管存在这一难题,由于评价标准涉及到评价工作的价值导向,因此仍然很有必要在实践摸索中不断完善反思性评价的标准。从当前各国研究而言,对于反思性评价标准建立的方式可以有以下几种:一是通过细分教学环节来建立评价标准,把教师的教学活动细分为教学目标、教学准备、教学内容、教学过程和教学效果等部分,然后按照每部分的内容进一步细化成可操作的标准;二是通过剖析教学行为来建立评价标准,把整个课堂中教师的"教"、学生的"学"以及师生之间基于"教与学"的互动行为进行剖析,并拆分为具体的行为标准;三是围绕普遍性教学问题来反向建立评价标准,将教学过程中容易出现的教学问题作为目标,以预防教学问题出现应当做到的指标作为评价标准。

总体而言,三种反思性评价标准建立的方式各有利弊,具体采用何种方式应根据具体的评价对象及环境而决定,同时,对于反思性评价标准的建立还应在实践中进一步完善。

反思性评价理论的发展,使得人们意识到,作为教育行为主体的教师们,不仅是教育评价的对象,其还可以构成评价主体之一。反思性评价理论区分性教师评价的制度构建中所起的指导作用,可以从以下三个方面来考察。

(1)为教师自主性评价奠定了良好的思想基础

反思性评价理论使得人们重视教师的知识和专长,为区分性教师评价中的教师自主性评价奠定了良好的思想基础。教师作为教育一线的工作者,其在教育经历中所形成的教育体会与经验积累是其他任何群体都难以替代的,因此,如何引导教师将长期的教育实践通过反思转化为内在的自觉,并借助教育评价来改善教育行为,解决教育问题,对于教育质量的提升有着非常重要作用。杜威所提倡的反思性行为的有机组成部分:虚心、责任和全心全意这三种态度都是区分性教师评价中教师自主评价得以有效开展的前提基础。因此,从本质而言教师自主性评价也是教师教育反思的过程。2011年7月,美国田纳西州在全联邦范围内首先全面实施学生成绩导向教育评价体系,课堂观察评价是该州教学评价体系的重要组成部分。在此过程中教师要求参与到每一个指标内容的自评中。在结合多次课堂观察情况的基础上,评价专家会在评价反馈会议上与教师本人共同讨论确定哪些是该位教师的优势领域，而哪些领域又需要重点改进。专家要针对教师没有达标的领域提出详细的改进专业意见，而教师本人也可以在教师反馈中提出自己的想法，从而在相互沟通的基础上保证观察到的结果公正合理性。这样就通过课堂教学观察评价将教师的教育反思充分结合到评价工作中，既检验了教育技能又培养了教师的教育反思能力。同时，通过教师参与到教育评价工作来，其获得的工作成就感会更高，并且教师对于评价结果的认同度也会更高，从而有利于教师评价工作的进行。

（2）为多元评价主体的构建提供了理论支撑

反思性评价理论为区分性教师评价的"多元评价主体"的构建提供了理论基础。尽管学者萧恩的"反思理论"曾因更多强调教师个人的单独反思。不考虑教师与其他专业人员的共同交流备受质疑，但其提出的教师个人反思教育工作的思想指引了后来众多学者对多元评价主体开展了系统的思考与研究。目前大多数的学者均认为，要保证评价结果的公平性与准确性，打破传统单一性评价主体，实施多元化主体的综合性评价是十分必要的。反思性评价理论启示我们：在区分性教师评价构建中，既要注重教师个人反思，又要注重在多元评价主体中的反思。当前，区分性教师评价的主体一般包括教师本人、学校管理者、教育专家、同行教师、学生和家长等。其中包括校长在内的学校管理者在评价实施主体成员中扮演着重要的协调者角色，当各方对评价结果出现分歧时，需要学校管理者进行沟通协商，并针对教师的优缺点提出建设性的反馈意见以及改进的计划，而这点对于新手型教师尤为重要。[①] 同行教师也是评价实施的主要参与者，由于共同担任相同或相近的教育教学工作，教师同事之间对彼此工作了解程度更深入，有利于全面客观地评价教师个体的工作表现，同时，由经验丰富的教师同事给予的评价建议更是能帮助新手型教师的专业成长。除了这些学校内部成员以外，校外的教育研究专家、家长也是评价实施的重要合作者。教育研究专家能为区分性教师绩效评价提供更有效的理论指导，也能

---

① Range, Bret; Duncan, Heather; Hvidston, David. How Faculty Supervise and Mentor Pre-service Teachers: Implications for Principal Supervision of Novice Teachers [J].International Journal of Educational Leadership Preparation, 2013,（10）: 43-58.

帮助学校找出现存绩效评价制度的问题并提出相应的应对措施。家长作为评价主体之一，能通过观察学生的成长状况来为教师评价提供重要信息。这些多元化主体与教师本人的教育反思相结合对教师进行评价，可以提高评价结果的有效性与全面性。因此美国十分注重区分性教师评价的多元评价主体构建，并强调教师本人必须与多元化主体形成有效的互动。以美国"全美专业教育标准委员会"（NBPTS）制订的教师绩效评价指标体系为例。美国作为目前全世界教师评价与认证指标体系最完善的国家，由于其联邦制的国情，各联邦州的评价标准和评价机构各有不同，但影响力最大的是全美专业教学标准委员会制订的教师绩效评价指标体系。指标体系中详细阐述了要成为国家委员会认证的教师，在知识、技能、性格和信仰等五项核心指标的特征，其中特别要求教师要成为学习型团队中的成员，校内外要形成多元化互动团队，并成为实施评价的主体。

（3）有助于差异化评价指标的设计

反思性评价理论对反思阶段及类型的划分对区分性教师评价中不同对象评价指标要求的"差异化"提供了帮助。反思性评价理论的代表性学者萧恩曾提出两种类型的反思：对行动的反思和在行动中反思，并且反思可以分为事前、事中和事后三个阶段。"对行动的反思"指的是发生在课前对课堂教育的思考计划和发生在课后对课堂发生的一切状况的思考，"行动中反思"则指的是教师对课堂中正在发生的一切状况的思考，也就是边教学边思考的过程。尽管各类不同的教师群体均应进行事前和事后"对行动的反思"，以及事中的"进行中反思"，但是不同类型的教师在各类反思的评价要求上可以有所差异。例如对于新手型教师而言，由于其仍处于教育生涯的初期，往往只能做一些简单的课后反思以完成学校的最低评价要求，而在事前结合反思来进行教学计划制定和事中结合反思来应对课堂突发状况的能力都较弱，因此在教师评价中应注重事前反思和事中反思的指标设置，以培养新手型教师各类反思能力的形成。以美国一些地区州采用的INTASC（新教师档案袋评价标准）为例，INTASC标准的第9条即是"自我反思与专业发展"的能力标准，要求新手型教师"要成为反思性的实践者，能够持续评价自己在其他群体（包括学生、家长与其他学习专业人士）的选择和行动，并积极寻找专业发展的机会。"[1] 而对于专家型教师，由于其往往已具备优秀的教育反思能力，因此可以适当降低反思总结指标的频率，更多结合专业发展计划周期来检验其反思成效。

7.4 职业院校教师评价体系的重构

近年来，区分性绩效评价制度受到了我国教育学者的高度关注，在结合近年来发达国家区分性教师评价制度研究及实践新进展的基础上，我国应根据自身职业教育的实践借鉴其有益的经验。

7.4.1 建立和形成区分性绩效评价理念

正如学者休伊特所指出的，差异化在教育中是一种趋势，只有通过差异化教师评价来有针对性地激励教师，才能实现学校教育变革。长期以来我国教师评价制度存在着过分强调统一标准化操作，忽略教师个性差异特点等问题，造成评价结果无法反映教师真实工作绩效，因此也就无法激励教师改进工作绩效。然而不同的教师具有不同的个性特点与教育风格，一方面从职业生涯发展理论来讲，不同教师的职业发展水平不一样，统一的标准难以去有效反映不同类型教师的工作状况，如对于同一套工作标准要求，成熟型教师能轻而易举地完成，而刚参加教育工作的新手型教师则可能难以在短期内达标，从而带来教育心理压力。另一方面从人性需求的角度而言，处于同一类型水平的教师其个体需求也会有所差异，如造成问题型教师教学困难的原因有可能来自于教育技能缺陷、教育知识不扎实、教育心态不良等不同方面，在评价时应给予的评价方法以及评价改进计划就应当有所区分。因此我国可以借鉴区分性教师评价制度的经验，对处于不同职业发展阶段的教师划分的基础上，结合其个性发展需求，采用灵活的差异化评价标准来进行评价。同时由于我国地域广阔，不同地区的教育水平亦会有所差异，在制定教师评价标准时应做到因地制宜。

---

[1] Henson, Ken. Making the Most of INTASC Standards [J].SRATE Journal, 2009（18）: 34—40.

7.4.2 注重多元化主体参与评价的机制

在我国目前绝大多数职业学校中，教师评价标准的制定者和实施者基本都是由学校的校级领导、其他管理人员和校外专家所担任。然而他们日常大多从事学校行政管理或教学管理工作，与教师的一线工作环境存在一定差距，同时在评价中与教师沟通交流的机会较少，基本都是通过每学年的终结性评价来评价教师绩效，因此容易导致评价结果出现偏差。要提高教师评价效果的有效度，就应当在评价教育活动成果的过程中将教师主体以及更多的相关教育影响群体纳入到评价主体队伍中来。一方面，应充分认识到教育是以教师为实施主体的专业性活动，教师个人发展需求和教育信息的搜集在很大程度上都有赖于教师主体自身的反馈与思考，因此必须重视进一步提高教师主体的评价参与地位；另一方面，在原来单一的校领导、其他管理人员和校外专家组成的评价主体队伍基础上，将熟悉教师一线教育环境并能在日常的教学过程中对教学工作及时跟进督导的其他群体，如同专业同事、学生、家长等纳入到评价实施主体范围内，从而实现多视角评价。此外，应根据不同类型的评价对象来调整各方评价主体的权重，如在成熟型教师的评价中可加大教师本人评价权重，以给予此类教师更多职业发展自主空间，而对于问题型教师的评价可适当加大同专业同事的评价权重，因为同行同事更熟悉一线教学环境，能给出更有针对性的改进意见。

7.4.3 于教育质量与专业成长间建纽带

由于我国管理中长期受到个人发展必须服从组织发展的错误观念影响，因此在管理实践中将组织发展与个人发展对立起来，导致教师个人的个性发展往往被压抑，而这种成全大我牺牲小我的错误观念同样存在于我国教师评价制度实施中。以往的学校管理者更多将教师评价看作是检验教师工作是否达标的手段，却忽略了评价对教师职业生涯发展的积极作用。然而现代人力资源管理学认为，绩效评价的意义不仅在于通过绩效考核有效检验员工工作状况，而且更重要是从中发现绩效问题并帮助员工改进绩效，促进组织和员工共同发展。因此学校应当通过绩效评价将教学质量提升与教师个人发展相结合。一方面，通过有区分性的教师评价更有效地发现教育工作存在的问题，实施有针对性的教育改进计划，帮助学校提升整体教学质量，而学校教育质量的提升能为教师个人发展创造了良好的发展环境。另一方面，通过有区分性的教师评价制度的结果给予教师的职业发展更多支持与引导，激励不同类型的教师进一步改进工作绩效，从而又推动了学校教育质量的提升。因此，以教师评价为桥梁，能够将我国学校教育质量提升与教师个人职业发展相结合起来，从而实现学校、教师和学生之间的三方共赢。

7.4.4 设计阶段性和针对性的指标体系

1. 指标体系应具有阶段性

由于每一种教师类型的划分都有其时间跨度，同一类型的教师的能力水平也会有所区别。尽管阶段性评价有其缺点所在，但正如学者波帕姆所指出的，基于发展理念的形成性评价和基于阶段性的终结性评价在教师评价中都是极为重要的。阶段性评价指标的目的不是简单地评定教师的业绩，更重要在于了解教师在某一阶段类型发展过程中的状况，发现该阶段发展中的缺陷，从而调整教师发展状态。因此，我国在当前基于教师职业发展的观念前提下，仍应将阶段性评价指标纳入各类教师的绩效评价指标体系当中。在同一类型教师的绩效评价指标体系设计上应该体现阶段性，能够检验同一类型的不同教师个体在每一学年或学期中的绩效表现。使学校、教师和学生了解其在教育和自我发展的效果，从而为调整下一个评价期的发展目标提供方向性的改进依据。

2. 指标体系应当精炼连贯

教师评价所涉及到的层面有教学、科研、管理、职业发展等方面，所涉及的评价主体不仅有学校、学生、家长、社会、同事、教育专家、教师本人等成员，评价方式方法也会因国情、地区特点或学校特色有所区别，因此，可以说教师评价是一项系统工程。应在众多内容、主体、方式方法中根据新手型、适应型、成熟型和问题型教师的不同特点，总结归纳出关键性的绩效评价指标来构建指标体系，避免因指标过多而导致指标体系过于混乱，难以执行。如英国2012的教师标准就是在2006年"细致入微"的《合格教师标准资格修订案》基础上进行提炼改造而成，将原本2006年版标准的3项一级指标、16项二级指标和33项三级指标精简为2个一级指标，11个二级指标和41个三级指标。反观我国当前的教师专业指标体系，指标项往往高达六七十项，划分过细的指标不仅导致指标重复交叉重叠、内容显得庞杂，而且容易割断指标之间的关联性，影响了整个指标体系的连贯性，从而导致教师评价过于僵化和教条主义。应结合不同类型教师的发展特点，进一步对我国教师评价指标体系进行提炼。

3. 指标体系应具有针对性

我国学校教师评价指标体系构建，大多将思想观念、绩效成果和行为能力三方面都纳入到整个指标体系的范围当中，确保指标体系能全面覆盖教师工作与发展的相关内容，以保证绩效评价结果的公正准确性。然而在不同类型的教师群体中，为了充分结合不同教师类型的发展特点，思想观念、绩效成果和行为能力三个方面的比例会有所区别，例如对于新手型教师和问题型教师可以适当增加行为能力和思想观念方面的指标比例，而适应型教师和成熟型教师则是可以适当增加业绩结果方面的指标比例等。在保证教师崇高思想观念的同时，还应加强指标体系设计的针对性，探索与构建不同类型教师业绩结果和行为能力指标体系，尤其是如何增加量化指标以更加科学性地评价教师绩效上还应进一步加强。

4. 利于促进教师专业成长

尽管长期以来存在着教师评价是否可以促进教师的专业发展的怀疑观点，但近年来世界各国广泛引用的基于标准的教师评价确实在改善各国的教学实践的同时促进了教师的专业成长。这主要是因为尽管教师评价目的不在于推动教师教育，但它可以为教师发展提供有意义的方向和有用的工具。这主要表现为两个方面：一方面，教师评价指标体系能够引导教师不断提高自我思想道德水平。纵观各国教师评价指标体系，无论何种教师类型均有涉及到教师遵守法律法规、维持崇高师德言行的指标要求，从而保证教师用正确的思想道德和思想观念影响学生的人生观、世界观和价值观的形成；另一方面，教师评价指标体系能够引导教师不断提升自我专业知识水平。相关学者研究表明，当进行有效评价反馈时，教师评价可以促使教师进行专业学习活动。通过教师针对评价结果开展的持续性学习，能使得教师的专业水平得到进一步的提高。因此，我国在构建区分性教师评价指标体系时应充分利用教师评价对教师专业成长的推动作用，将各类教师发展与教学效果提升相结合起来，使各类教师能够运用评价指标体系作为行动标杆，在教育中提高自身发展水平，在专业发展中提高教育绩效。

良好的教师评价制度是准确评价教师的工作绩效和帮助教师专业成长的重要保障。它不仅能够提高教师工作积极性，而且能为学校及教师提供正确的发展方向引导，从而推动职业教育改革向前发展。

第八部分

参考资料

一、政策文本（按照时间顺序）

［1］中华人民共和国职业教育法［EB/OL］.［1996—5—15］.http：//www.gov.cn/banshi/2005-05/25/content_928.htm.

［2］中办、国办.2002—2005年全国人才队伍建设规划纲［EB/OL］.［2002-6-11］.http：//www.people.com.cn/GB/shizheng/3586/20020611/750416.html.

［3］国务院关于大力推进职业教育改革与发展的决定［EB/OL］.［2002-8-24］.http：//www.gov.cn/gongbao/content/2002/content_61755.htm.

［4］劳动和社会保障部.关于加强我国高技能人才队伍建设的情况和建议［EB/OL］.［2004-03-26］.http：//www.chinajob.gov.cn/TrainingSkillAccrenitaTion/content/2004-03/26/content_115149.htm.

［5］教育部等六部门.关于实施职业院校制造业和现代服务业技能型紧缺人才培养培训工程的通知［EB/OL］.［2003-12-3］.http：//www.gov.cn/gongbao/content/2004/content_62933.htm.

［6］中共中央 国务院.关于进一步加强人才工作的决定［EB/OL］.［2003-12-26］.http：//www.gov.cn/test/2005-07/01/content_11547.htm.

［7］劳动和社会保障部.三年五十万新技师培养计划［J/OL］.中国劳动保障，2004（2）.http：//www.cnki.com.cn/Article/CJFDTotal-BZLD200402032.htm.

［8］劳动和社会保障部.关于贯彻落实中共中央国务院关于进一步加强人才工作决定，做好高技能人才培养和人才保障工作的意见［EB/OL］.［2003-12-31］.http：//www.gov.cn/gongbao/content/2004/content_62919.htm.

［9］劳动和社会保障部.关于实施"青工技能振兴计划"的意见［EB/OL］.［2004-4-5］.http：//wenku.baidu.com/view/9f8e982de2bd960590c67766.html.

［10］劳动和社会保障部.关于健全技能人才评价体系推进职业技能鉴定工作和职业资格证书制度建设的意见［EB/OL］.［2005-10-09］.http：//www.jstzhrss.gov.cn/art/200510/10461.html.

［11］劳动和社会保障部、国务院国有资产监督管理委员会.关于开展高技能人才队伍建设试点工作的通知［EB/OL］.［2004-06-25］.http：//www.sasac.gov.cn/n1180/n20240/n7291323/11899490.html.

［12］劳动和社会保障部.关于印发国家高技能人才东部地区培训工程方案的通知［EB/OL］.［2005-05-12］.http：//www.zjosta.org.cn/htm/8690/138888.html.

［13］国务院.关于进一步加强就业再就业工作的通知［EB/OL］.［2005-11-4］.http：//www.gov.cn/gongbao/content/2005/content_129498.htm.

［14］国务院.关于大力发展职业教育的决定［EB/OL］.［2005-11-9］.http：//www.gov.cn/zwgk/2005-11/09/content_94296.htm.

［15］劳动和社会保障部.关于进一步做好职业培训工作的意见［EB/OL］.［2005-12-31］.

http：//www.jyw.gov.cn/web/assembly/action/browsePage.do?channelID=1195452423076&contentID=1231043579414.

［16］中办、国办.关于进一步加强高技能人才工作的意见［EB/OL］.［2006－6－11］. http：//www.gov.cn/jrzg/2006－06/11/content_306934.htm.

［17］劳动和社会保障部.关于印发农村劳动力技能就业计划的通知（劳社部发［2006］18号）［EB/OL］.［2006－05－12］.http：//www.tj.lss.gov.cn/ecdomain/ecplatform/fileHandle.do?action=read&objectID=20081114160137968.

［18］劳动和社会保障部.关于进一步加强高技能人才评价工作的通知［J/OL］.创业者，2006（16）.http：//www.cnki.com.cn/Article/CJFDTotal-CYZE200616027.htm.

［19］劳动和社会保障部.高技能人才培养体系建设"十一五"规划纲要［J/OL］.中国职业技术教育.2007（18）.http：//www.cnki.com.cn/Article/CJFDTotal-ZONE200718001.htm.

［20］劳动和社会保障部.关于开展高技能人才公共实训基地建设试点工作的指导意见［EB/OL］.［2011－03－28］.http：//www.cettic.gov.cn/zyjnjd/dypj/2011－03/28/content_407885.htm.

［21］中共中央、国务院.国家中长期人才发展规划纲要（2010—2020年）［EB/OL］.［2010－6－6］.http：//cpc.people.com.cn/GB/64093/64387/11796576.html.

［22］教育部副部长鲁昕.大力加强职业教育科研工作［EB/OL］.［2011-2-18］.http：//www.moe.edu.cn/publicfiles/business/htmlfiles/moe/moe_1485/201102/115053.html.

［23］人力资源和社会保障部.技能人才队伍建设中长期规划（2010-2020年）［EB/OL］.（2011-7-6）.http：//baike.baidu.com/view/6259863.htm.

［24］李克强主持召开国务院常务会议，部署加快发展现代职业教育［EB/OL］.［2014-2-26］.http：//www.gov.cn/ldhd/2014－02/26/content_2622673.htm.

［25］鲁昕.为促进经济提质增效升级提供人才支撑——教育部副部长鲁昕谈加快构建现代职业教育体系［EB/OL］.［2014-3-26］. http：//news.xinhuanet.com/2014－03/26/c_119961295.htm.

［26］国务院办公厅.关于加快发展现代职业教育的决定［EB/OL］.［2014-5-4］.http：//www.scio.gov.cn/ztk/xwfb/2014/gxbjhzyjyggyfzqkxwfbh/xgbd31088/Document/1373573/1373573.htm.

［27］习近平.加快发展职业教育 让每个人都有人生出彩机会［EB/OL］.［2014-6-23］. http：//news.xinhuanet.com/politics/2014－06/23/c_1111276223.htm.

［28］教育部等六部门.现代职业教育体系建设规划（2014-2020年）［EB/OL］.［2014-6-16］.http：//old.moe.gov.cn//publicfiles/business/htmlfiles/moe/moe_630/201406/xxgk_170737.html.

二、期刊论文

［1］黄尧.深化教育改革，推进素质教育［J］.职教论坛，1999（9）.

[2]《职业技术教育》编辑部.世界职业教育五大趋势[J].职业技术教育,2001(6).

[3]陈拥贤.对职教校本课程开发的探讨[J].职业技术教育,2001(2).

[4]范国睿.政府·社会·学校——基于校本管理理念的现代学校制度设计[J].教育发展研究,2005(1).

[5]喻忠恩.论校企合作中的政府角色[J].职业技术教育,2009(22).

[6]中国职教学会.中国职业教育校企合作体制机制调研报告[Z].2011.

[7]姜大源.现代职业教育体系构建的理性追问[J].教育研究,2011(11).

[8]沈怡,董大奎.职教集团化办学的中高职教育贯通研究[J].职业技术教育,2011(07).

[9]刘红.协同发展 走大型国企与职业教育互动共赢之路——"鲁商集团"职业教育办学的理念、策略及探索[J].中国职业技术教育,2011(28).

[10]邱璐轶.职校校企合作的影响因素分析[J].教育探索,2011(4).

[11]邵元君,匡瑛.国家职业标准:中高职衔接中培养目标定位的重要依据——基于美英的经验[J].职教论坛,2012(28).

[12]马尔立,樊伟伟,王振华,严鹏.大型企业办学的体制改革与机制创新研究[J].中国职业技术教育,2012(27).

[13]兰小云.我国职业教育校企合作政策效度刍议[J].现代教育管理,2012(6).

[14]朱德全,李鹏.论统筹城乡职业教育的多重治理逻辑[J].西南大学学报(社会科学版),2013(4).

[15]丁惠炯.职业院校"校报"在语文能力培养中的作用探析——以"大语文能力"为研究视角[J].语文学刊(上旬刊),2013(2).

[16]丁惠炯.复合型人才需求语境下职校"校报"记者培养诸问题[J].语文学刊(上旬刊),2013(4).

[17]杨运鑫.中国新合作职业教育论纲[J].教育与职业,2013(35).

[18]褚宏启,贾继娥.教育治理与教育善治[J].中国教育学刊,2014(12).

[19]张健.教育治理体系的现代化:标准、困境及路径[J].教育发展研究,2014(9).

[20]孙健.职教治理体系中的社会参与:缺位与定位——以行业协会为例[J].教育发展研究,2015(19).

[21]肖凤翔,史洪波.从无序到有序:我国现代职业教育协同共治之理[J].教育发展研究,2015(21).

[21]丁惠炯.内蒙古构建现代职业教育体系政策探赜[J].内蒙古教育,2016(4).

[22]丁惠炯,李霞.内蒙古职教集团化中的"府际合作"问题研究[J].包头职业技术学院学报,2016(9).

三、学术专著

[1]中共中央文献研究室.建国以来重要文献选编[M].北京:中央文献出版社,1992.

［2］叶立群.职业技术教育学［M］.福州：福建教育出版社，1995.
［3］［捷］夸美纽斯.大教学论［M］.傅任敢，译.北京：教育科学出版社，1999.
［4］闻友信，杨金梅.职业教育史［M］.海口：海南出版社，2000.
［5］石伟平.比较职业技术教育［M］.上海：华东师范大学出版社，2001.
［6］张家祥，钱景舫.职业技术教育学［M］.上海：华东师范大学出版社，2001.
［7］赵志群.职业教育与培训学习新概念［M］.北京：科学出版社，2003.
［8］［美］托马斯·R.戴伊（Thomas.R.Dye）著，彭勃等译.理解公共政策［M］.北京：华夏出版社，2004.
［9］刘合群，刘志文，任平，等.职业教育学［M］.广州：广东职业教育出版社，2004.
［10］吴雪萍.国际职业技术教育研究［M］.杭州：浙江大学出版社，2004.
［11］欧阳河.职业教育基本问题研究［M］.北京：教育科学出版社，2006.
［12］刘凤岐.利益分配概论［M］.北京：中国社会科学出版社，2006.
［13］姜大源.当代德国职业教育主流教学思想研究［M］.北京：清华大学出版社，2007.
［14］方德英.校企合作创新——博弈·演化与对策［M］.北京：中国经济出版社，2007.
［15］黄尧.职业教育学——原理与应用［M］.北京：高等教育出版社，2009.
［16］丁惠炯.内蒙古技能型人才开发策略诸问题研究［M］.北京：经济日报出版社，2015.

四、外文文献

［1］Raddon，Arwen.The Role of Employers in Sectoral Skills Development：International Approaches.University of Leicester Centre for Labour Market Studies Working，Paper49.2006.

［2］Jonathan Payne. Sector skills councils and employer engagement – delivering the 'employer-led' skills agenda in England［J］. Journal of Education and Work.2008（2）.

［3］Johnny Sung.Vocational education and training and employer engagement：an industry-led sectoral system in the Netherlands［J］. International Journal of Training and Development.2010（1）.

［4］Employer Training Pilots：Finial Evaluation Reports. http：//www.dfes.gov.nk/research/data/nploadfiles/RR774.pdf.

［5］Australian National Training Authority.Australia's National Strategy for Vocational Education and Training 2004-2010. www.anta.gov.au/dapStrategy.asp.

［6］John Stanwick. Employer engagement with the vocational education and training system in Australia. http：//ncver.edu.au/publications/2135.html.

附 录

教育部等六部门关于印发《现代职业教育体系建设规划（2014-2020年）》的通知

教发〔2014〕6号

各省、自治区、直辖市教育厅（教委）、发展改革委、财政厅（局）、人力资源社会保障厅（局）、农业（农牧、农村经济）厅（委、局）、扶贫办（局），新疆生产建设兵团教育局、发展改革委、财务局、人力资源社会保障局、农业局，有关部门（单位）教育司（局）：

为贯彻落实党的十八大和十八届三中全会精神，贯彻落实《国家中长期教育改革和发展规划纲要（2010-2020年）》《国务院关于加快发展现代职业教育的决定》，加快发展现代职业教育，建设现代职业教育体系，服务实现全面建成小康社会目标，教育部、国家发展改革委、财政部、人力资源社会保障部、农业部、国务院扶贫办组织编制了《现代职业教育体系建设规划（2014-2020年）》。现印发给你们，请结合本地区、本部门的实际情况，认真组织实施。

教育部　国家发展改革委 财政部
人力资源社会保障部 农业部　国务院扶贫办
2014年6月16日

现代职业教育体系建设规划

（2014-2020年）

为全面贯彻党的十八大和十八届三中全会精神，依据《国民经济和社会发展第十二个五年规划纲要》《国家中长期教育改革和发展规划纲要（2010-2020年）》《国家中长期人才发展规划纲要（2010-2020年）》《国务院关于加快发展现代职业教育的决定》和各产业、行业规划，特制定本规划。

一、规划背景

加快发展现代职业教育是党中央、国务院做出的重大战略决策。现代职业教育是服务经济社会发展需要，面向经济社会发展和生产服务一线，培养高素质劳动者和技术技能人才并促进全体劳动者可持续职业发展的教育类型。建立现代职业教育体系，是促进现代职业教育服务转方式、调结构、促改革、保就业、惠民生和工业化、信息化、城镇化、农业现代化同步发展的制度性安排，对打造中国经济升级版，创造更大人才红利，促进就业和改善民生，加强社会建设和文化建设，满足人民群众生产生活多样化的需求，实现中华民族伟大复兴的中国梦都具有重要意义。

随着新型工业化的推进和科学技术的发展，现代职业教育体系越来越成为国家竞争力的重要支撑。特别是国际金融危机以来，美、日、俄、印及其他欧洲各国等都将完善现代职业教育体系作为增强国家竞争力特别是发展实体经济的战略选择，力求在新一轮国际竞争中建立巩固的、可持续的人才和技术竞争优势。

改革开放以来，我国职业教育改革发展取得了巨大成就，中高等职业教育快速发展，职业院校基础能力显著提高，产教结合、校企合作不断深入,行业企业参与不断加强,中高职衔接呈现良好势头。但是,必须清醒地看到,我国职业教育仍然存在着社会吸引力不强、发展理念相对落后、行业企业参与不足、人才培养模式相对陈旧、基础能力相对薄弱、层次结构不合理、基本制度不健全、国际化程度不高等诸多问题,并集中体现在职业教育体系不适应加快转变经济发展方式的要求上。抓住发展机遇,站在经济、社会和教育发展全局的高度,以战略眼光、现代理念和国际视野建设现代职业教育体系,加快发展现代职业教育,是促进教育公平、基本实现教育现代化和建设人力资源强国的必然选择。

二、总体要求

（一）指导思想

以邓小平理论、"三个代表"重要思想、科学发展观为指导,按照"五位一体"社会主义现代化建设总体布局和加快经济发展方式转变的总体要求,坚持以立德树人为根本,以服务发展为宗旨,以促进就业为导向,深化体制机制改革,统筹发挥好政府和市场的作用,系统设计现代职业教育的体系框架、结构布局和运行机制,推动教育制度创新和结构调整,培养数以亿计的工程师、高级技工和高素质职业人才,传承技术技能,促进就业创业,为建设人力资源强国和创新型国家提供人才支撑。

（二）建设目标

总体目标是：牢固确立职业教育在国家人才培养体系中的重要位置,到2020年,形成适应发展需求、产教深度融合、中职高职衔接、职业教育与普通教育相互沟通,体现终身教育理念,具有中国特色、世界水平的现代职业教育体系,建立人才培养立交桥,形成合理教育结构,推动现代教育体系基本建立、教育现代化基本实现。具体分两步走：

——2015年,初步形成现代职业教育体系框架。现代职业教育的理念得到广泛宣传,职业教育体系建设的重大政策更加完备,人才培养层次更加完善,专业结构更加符合市场需求,中高等职业教育全面衔接,产教融合、校企合作的体制基本建立,现代职业院校制度基本形成,职业教育服务国家发展战略的能力进一步提升,职业教育吸引力进一步增强。

——2020年,基本建成中国特色现代职业教育体系。现代职业教育理念深入人心,行业企业和职业院校(中等职业学校和高等职业学校的统称,下同)共同推进的技术技能积累创新机制基本形成,职业教育体系的层次、结构更加科学,院校布局和专业设置适应经济社会需求,现代职业教育的基本制度、运行机制、重大政策更加完善,社会力量广泛参与,建成一批高水平职业院校,各类职业人才培养水平大幅提升。

专栏1　现代职业教育体系建设量化目标

目标	单位	2012年	2015年	2020年
中等职业教育在校生数	万人	2114	2250	2350
专科层次职业教育在校生数	万人	964	1390	1480
继续教育参与人次	万人次	21000	29000	35000
职业院校职业教育集团参与率	%	75	85	90
高职院校招收有实际工作经验学习者比例	%	5	10	20
职业院校培训在校生(折合数)相当于学历职业教育在校生的比例	%	14	20	30
实训基地骨干专业覆盖率	%	35	50	80
有实践经验的专兼职教师占专业教师总数的比例	%	35	45	60
职业院校校园网覆盖率	%	90	100	100
数字化资源专业覆盖率	%	70	80	100

(三)基本原则

坚持政府统筹规划。以提高质量、促进就业、服务发展为导向,发挥政府在职业教育体系建设中的引导、规范和督导作用,深化重要领域和关键环节的改革。中央政府加强职业教育体系的顶层设计,完善体系建设、管理、运行的法律法规和基本制度。扩大省级政府统筹权,鼓励各地根据区域经济社会发展需要,探索体系建设模式,推动职业教育多样化、多形式发展。

坚持市场需求导向。充分发挥市场在资源配置中的决定性作用,扩大职业院校办学自主权,推动学校面向社会需求办学,增强职业教育体系适应市场经济的能力。充分调动社会力量，吸引更多资源向职业教育汇聚，促进政府办学、企业办学和社会办学共同发展。进一步发挥行业、企业、学校和社会各方面的积极作用，激发职业教育办学活力，最大限度释放改革红利。

坚持产教融合发展。走开放融合、改革创新的中国特色现代职业教育体系建设道路，推动职业教育融入经济社会发展和改革开放的全过程，推动专业设置与产业需求、课程内容与职业标准、教学过程与生产过程对接，实现职业教育与技术进步和生产方式变革以及社会公共服务相适应，促进经济提质增效升级。

坚持各级各类教育协调发展。统筹职业教育和普通教育、继续教育发展，建立学分积累和转换制度，畅通人才成长通道。优化职业教育体系结构和空间布局，形成普通教育与职业教育相互沟通、全日制与非全日制协调发展，学历教育与非学历培训沟通衔接，公办民办共同发展的现代职业教育新格局。

三、体系的基本架构

按照终身教育的理念，形成服务需求、开放融合、纵向流动、双向沟通的现代职业教育的体系框架和总体布局。

（一）职业教育的层次结构

初等职业教育。在有需要的地方继续办好初等职业教育学校。各类职业院校、培训机构和用人单位内部开展实用技术技能培训，使学习者获得基本的工作和生活技能。

专栏2 教育体系基本框架示意图

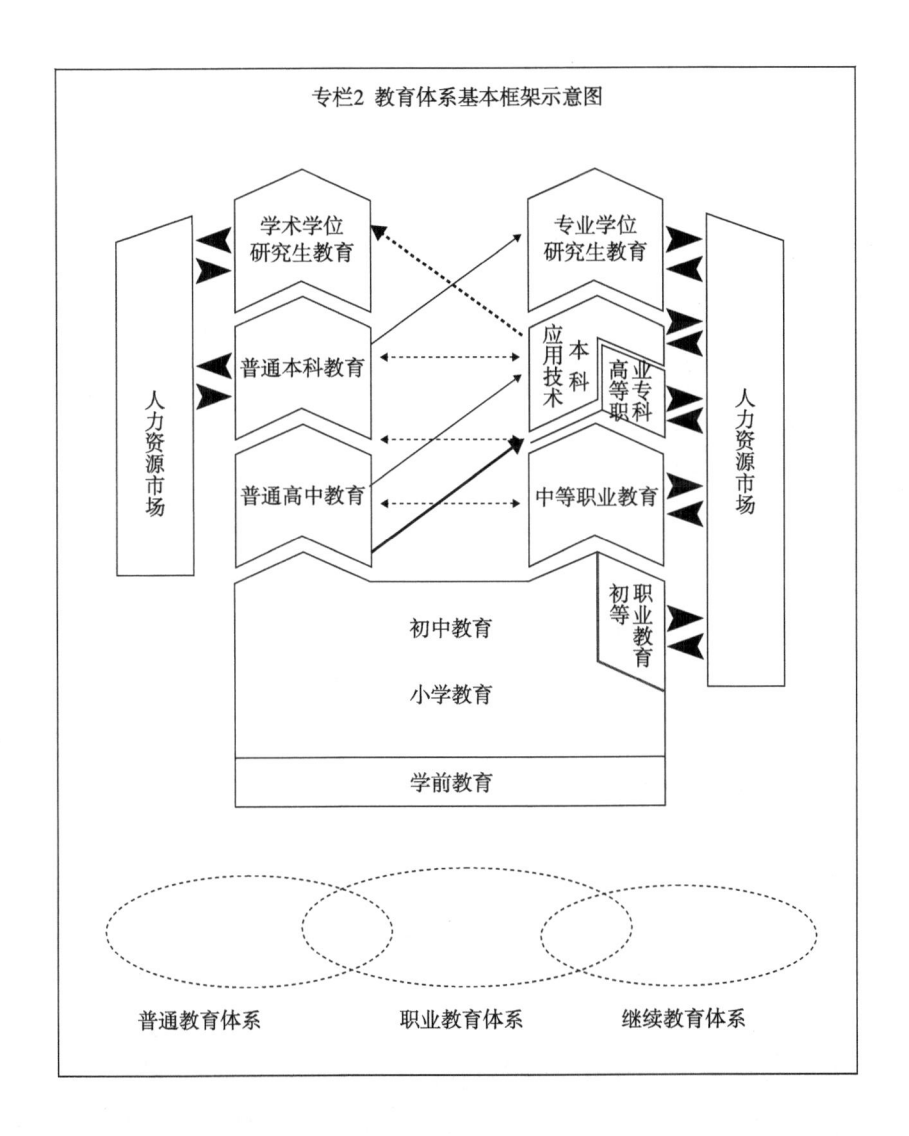

（普通教育体系　职业教育体系　继续教育体系）

中等职业教育。中等职业教育在现代职业教育体系中具有基础作用，为初高中毕业生开展基础性的知识、技术和技能教育，培养技能人才。中等职业教育是职业教育发展的重点，今后一个时期总体保持普通高中和中等职业学校招生规模大体相当。

高等职业教育。在办好现有专科层次高等职业（专科）学校的基础上，发展应用技术类型高校，培养本科层次职业人才。应用技术类型高等学校是高等教育体系的重要组成部分，与其他普通本科学校具有平等地

199

位。高等职业教育规模占高等教育的一半以上，本科层次职业教育达到一定规模。建立以提升职业能力为导向的专业学位研究生培养模式。根据高等学校设置制度规定，将符合条件的技师学院纳入高等学校序列。

（二）职业教育的终身一体

职业辅导教育。普通教育学校为在校生和未升学毕业生提供多种形式职业发展辅导。普通高中根据需要适当增加职业技术教育内容。职业院校和普通教育学校开展以职业道德、职业发展、就业准备、创业指导等为主要内容的就业教育和服务。

职业继续教育。各类职业院校是继续教育的重要主体，通过多种教育形式为所有劳动者提供终身学习机会。企事业单位举办职工教育，建立制度化的岗位培训体系。社会培训机构是职业继续教育的重要组成部分，依法自主开展职业培训和承接政府组织的职业培训。

劳动者终身学习。增强职业教育体系的开放性和多样性，使劳动者能够在职业发展的不同阶段通过多次选择、多种方式灵活接受职业教育和培训，促进学习者为职业发展而学习，使职业教育成为促进全体劳动者可持续发展的教育。

（三）职业教育的办学类型

政府办学、企业办学和社会办学。建立政府、企业和其他社会力量共同发挥办学主体作用，公办和民办职业院校共同发展的职业教育办学体制。政府实行统一的准入制度，办好骨干职业院校，支持社会力量办学。各类主体兴办的职业院校具有同等法律地位，依法公平、公开竞争。

全日制职业教育与非全日制职业教育。增加非全日制职业教育在职业教育中的比重，发展工学交替、双元制、学徒制、半工半读、远程教育等各种灵活学习方式的职业教育。通过改革学制、学籍和学分管理制度，实现全日制职业教育和非全日制职业教育的统筹管理。

学历职业教育与非学历职业教育。职业院校同时开展学历职业教育和非学历职业教育，满足行业、企业和社区的多样化需求。职业院校和职业培训机构开展的非学历职业教育可以通过质量认证体系、学分积累和转换制度、学分银行和职业资格考试进行学历认证。

（四）职业教育的开放沟通

职业教育体系内部。系统构建从中职、专科、本科到专业学位研究生的培养体系，满足各层次技术技能人才的教育需求，服务一线劳动者的职业成长。拓宽高等职业学校招收中等职业学校毕业生、应用技术类型高等学校招收职业院校毕业生通道，打开职业院校学生的成长空间。在确有需要的职业领域，可以实行中职、专科、本科贯通培养。

职业教育与普通教育。建立职业教育和普通教育双向沟通的桥梁。普通学校和职业院校可以开展课程和学分互认。学习者可以通过考试在普通学校和职业院校之间转学、升学。普通高等学校可以招收职业院校毕业生，并与职业院校联合培养高层次应用型人才。

职业教育与人力资源市场。职业院校按照经济社会发展的需求确定人才培养的规格层次、专业体系、培养方式和质量标准。畅通一线劳动者继续学习深造的路径，增加有工作经验的技术技能人才在职业院校学生中的比重，建立在职人员学习——就业——再学习的通道，实现优秀人才在职业领域与教育领域的顺畅转换。

四、体系建设的重点任务

以现代教育理念为先导，加强现代职业教育体系建设的重点领域和薄弱环节。

（一）优化职业教育服务产业布局

大力发展现代农业职业教育。以培养新型职业农民为重点，建立公益性农民培养培训制度。推进农民继续教育工程，创新农学结合模式。以农业职业院校为主体，构建覆盖全国、服务完善的现代职业农民教育网络。依托农业高等学校、职业院校组建农业教育集团，培养多层次农业技术人才，参与农业技术推广体系建设。鼓励企业、行业协会、农业合作社举办或参与举办农业职业院校，参与涉农专业、课程和人才培养模式改革。提高农村基础教育、职业教育和成人继续教育统筹水平，促进农科教结合。推动一批县（区）在农村职业教育和成人教育改革发展方面发挥示范作用。

续表

　　提升服务工业转型升级能力。根据国家发展先进制造业的战略部署，按照现代生产方式和产业技术进步要求，重点培养掌握新技术、具备高技能的高素质技术技能人才。适应战略性新兴产业、现代能源产业、海洋产业、综合交通运输体系、生态环境保护等领域的发展需要，优先发展相关新兴专业，提高中国制造和中国装备的市场竞争力，加快完善人才支撑体系。

　　加快培养服务现代服务业人才。根据服务业加快发展的趋势，逐步提高面向服务业的职业教育比重。重点加强服务金融、物流、商务、医疗、健康和高技术服务等现代服务业的职业教育，培养具有较高文化素质和技术技能素质的新型服务人才。深化文化艺术类职业教育改革，重点培养文化创意人才、基层文化人才，传承创新民族文化和民族工艺，推动文化产业成为国民经济支柱型产业。

　　加紧满足社会建设和社会管理人才需求。发挥职业教育植根社区、服务社区的重要作用，推动职业院校面向基层，积极开设城镇管理、乡村建设、社会保障、社区工作、文化体育、环境卫生、老龄服务等专业，培养下得去、留得住的有文化、懂技术、善沟通的高素质社会管理和服务工作者。

专栏3　经济和社会重点领域与技术技能人才培养

现代农业	加强农业职业教育，培养适应农业产业化和科技进步的新型职业农民。加强适应现代农业生产方式的技术人才、流通人才、经营和管理人才培养，支持农业结构战略性调整。
制造业	加快培养适应工业转型升级需要的技术技能人才，使劳动者素质的提升与制造技术、生产工艺和流程的现代化保持同步，实现产业核心技术技能的传承、积累和创新发展，促进造业由大变强。
服务业	面向金融服务、现代物流、商务服务、社会工作服务和高技术服务领域，培养具备高尚职业道德、较高人文素养、通晓国际标准和高超技术技能的专门人才，通过人才专业化提升服务业的竞争力。适应老龄服务事业和产业发展需要，加快相关人才培养。
战略性新兴产业	坚持自主创新带动与技术技能人才支撑并重的人才发展战略，加强战略性新兴产业相关专业建设，培养、储备应用先进技术、使用先进装备和具有工艺创新能力的高层次技术技能人才。

续表

能源产业	适应现代能源产业体系建设需要,加强新能源、可再生能源相关专业建设,加快节能环保、污染物防治与安全处置、资源回收与循环利用等相关产业技术技能人才培养。
交通运输	服务综合交通运输体系建设,改造提升交通运输相关专业,优化人才培养结构,加快轨道交通、民航、公共交通等急需技术技能人才培养,提高从业人员素质。
海洋产业	加强海洋类职业院校和专业建设,加快海洋油气业、海洋渔业、海洋船舶业等海洋传统产业、海洋交通运输业、海洋旅游业等海洋服务业,以及海洋装备制造业等海洋新兴产业急需的技术技能人才培养,为发展壮大海洋经济和增强海洋开发利用能力提供人才支撑。
社会建设与社会管理	支持职业院校围绕城乡发展、社会管理、社区服务、基层文化建设,培养基层管理和公共服务人才。
文化产业	适应文化产业的发展需要,加强文化创意、影视制作、出版发行等重点文化产业技术技能人才的培养。依托职业教育体系保护、传承和创新民族传统工艺与非物质文化遗产,培养各民族文艺人才。

（二）统筹职业教育区域发展布局

优化职业教育区域布局。各地从本区域实际出发,规划职业教育体系布局结构。东部地区和大中城市要根据经济转型升级的需要,提高中等职业教育的核心竞争力和高等职业教育的现代化水平。中西部地区要多渠道筹措资金增强职业教育基础能力,以中等职业教育为重点普及高中阶段教育,提高服务当地特色优势产业的高等职业教育质量。民族地区要从加快区域经济社会发展和促进各民族交流交融的要求出发,加快职业教育发展步伐,着力优化结构、提高质量,加强双语、"双师型"教师队伍建设,提升职业教育服务当地特色优势产业、民族文化和民族工艺、基本公共服务、社会管理和贫困家庭脱贫致富的能力。

优化职业教育城乡布局。充分发挥职业教育就业导向作用,引导农村剩余劳动力向城镇和非农产业有序转移。重点加强农民工、农民工子女和城市转岗就业人员的职业教育和培训。在城镇化建设中科学规划职业教育,院校布局更加贴近所服务的产业和社区。新增高等职业学校主要向中小城市布局。根据各主体功能区的定位,推动区域内职业院校科学定位,使每一所职业院校集中力量办好当地经济社会需要的特色优势专业（集群）。推动县区职业教育中心（中等职业学校）成为区域学历教育、技术推广、扶贫开发、劳动力转移培训和社会生活教育的开放平台,将服务网络延伸到社区、村庄、合作社、农场、企业。

（三）加快民办职业教育发展步伐

完善鼓励社会力量办学的政策环境。充分发挥社会力量举办职业教育对加快建立现代职业教育体系、激发职业教育发展活力的重要作用。完善各类职业院校设置标准，建立公开透明规范的民办职业教育准入、审批制度，稳步扩大优质民办教育规模。鼓励企业举办或参与举办职业院校，到2020年，大中型企业参与职业教育办学的比例达到80%以上。各地要把社会力量举办的职业院校纳入教育发展规划，推动民办职业院校分类管理试点，健全政府补贴、购买服务、助学贷款、基金奖励、捐资激励等制度，鼓励社会力量参与职业教育办学。对办学规范、管理严格的民办职业院校，逐步实行在核定办学规模内自主确定招生范围和年度招生计划的制度。

创新民办职业教育办学模式。支持发展一批品牌化、连锁化和中高职衔接的民办职业教育集团。积极支持各类办学主体通过独资、合资、合作等多种形式举办民办职业教育，探索发展股份制、混合所有制职业院校。开展社会力量参与公办职业院校改革建立混合所有制职业院校试点，允许社会力量通过购买、承租、委托管理等方式改造办学活力不足的公办职业院校。鼓励民间资本与公办优质教育资源嫁接合作在经济欠发达地区扩大优质职业教育资源。鼓励企业和公办职业院校合作举办混合所有制性质的二级学院。允许社会力量以资本、知识、技术、管理等要素参与办学并享有相应权利，探索在民办职业院校实行职工持股。鼓励专业技术人才、高技能人才在职业院校建设股份合作制的工作室。

（四）推动职业教育集团化发展

科学规划职业教育集团发展。职业教育集团化发展是政府主导、行业指导、企业参与的职业教育办学体制的重要实现形式，对促进教育链和产业链有机融合有重要作用。完善现有职业教育集团的治理结构、发展机制，逐步扩大各类职业院校参与率，到2020年基本覆盖所有职业院校，初步建成300个富有活力和引领作用的骨干职业教育集团。开展多元投资主体依法共建职业教育集团的改革试点。

创新职业教育集团的发展机制。按照市场导向、利益共享、合作互赢的原则，吸引各类主体参与职业教育集团建设。通过中央企业和行业龙头企业牵头、骨干职业院校牵头、行业和职业院校联合、地方政府整合职业教育资源、区域内职业院校资源共享等方式多样化发展职业教育集团。鼓励各地在重大产业建设工程中，同步规划覆盖全产业链的职业教育集团。

提升职业教育集团的发展活力。研究制定促进职业教育集团发展的支持政策。支持符合条件的职业教育集团统筹中高职衔接、专业课程建设、实训基地建设、教师队伍建设。鼓励通过领导干部交叉任职、共建技术创新平台和生产性实训基地、建立混合所有制职业院校等方式强化集团内部的利益纽带。鼓励行业特色明显的普通高等学校参与职业教育集团。鼓励职业教育集团与跨国企业、境外教育机构等开展合作。

（五）加强中等职业教育基础地位

巩固提高中等职业教育。中等职业教育是公共服务体系的重要组成部分。将普及高中阶段教育重点放在中等职业教育。坚持以就业为导向办好中等职业教育，按照系统培养、全面培养、终身教育的理念，加强思想道德和职业道德教育，强化基础文化和体育、艺术课程，加强新技术教育和技能训练，为学生全面成才、持续发展奠定扎实基础。继续探索举办职业教育和普通教育融通的综合高中。

调整优化中等职业教育布局。各地要根据本地产业、人口、教育实际和城镇化进程提出中等职业教育规划布局指导意见，指导各地从实际出发逐步优化中等职业教育学校布局和专业。鼓励优质学校通过兼并、托管、合作办学等形式，整合办学资源；对定位不明确、办学质量低、服务能力弱的学校实行调整改造或兼并重组。推动各项要素资源优化整合，逐步提高中等职业学校办学水平。

（六）优化高等职业教育结构

推进高等学校分类管理。建立高等学校分类体系，探索对研究类型高校、应用技术类型高校、高等职业学校等不同类型的高等学校实行分类设置、评价、指导、评估、拨款制度。鼓励举办应用技术类型高校，将其建设成为直接服务区域经济社会发展，以举办本科职业教育为重点，融职业教育、高等教育和继续教育于一体的新型大学。原则上现有专科高等职业学校不升格为或并入普通高等学校。各地科学规划区域内高等教育布局结构，根据国家的有关规定设置专科阶段高等学校。

引导一批本科高等学校转型发展。支持定位于服务行业和地方经济社会发展的本科高等学校实行综合改革，向应用技术类型高校转型发展。鼓励独立学院转设为独立设置的学校时定位为应用技术类型高校。鼓励本科高等学校与示范性高等职业学校通过合作办学、联合培养等方式培养高层次应用技术人才。应用技术类型高校同时招收在职优秀技术技能人才、职业院校优秀毕业生和普通高中、综合高中毕业生。各地采取计划、财政、评估等综合性调控政策引导地方本科高等学校转型发展。

加快高等职业学校改革步伐。深化高等职业学校治理结构、专业体系、培养模式、招生入学制度等关键领域改革，提升办学活力和人才培养质量。根据区域发展需要设立的高等职业学校，要强化服务社区导向，为社区提供职业教育、继续教育和普通高等学校基础课程。行业特色明显的高等职业学校，要增强服务产业导向，发挥提升产业竞争力的作用。

探索举办特色学院。鼓励大型企业、科研机构和行业协会举办或参与举办以服务产业链为目标，主要依托企业开展教学实训，人才培养和职工培训融为一体，产教、科教融合发展，专业特色明显的特色学院，新增一批优质高等职业教育资源。

（七）完善职业人才衔接培养体系

加强中高职衔接。推进中等和高等职业教育培养目标、专业设置、课程体系、教学过程等方面的衔接。探索对口合作、集团化发展等多形式的衔接方式。逐步扩大职业院校自主招生权和学习者自主选择权，形成多种方式、多次选择的衔接机制和衔接路径。充分发挥开放大学在中高职衔接中的重要作用。

完善五年制高职。以初中为起点的五年制高等职业学校，主要面向学前教育、护理、健康服务、社区服务等特殊专业领域，培养兼具较高文化素质和专业技术技能的专门人才。国家发布五年制高职专业目录。支持办好重点培养产业发展和社会建设急需人才的五年制高等职业学校。

强化学历、学位和职业资格衔接。研究探索符合职业教育特点的学位制度。完善学历学位证书和资格证书"双证书"制度，逐步实现职业教育学历学位证书体系、专业学位研究生教育与职业资格证书体系的有机衔接，探索建立各级职业教育与普通教育相衔接的制度。完善职业院校合格毕业生取得相应职业资格证书的办法。

（八）建立职业教育质量保障体系

完善校企合作、工学结合的人才培养体系。将工学结合贯穿职业教育教学全过程，学生从入学开始就接受相应的动手和实践课程，并根据培养目标同步深化文化、技术和技能学习与训练，逐步实现就业需求和人才培养的有机衔接。加强科学素养、技术思维和实践能力教育，加强实验、实训、实习和研究性学习环节。加强工程实践中心、实训基地和企业实习基地的建设，保障学习者有质量的实习实训需求。强化实习实训环节的评价考核。在有条件的企业试行职业院校和企业联合招生、联合培养的学徒制，企业根据用工需求与职业院校实行联合招生（招工）、联合培养。完善支持政策，通过政府、企业、社会、家庭等多渠道筹集学生（学徒）培养培训经费。

加强职业院校德育工作。积极培育和践行社会主义核心价值观。弘扬民族优秀文化和现代工业文明，传承民族工艺文化中以德为先、追求技艺、重视传承的优良传统。推进产业文化进教育、企业文化进校园、职业文化进课堂，将生态环保、绿色节能、清洁生产、循环经济等理念融入到教育过程，开展丰富多彩的校园文化活动，建设融合产业文化的校园文化。切实加强职业道德教育，注重用优秀毕业生先进事迹教育引导在校学生，培养具有现代职业理念和良好职业操守的高素质人才。鼓励企业与职业院校开展多种形式的文化实践活动。

健全职业教育质量评价制度。以学习者的职业道德、技术技能水平和就业质量为核心，建立职业教育质量评价体系。完善学校、行业、企业、研究机构和其他社会组织共同参与的职业教育质量评价机制。各地要加强对职业教育的督导和评估，开展以人才培养质量和服务贡献为主要内容的职业院校绩效考核。职业院校要建立内部质量评价制度，强化质量保障体系建设。注重发挥行业作用，支持行业协会开展职业院校人才培养质量评估，提高人才培养质量和结构与行业需求的匹配度。鼓励企业、用人单位开展毕业生就业质量、满意度等评价。积极支持各类专业组织等第三方机构开展质量评估。

（九）改革职业教育专业课程体系

建立产业结构调整驱动专业改革机制。办好特色优势专业，压缩供过于求的专业，调整改造办学层次、办学质量与需求不对接的专业，建立面向市场、优胜劣汰的专业设置机制。职业院校可以在政府和行业的指导下对接职业和岗位需求自主设置专业。支持职业院校设置反映未来产业变革和技术进步趋势的新专业。到2015年，基本完成新一轮专业设置改革，学校特色优势专业集中度显著提高。扩大学生选专业、转专业的自主权。建立专业设置信息发布平台和动态调整预警机制。探索建立区域中高职专业设置管理的宏观协调机制。

建立产业技术进步驱动课程改革机制。适应经济发展、产业升级和技术进步需要，建立国家职业标准与专业教学标准联动开发机制。按照科技发展水平和职业资格标准设计课程结构和内容。通过用人单位直接参与课程设计、评价和国际先进课程的引进，提高职业教育对技术进步的反应速度。到2020年，基本形成对接紧密、特色鲜明、动态调整的职业教育课程体系。

建立真实应用驱动教学改革机制。职业院校按照真实环境真学真做掌握真本领的要求开展教学活动。推动教学内容改革，按照企业真实的技术和装备水平设计理论、技术和实训课程；推动教学流程改革，依据生产服务的真实业务流程设计教学空间和课程模块；推动教学方法改革，通过真实案例、真实项目激发学习者的学习兴趣、探究兴趣和职业兴趣。

（十）完善"双师型"教师培养培训体系

改革教师资格和编制制度。根据职业教育的特点完善教师资格标准、专业技术职务（职称）评聘办法。探索在职业学校设置正高级教师职务（职称）。各地要比照普通高中和普通高等学校，根据职业教育特点核定公办职业院校教职工编制。新增教师编制主要用于引进有实践经验的专业教师，到2020年，有实践经验的专兼职教师占专业教师总数的比例达到60%

以上。

改革职业院校用人制度。落实职业院校用人自主权，鼓励职业院校按照国家相关规定聘请企业管理人员、工程技术人员和能工巧匠担任专兼职教师。建立符合职业院校特点的教师绩效评价标准，绩效工资内部分配向"双师型"教师适当倾斜。探索建立行业企业举办的职业院校和民办职业院校教师年金制度。

完善教师培养制度。加强职业技术师范院校建设。依托高水平学校和大中型企业建立"双师型"职业教育师资培养基地。探索职业教育师资定向培养制度和"学历教育+企业实训"的培养办法。加强职业教育教师队伍师德建设，增强教师从事职业教育的荣誉感和责任感。

完善教师培训制度。建立职业院校教师轮训制度，促进职业院校教师专业化发展。建立一批职业教育教师实践企业基地，实行新任教师先实践、后上岗和教师定期实践制度，专业教师每两年专业实践的时间累计不少于两个月。鼓励职业院校教师加入行业协会组织。

（十一）加速数字化、信息化进程

推进信息化平台体系建设。将信息化作为现代职业教育体系建设的基础，实现"宽带网络校校通""优质资源班班通""网络学习空间人人通"。加强职业院校信息化基础设施建设，到2015年宽带和校园网覆盖所有职业院校。加强职业教育信息化管理平台建设，到2015年基本建成职业教育信息化管理系统，并与全国公共就业信息服务平台联通，实现资源共享。加强职业教育数字化资源平台建设，到2020年，数字化资源覆盖所有专业。建立全国职业教育数字资源共建共享联盟，制定职业教育数字资源开发规范和审查认证标准，推动建设面向全社会的优质数字化教学资源库。提高开放大学信息化建设水平，到2020年信息技术应用达到世界先进水平。

加快数字化专业课程体系建设。加紧用信息技术改造职业教育专业课程，使每一个学生都具有与职业要求相适应的信息技术素养。与各行业、产业信息化进程紧密结合，将信息技术课程纳入所有专业。在专业课程中广泛使用计算机仿真教学、数字化实训、远程实时教育等技术。加快发展数字农业、智能制造、智慧服务等领域的相关专业。加强对教师信息技术应用能力的培训,将其作为教师评聘考核的重要标准。办好全国职业院校信息化教学大赛。

(十二)建设开放型职业教育体系

扩大引进优质职业教育资源。有计划地学习和引进国际先进、成熟适用的人才培养标准、专业课程、教材体系和数字化教育资源。大力引进国外智力,支持职业院校申办聘请外国专家(文教类)许可。实施跟踪和赶超战略,鼓励职业院校与国外高水平院校建立一对一合作关系。鼓励职业院校举办高水平中外合作办学机构和项目。鼓励职业院校以团队方式派遣访问学者系统学习国外先进办学模式。加强同联合国教科文组织、世界银行等国际组织和职业教育先进国家开展职业教育领域的合作和交流。

鼓励骨干职业院校走出去。服务国家对外开放战略,培育一批具有国际竞争力的职业院校。加快培养适应我国企业走出去要求的技术技能人才。积极扩大职业院校招收海外留学生的规模,探索和规范职业院校到国(境)外办学。支持承揽海外大型工程的企业与职业院校联合建立国际化人才培养基地。鼓励沿边地区的职业院校加强与周边国家的合作,提高我国教育对周边国家的辐射力、影响力。

五、体系建设的制度保障和机制创新

以产教融合为主线,建立各级政府、行业、企业、学校和社会各方面共同参与的制度创新平台,为现代职业教育体系建设提供制度保障。

(一)完善职业教育法律体系和标准体系

推动加快修订《职业教育法》。依法确立现代职业教育体系基本架构,明确各级政府的职责,规范职业院校、行业、企业等主体的权利、义务,将职业教育体系建设的成果法制化。完善促进校企合作和职业教育集团化发展的法律法规。在修订教育法、民办教育促进法、高等教育法、教师法、学位条例以及劳动、社会保障、外国专家等方面的法律法规时,按照现代职业教育体系建设的要求修订完善相关条款。

建立健全职业教育标准体系。加快制定符合职业教育特点、适应经济发展和产业升级要求的各类职业院校办学标准。完善各项标准的实施和检验制度。各地要制定规划和实施方案，到2020年，使各类职业院校基本达到国家规定的办学标准。

（二）推进职业教育管办评分离改革

转变政府管理方式。完善分级管理、地方为主、政府统筹、社会参与的管理体制，加快政府职能转变，减少部门职责交叉和分散，减少对学校教育教学具体事务的干预。各级政府加强发展战略、规划、政策、标准等制定和实施，统筹区域职业教育发展，落实职业教育投入责任，创设有利于产教融合、校企合作和社会力量参与办学的良好制度环境。赋予省级政府更大权限，扩大省级政府在现代职业教育体系建设中的统筹权。

加强行业指导、企业参与。构建职业教育行业指导体系，发挥行业在提供政策咨询服务、发布行业人才需求、推进校企合作、参与指导教育教学、开展质量评价等方面的重要作用。加强行业指导能力建设，各地和有关部门将适宜行业组织承担的职责通过授权委托、购买服务等方式交给行业组织，给予政策支持并强化服务监管。加强职业教育行业指导委员会和教学指导委员会建设。通过法制建设、政策引导、考核评价等多种途径进一步落实企业参与校企合作、支持学生实习实训、开展职工继续教育的责任。用人单位要为职工的职业继续教育和终身学习提供条件。将国有大中型企业支持职业教育列入企业履行社会责任考核内容。

扩大职业院校办学自主权。实行"负面清单"制度，深化行政审批制度改革，推动政校分开，扩大职业院校在专业设置和调整、人事管理、教师评聘、收入分配等方面的自主权。完善职业院校治理结构、内外部约束和激励机制，确保职业院校用好办学自主权。坚持和完善中等职业学校校长负责制、公办高等职业学校党委领导下的校长负责制。完善体现职业院校办学和管理特点的绩效考核内部分配机制。

健全职业教育督导评估制度。完善中等职业教育督导评估办法，制定高等职业教育督导评估办法。建立职业教育定期督导评估和专项督导评估制度。完善督导报告制度、公报制度、约谈制度、限期整改制度、奖惩制度等制度，将督导评估结果作为地方各级政府和有关部门、职业院校绩效考核的重要内容。

（三）深化职业教育招生考试制度改革

建立符合职业教育特点的招生考试制度。根据高等教育招生考试制度改革总体方案，制定高等学校考试招生制度改革的实施意见和改革方案，加快推进高等职业教育分类招考，建立符合技术技能人才成长规律的选拔机制。重点探索"知识+技能"、单独招生、自主招生和技能拔尖人才免试等考试招生办法，为学生接受不同层次高等职业教育提供多样化入学形式。加快专业学位研究生入学考试制度改革，扩大招收有一定工作经历和实践经验的一线劳动者的比例。完善职业院校教学比赛制度，办好全国职业院校技能大赛，提升国际影响力，将学生比赛成绩作为升入高一级学校的重要依据。

扩大职业院校毕业生升学机会。扩大学校招生自主权，适度提高专科高等职业学校招收中等职业学校毕业生的比例、本科高等学校招收职业院校毕业生的比例，逐步扩大高等职业学校招收有实践经历人员的比例。对不同类型的学生实行不同的选拔方式，为不同来源学生、不同学习方式制定不同培养方案。积极探索非户籍生源在流入地参加考试升入高等职业学校的办法。鼓励农民工采取灵活多样的学习方式接受职业教育与培训。

（四）完善校企合作的现代职业院校治理结构

完善校企合作各项制度。制定促进校企合作办学法规。建立健全校企合作规划、合作治理、合作培养机制，使人才培养融入企业生产服务流程和价值创造过程。职业院校和合作企业要不断完善知识共享、课程更新、订单培养、顶岗实习、生产实训、交流任职、员工培训、协同创新等制度。推动学校把实训实习基地建在企业，企业把人才培养和培训基地建在学校。探索引校进厂、引厂进校、前店后校等校企一体化的合作形式。

推动行业、企业和社区参与职业院校治理。职业院校设立理（董）事会，50%以上的成员要来自企业、行业和社区。设立专业指导委员会，50%以上的成员要来自用人单位。完善体现职业教育特色的职业院校章程和制度，明确理（董）事会、校（院）长、专业指导委员会和教职工代表大会的职权，提高职业院校治理能力。制订符合职业教育特点的校长（院长）

任职资格标准,积极推进校长聘任制改革和公开选拔试点,鼓励企业家、创业家担任校长(院长),培养和造就一批职业教育家。

(五)创新校企协同的技术技能积累机制

建立重点产业技术积累创新联合体。制定多方参与的支持政策,推动政府、学校、行业、企业的联动,促进技术技能的积累和创新。在关系国家竞争力的重要产业部门,规划建立一批企业和职业院校紧密合作的技术技能积累创新平台,促进新技术、新材料、新工艺、新装备的应用,加快先进技术转化和产业转型升级步伐。推动企业将职业院校纳入技术创新体系,强化协同创新,促进劳动者素质与技术创新、技术引进、技术改造同步提高,实现新技术产业化与新技术应用人才储备同步。推动职业院校和职业教育集团通过多层次人才培养体系和技术推广体系,主动参与企业技术创新,积极推动技术成果扩散,为科技型小微企业创业提供人才、科技服务。

支持职业教育传承民族工艺和文化。将民族特色产品、工艺、文化纳入现代职业教育体系,将民族文化融入学校教育全过程,着力推动民间传统手工艺传承模式改革,逐步形成民族工艺职业院校传承创新的现代机制。积极发展集民族工艺传承创新、文化遗产保护、高技能人才培养、产业孵化于一体的职业教育。鼓励民间艺人、技艺大师和非物质文化遗产传承人参与职业教育办学。

(六)构建适应现代职业教育体系的投入机制

落实财政性职业教育经费投入。通过调整优化财政支出结构、加强规划、制定标准等措施,加大各级政府对职业教育的投入。地方政府加强职业教育布局结构、基本建设、专业建设和教师队伍建设规划,加大对体系建设重点领域和薄弱环节的投入。2015年底前,各地依法出台职业院校生均经费标准或公用经费标准。县级以上政府要建立职业教育经费绩效评价制度、审计监督公告制度、预决算公开制度。加强职业院校办学条件、人才培养质量、培训经费使用等方面的信息公开。加大中央财政对经济欠发达地区职业教育的转移支付力度。

充分利用社会资本发展现代职业教育。完善民办职业教育收费制度,在完善民办职业教育信息公开和质量评价标准的基础上，逐步形成主要由市场决定的收费价格形成机制。加强企业落实足额提取职工教育培训经费政策的监督检查。加大职业教育捐赠的优惠政策、典型案例、社会效益的舆论宣传。鼓励社会力量通过资金、土地、装备、技术、人才等多种要素投资职业教育。完善财政贴息贷款等政策，健全民办职业院校融资机制。鼓励发展实习实训设备融资租赁业务。支持营利性职业教育机构通过金融手段和资本市场融资。支持境内外企业积极参与职业教育中外合作办学。

加强职业教育基础能力建设。建立政府、行业、企业、个人、社会共同参与的基础能力建设多元投资机制。实施现代职业教育质量提升计划，加大"十二五"期间规划项目的推进和实施力度，启动编制"十三五"职业院校基础能力建设规划并纳入各地经济社会发展规划，重点加大对现代农业、装备制造业、现代服务业、战略性新兴产业、民族工艺和基本公共服务等领域的急需专业（集群）的支持力度。积极推进以部分地方本科高等学校为重点的转型发展试点，支持一批本科高等学校转型发展为应用技术类型高等学校，形成一批支持产业转型升级、加速先进技术转化应用、对区域发展有重大支撑作用的高水平应用技术人才培养专业集群。地方政府、相关行业部门和大型企业要切实加强所办职业院校基础能力建设，支持一批职业院校争创国际先进水平。

（七）健全促进职业教育公平的体制机制

推动职业教育面向全社会、面向人人。广泛开展面向未升学初高中毕业生、农民、新生代农民工、退役军人、失业人员等群体的职业教育和培训。重视残疾人职业教育，充分考虑各类残疾人员的特点和社会需求，注重拓展专业教育范围，为学习者提高生活质量和就业质量服务。

加快贫困地区职业教育发展。充分发挥职业教育在扶贫开发中的重要作用，围绕贫困地区产业发展和基本公共服务需求，提高职业教育扶贫的精准度。中央和省级政府、发达地区加大对贫困地区、革命老区、民族地区、边疆地区职业教育的扶持、支援力度。改善民族地区职业院校办学条件。有计划地支持集中连片特殊困难地区内限制开发和禁止开发区初中毕业生到省（区、市）内外经济较发达地区接受职业教育。

完善职业教育资助政策体系。健全公平公正、多元投入、规范高效的职业教育国家资助政策体系。逐步建立职业院校助学金覆盖面和补助标准动态调整机制，加大对农林水地矿油核等专业学生的助学力度。推行以直补个人为主的资助经费支付办法，完善直补个人的政策设计、台账管理和监督检查机制，确保资助资金让真正需要资助的受教育者受益。综合考虑经济社会发展和职业教育改革要求，适时调整职业院校收费标准。

（八）创新职业教育区域合作机制

完善东中西部对口支援机制。将职业教育作为东部地区对口支援中西部地区的优先领域。鼓励东部地区职业教育集团吸纳中西部地区职业院校成员，东部地区职业院校（集团）对口支援中西部地区职业院校。推动建立发达地区和欠发达地区中等职业教育合作办学工作机制。国家制定奖补政策，支持东部地区职业院校特别是示范性职业院校扩大面向中西部地区的招生规模。完善东中西部对口支援机制，扩大合作办学招生规模，组建跨区域职业教育集团，总结推广"9+3"免费职业教育模式。改进内地西藏班、新疆中职班的招生计划安排、教学管理工作，统筹安排毕业生就业，加强民族团结教育。

深化区域内职业教育合作。鼓励各地打破行政区划限制，建立区域职业教育合作平台，协调职业教育发展政策。率先在京津冀、长三角、珠三角等地区推动职业院校跨省域合作培养人才、合作培训教师、合作开发课程、共享数字化教学资源、共享教学科研成果。

（九）建立职业教育服务社区机制

推动职业院校社区化办学。各类职业院校要发挥社区文化中心、教育中心的作用，举办各种形式短期职业教育、继续教育和文化生活类课程，向社会免费开放服务设施和数字化教育资源。到2015年，所有职业院校都要开设10门以上社区课程。

建立社区与职业院校联动机制。建立社区和职业院校联席会议制度，支持社区参与制订职业院校发展规划、校园建设规划、专业建设规划和社区服务计划，协调社区企事业单位为职业院校提供实习实践场所，加强校园周边环境综合治理。

六、保障实施

以完善工作机制和政策配套为重点，建立保障现代职业教育体系建设的政策体系和实施机制。

（一）加强组织领导

落实政府责任。中央政府负责制定职业教育体系建设法律法规、重大政策和总体发展规划。充分发挥职业教育工作部门联席会议制度的作用。加强省级政府统筹规划，赋予省级政府在学校布局规划、招生考试等方面更多的权限。加强地市级政府对区域内职业教育的统筹规划与管理。县级政府根据农村经济社会发展需要，完善县域职业教育与职业培训网络。

明确部门职责。国务院有关部门要有效运用总体规划、政策引导等手段以及税收金融、财政转移支付等杠杆，加强对职业教育的统筹协调和分类指导。教育、人力资源社会保障、发展改革、财政部门以及行业部门根据各自职责分别负责有关工作，共同推进现代职业教育体系建设。

设立专家咨询委员会。专家咨询委员会由行业、教育、人力资源社会保障等领域的专家组成，对现代职业教育体系建设的重大问题提出意见和建议。

（二）完善支持政策

将职业教育纳入产业发展和城乡建设规划。科学预测经济社会发展对各类人才的需求，推动职业教育层次和专业结构调整与区域产业结构调整相适应，职业教育课程和实训基地建设与产业技术进步相适应，适度超前储备新兴产业急需人才。完善人社部门与有关部门、行业组织联合发布年度分行业、分岗位的人才就业状况和需求预测制度。建立紧缺人才培养能力调查制度。新建城市、城市新区和各类产业集聚区建设要科学规划职业教育布局，统筹教育和产业资源，推动产教融合发展。

提高一线劳动者地位待遇。深化收入分配制度改革，提高劳动报酬在初次分配中的比重，健全国有企业、科研院校和高等学校分配激励机制。各地要创造各类人才平等就业环境，改革用人制度，取消用人和人才流动中的城乡、行业、身份、性别等限制。政府部门和企事业单位招收人员不得歧视职业院校毕业生。落实一线劳动者医疗、养老、就业等政策。鼓励企业建立高技能人才职务津贴和特殊岗位津贴制度，按照国家现行法律法规的有关规定对符合条件的高技能人才给予股份和期权等激励措施。提高相关表彰奖励中一线劳动者的比例。鼓励企业和其他用人单位按照国家有关规定建立一线劳动者表彰奖励制度。按照国家有关规定制订国家高技能人才评选标准和办法，选拔出各级各类一线能工巧匠和技术能手，鼓励其在一线岗位建功立业和带徒传承技艺。

完善税收金融支持政策。鼓励企事业单位、社会团体和公民个人通过公益性社会团体或者县级以上人民政府及其部门向职业院校进行捐赠，其捐赠支出按照现行税收法律规定在税前扣除。企业因接受实习生所发生的与取得收入有关的合理的支出，按照税收法律法规的规定在计算应纳税所得额时扣除。对职业院校自办的、以服务学生实习实训为主要目的的企业或经营活动，按照国家有关规定享受税收等优惠。完善金融支持政策。完善职业院校实习学生的实习、见习责任保险制度，完善职业院校学生实习安全管理和劳动保护制度。

完善毕业生就业创业政策。坚持"先培训，后就业""先培训，后上岗"原则，对从事涉及公共安全、人身健康、生命财产安全等特殊工种的劳动者，严格落实就业准入法规和政策。规范清理影响职业院校毕业生公平就业的政策。人力资源社会保障、教育部门和职业院校要加强毕业生就业的政策指导和信息服务。各级公共就业服务机构、高校毕业生就业指导服务机构要免费提供就业服务，并加大对技术技能人才的宣传和推荐。加强职业院校就业指导机构的建设，加强就业、创业教育和服务。引导毕业生转变就业观念，鼓励多渠道多形式就业，允许学生休学创业，促进创业带动就业。各地要改善创业环境，充分利用国家现有政策对职业院校毕业生创业加大支持力度。

（三）营造良好氛围

在全社会树立重视职业教育的理念。加大现代职业教育宣传力度，引导全社会树立尊重劳动、尊重知识、尊重技术、尊重创新的观念，树立劳动最光荣、劳动最崇高、劳动最伟大、劳动最美丽的观念，树立依靠辛勤劳动、诚实劳动、创造性劳动开创美好未来的观念，促进形成"劳动光荣、技能宝贵、创造伟大"的社会氛围，激发年轻人学习职业技能的积极性。大力宣传新中国成立以来涌现的优秀工人群体和"爱岗敬业、争创一流、艰苦奋斗、勇于创新、淡薄名利、甘于奉献"的劳模精神。研究设立职业教育活动周，每年开展宣传教育活动。

（四）加强监测评估

加强规划宣传。组织动员各类媒体广泛宣传本规划的主要政策，及时总结和宣传各地、各部门、各行业企业推进职业教育体系建设的典型经验和做法，形成全社会关心、支持职业教育体系建设的舆论环境和良好氛围。

建立规划实施目标责任制。各级政府要积极推进落实本规划，制定规划各项目标任务的分解落实方案，明确实施单位和实施部门，落实责任分工。各有关部门要制订工作方案，行业主管部门要指导行业企业制定实施办法。各地要围绕规划确定的战略目标、主要任务和制度安排，编制并组织实施本地区职业教育体系建设规划和行动计划，出台相关配套政策，明确时间表、路线图。

加强规划实施情况的监测和督导评估。各地要对规划实施情况进行跟踪指导检查，及时研究规划实施过程中的新情况和新问题。教育督导部门要加强对规划实施情况的督导评估，积极支持第三方机构开展评估。鼓励社会各界对规划实施情况进行监督。

国务院关于加快发展现代职业教育的决定

国发〔2014〕19号

各省、自治区、直辖市人民政府，国务院各部委、各直属机构：

近年来，我国职业教育事业快速发展，体系建设稳步推进，培养培训了大批中高级技能型人才，为提高劳动者素质、推动经济社会发展和促进就业作出了重要贡献。同时也要看到，当前职业教育还不能完全适应经济社会发展的需要，结构不尽合理，质量有待提高，办学条件薄弱，体制机制不畅。加快发展现代职业教育，是党中央、国务院作出的重大战略部署，对于深入实施创新驱动发展战略，创造更大人才红利，加快转方式、调结构、促升级具有十分重要的意义。现就加快发展现代职业教育作出以下决定。

一、总体要求

（一）**指导思想**。以邓小平理论、"三个代表"重要思想、科学发展观为指导，坚持以立德树人为根本，以服务发展为宗旨，以促进就业为导向，适应技术进步和生产方式变革以及社会公共服务的需要，深化体制机制改革，统筹发挥好政府和市场的作用，加快现代职业教育体系建设，深化产教融合、校企合作，培养数以亿计的高素质劳动者和技术技能人才。

（二）**基本原则**

——政府推动、市场引导。发挥好政府保基本、促公平作用，着力营造制度环境、制定发展规划、改善基本办学条件、加强规范管理和监督指导等。充分发挥市场机制作用，引导社会力量参与办学，扩大优质教育资源,激发学校发展活力,促进职业教育与社会需求紧密对接。

——加强统筹、分类指导。牢固确立职业教育在国家人才培养体系中的重要位置,统筹发展各级各类职业教育,坚持学校教育和职业培训并举。强化省级人民政府统筹和部门协调配合,加强行业部门对本部门、本行业职业教育的指导。推动公办与民办职业教育共同发展。

——服务需求、就业导向。服务经济社会发展和人的全面发展,推动专业设置与产业需求对接,课程内容与职业标准对接,教学过程与生产过程对接,毕业证书与职业资格证书对接,职业教育与终身学习对接。重点提高青年就业能力。

——产教融合、特色办学。同步规划职业教育与经济社会发展,协调推进人力资源开发与技术进步,推动教育教学改革与产业转型升级衔接配套。突出职业院校办学特色,强化校企协同育人。

——系统培养、多样成才。推进中等和高等职业教育紧密衔接,发挥中等职业教育在发展现代职业教育中的基础性作用,发挥高等职业教育在优化高等教育结构中的重要作用。加强职业教育与普通教育沟通,为学生多样化选择、多路径成才搭建"立交桥"。

(三)**目标任务**。到2020年,形成适应发展需求、产教深度融合、中职高职衔接、职业教育与普通教育相互沟通,体现终身教育理念,具有中国特色、世界水平的现代职业教育体系。

——结构规模更加合理。总体保持中等职业学校和普通高中招生规模大体相当,高等职业教育规模占高等教育的一半以上,总体教育结构更加合理。到2020年,中等职业教育在校生达到2350万人,专科层次职业教育在校生达到1480万人,接受本科层次职业教育的学生达到一定规模。从业人员继续教育达到3.5亿人次。

——院校布局和专业设置更加适应经济社会需求。调整完善职业院校区域布局,科学合理设置专业,健全专业随产业发展动态调整的机制,重点提升面向现代农业、先进制造业、现代服务业、战略性新兴产业和社会管理、生态文明建设等领域的人才培养能力。

——职业院校办学水平普遍提高。各类专业的人才培养水平大幅提升,办学条件明显改善,实训设备配置水平与技术进步要求更加适应,现代信息技术广泛应用。专兼结合的"双师型"教师队伍建设进展显著。建成一批世界一流的职业院校和骨干专业,形成具有国际竞争力的人才培养高地。

——发展环境更加优化。现代职业教育制度基本建立,政策法规更加健全,相关标准更加科学规范,监管机制更加完善。引导和鼓励社会力量参与的政策更加健全。全社会人才观念显著改善,支持和参与职业教育的氛围更加浓厚。

二、加快构建现代职业教育体系

(四)巩固提高中等职业教育发展水平。各地要统筹做好中等职业学校和普通高中招生工作,落实好职普招生大体相当的要求,加快普及高中阶段教育。鼓励优质学校通过兼并、托管、合作办学等形式,整合办学资源,优化中等职业教育布局结构。推进县级职教中心等中等职业学校与城市院校、科研机构对口合作,实施学历教育、技术推广、扶贫开发、劳动力转移培训和社会生活教育。在保障学生技术技能培养质量的基础上,加强文化基础教育,实现就业有能力、升学有基础。有条件的普通高中要适当增加职业技术教育内容。

(五)创新发展高等职业教育。专科高等职业院校要密切产学研合作,培养服务区域发展的技术技能人才,重点服务企业特别是中小微企业的技术研发和产品升级,加强社区教育和终身学习服务。探索发展本科层次职业教育。建立以职业需求为导向、以实践能力培养为重点、以产学结合为途径的专业学位研究生培养模式。研究建立符合职业教育特点的学位制度。原则上中等职业学校不升格为或并入高等职业院校,专科高等职业院校不升格为或并入本科高等学校,形成定位清晰、科学合理的职业教育层次结构。

(六)引导普通本科高等学校转型发展。采取试点推动、示范引领等方式,引导一批普通本科高等学校向应用技术类型高等学校转型,重点举办本科职业教育。独立学院转设为独立设置高等学校时，鼓励其定位为应用技术类型高等学校。建立高等学校分类体系，实行分类管理，加快建立分类设置、评价、指导、拨款制度。招生、投入等政策措施向应用技术类型高等学校倾斜。

（七）完善职业教育人才多样化成长渠道。健全"文化素质+职业技能"、单独招生、综合评价招生和技能拔尖人才免试等考试招生办法，为学生接受不同层次高等职业教育提供多种机会。在学前教育、护理、健康服务、社区服务等领域，健全对初中毕业生实行中高职贯通培养的考试招生办法。适度提高专科高等职业院校招收中等职业学校毕业生的比例、本科高等学校招收职业院校毕业生的比例。逐步扩大高等职业院校招收有实践经历人员的比例。建立学分积累与转换制度，推进学习成果互认衔接。

（八）积极发展多种形式的继续教育。建立有利于全体劳动者接受职业教育和培训的灵活学习制度，服务全民学习、终身学习，推进学习型社会建设。面向未升学初高中毕业生、残疾人、失业人员等群体广泛开展职业教育和培训。推进农民继续教育工程，加强涉农专业、课程和教材建设，创新农学结合模式。推动一批县（市、区）在农村职业教育和成人教育改革发展方面发挥示范作用。利用职业院校资源广泛开展职工教育培训。重视培养军地两用人才。退役士兵接受职业教育和培训，按照国家有关规定享受优待。

三、激发职业教育办学活力

（九）引导支持社会力量兴办职业教育。创新民办职业教育办学模式，积极支持各类办学主体通过独资、合资、合作等多种形式举办民办职业教育；探索发展股份制、混合所有制职业院校，允许以资本、知识、技术、管理等要素参与办学并享有相应权利。探索公办和社会力量举办的职业院校相互委托管理和购买服务的机制。引导社会力量参与教学过程，共同开发课程和教材等教育资源。社会力量举办的职业院校与公办职业院校具有同等法律地位，依法享受相关教育、财税、土地、金融等政策。健全政府补贴、购买服务、助学贷款、基金奖励、捐资激励等制度，鼓励社会力量参与职业教育办学、管理和评价。

（十）**健全企业参与制度**。研究制定促进校企合作办学有关法规和激励政策，深化产教融合，鼓励行业和企业举办或参与举办职业教育，发挥企业重要办学主体作用。规模以上企业要有机构或人员组织实施职工教育培训、对接职业院校，设立学生实习和教师实践岗位。企业因接受实习生所实际发生的与取得收入有关的、合理的支出，按现行税收法律规定在计算应纳税所得额时扣除。多种形式支持企业建设兼具生产与教学功能的公共实训基地。对举办职业院校的企业，其办学符合职业教育发展规划要求的，各地可通过政府购买服务等方式给予支持。对职业院校自办的、以服务学生实习实训为主要目的的企业或经营活动，按照国家有关规定享受税收等优惠。支持企业通过校企合作共同培养培训人才，不断提升企业价值。企业开展职业教育的情况纳入企业社会责任报告。

（十一）**加强行业指导、评价和服务**。加强行业指导能力建设，分类制定行业指导政策。通过授权委托、购买服务等方式，把适宜行业组织承担的职责交给行业组织，给予政策支持并强化服务监管。行业组织要履行好发布行业人才需求、推进校企合作、参与指导教育教学、开展质量评价等职责，建立行业人力资源需求预测和就业状况定期发布制度。

（十二）**完善现代职业学校制度**。扩大职业院校在专业设置和调整、人事管理、教师评聘、收入分配等方面的办学自主权。职业院校要依法制定体现职业教育特色的章程和制度，完善治理结构，提升治理能力。建立学校、行业、企业、社区等共同参与的学校理事会或董事会。制定校长任职资格标准，推进校长聘任制改革和公开选拔试点。坚持和完善中等职业学校校长负责制、公办高等职业院校党委领导下的校长负责制。建立企业经营管理和技术人员与学校领导、骨干教师相互兼职制度。完善体现职业院校办学和管理特点的绩效考核内部分配机制。

（十三）**鼓励多元主体组建职业教育集团**。研究制定院校、行业、企业、科研机构、社会组织等共同组建职业教育集团的支持政策，发挥职业教育集团在促进教育链和产业链有机融合中的重要作用。鼓励中央企业和行业龙头企业牵头组建职业教育集团。探索组建覆盖全产业链的职业教育集团。健全联席会、董事会、理事会等治理结构和决策机制。开展多元投资主体依法共建职业教育集团的改革试点。

（十四）**强化职业教育的技术技能积累作用**。制定多方参与的支持政策，推动政府、学校、行业、企业联动，促进技术技能的积累与创新。推动职业院校与行业企业共建技术工艺和产品开发中心、实验实训平台、技能大师工作室等，成为国家技术技能积累与创新的重要载体。职业院校教师和学生拥有知识产权的技术开发、产品设计等成果，可依法依规在企业作价入股。

四、提高人才培养质量

（十五）**推进人才培养模式创新**。坚持校企合作、工学结合，强化教学、学习、实训相融合的教育教学活动。推行项目教学、案例教学、工作过程导向教学等教学模式。加大实习实训在教学中的比重，创新顶岗实习形式，强化以育人为目标的实习实训考核评价。健全学生实习责任保险制度。积极推进学历证书和职业资格证书"双证书"制度。开展校企联合招生、联合培养的现代学徒制试点，完善支持政策，推进校企一体化育人。开展职业技能竞赛。

（十六）**建立健全课程衔接体系**。适应经济发展、产业升级和技术进步需要，建立专业教学标准和职业标准联动开发机制。推进专业设置、专业课程内容与职业标准相衔接，推进中等和高等职业教育培养目标、专业设置、教学过程等方面的衔接，形成对接紧密、特色鲜明、动态调整的职业教育课程体系。全面实施素质教育，科学合理设置课程，将职业道德、人文素养教育贯穿培养全过程。

（十七）**建设"双师型"教师队伍**。完善教师资格标准，实施教师专业标准。健全教师专业技术职务（职称）评聘办法，探索在职业学校设置正高级教师职务（职称）。加强校长培训，实行五年一周期的教师全员培训制度。落实教师企业实践制度。政府要支持学校按照有关规定自主聘请兼职教师。完善企业工程技术人员、高技能人才到职业院校担任专兼职教师的相关政策，兼职教师任教情况应作为其业绩考核评价的重要内容。加强职业技术师范院校建设。推进高水平学校和大中型企业共建"双师型"教师培养培训基地。地方政府要比照普通高中和高等学校，根据职业教育特点核定公办职业院校教职工编制。加强职业教育科研教研队伍建设，提高科研能力和教学研究水平。

（十八）**提高信息化水平**。构建利用信息化手段扩大优质教育资源覆盖面的有效机制，推进职业教育资源跨区域、跨行业共建共享，逐步实现所有专业的优质数字教育资源全覆盖。支持与专业课程配套的虚拟仿真实训系统开发与应用。推广教学过程与生产过程实时互动的远程教学。加快信息化管理平台建设，加强现代信息技术应用能力培训，将现代信息技术应用能力作为教师评聘考核的重要依据。

（十九）**加强国际交流与合作**。完善中外合作机制，支持职业院校引进国（境）外高水平专家和优质教育资源，鼓励中外职业院校教师互派、学生互换。实施中外职业院校合作办学项目，探索和规范职业院校到国（境）外办学。推动与中国企业和产品"走出去"相配套的职业教育发展模式，注重培养符合中国企业海外生产经营需求的本土化人才。积极参与制定职业教育国际标准，开发与国际先进标准对接的专业标准和课程体系。提升全国职业院校技能大赛国际影响。

五、提升发展保障水平

（二十）**完善经费稳定投入机制**。各级人民政府要建立与办学规模和培养要求相适应的财政投入制度，地方人民政府要依法制定并落实职业院校生均经费标准或公用经费标准，改善职业院校基本办学条件。地方教育附加费用于职业教育的比例不低于30%。加大地方人民政府经费统筹力度，发挥好企业职工教育培训经费以及就业经费、扶贫和移民安置资金等各类资金在职业培训中的作用，提高资金使用效益。县级以上人民政府要建立职业教育经费绩效评价制度、审计监督公告制度、预决算公开制度。

（二十一）健全社会力量投入的激励政策。鼓励社会力量捐资、出资兴办职业教育，拓宽办学筹资渠道。通过公益性社会团体或者县级以上人民政府及其部门向职业院校进行捐赠的，其捐赠按照现行税收法律规定在税前扣除。完善财政贴息贷款等政策，健全民办职业院校融资机制。企业要依法履行职工教育培训和足额提取教育培训经费的责任，一般企业按照职工工资总额的1.5%足额提取教育培训经费，从业人员技能要求高、实训耗材多、培训任务重、经济效益较好的企业可按2.5%提取，其中用于一线职工教育培训的比例不低于60%。除国务院财政、税务主管部门另有规定外，企业发生的职工教育经费支出，不超过工资薪金总额2.5%的部分，准予扣除；超过部分，准予在以后纳税年度结转扣除。对不按规定提取和使用教育培训经费并拒不改正的企业，由县级以上地方人民政府依法收取企业应当承担的职业教育经费，统筹用于本地区的职业教育。探索利用国（境）外资金发展职业教育的途径和机制。

（二十二）加强基础能力建设。分类制定中等职业学校、高等职业院校办学标准，到2020年实现基本达标。在整合现有项目的基础上实施现代职业教育质量提升计划，推动各地建立完善以促进改革和提高绩效为导向的高等职业院校生均拨款制度，引导高等职业院校深化办学机制和教育教学改革；重点支持中等职业学校改善基本办学条件，开发优质教学资源，提高教师素质；推动建立发达地区和欠发达地区中等职业教育合作办学工作机制。继续实施中等职业教育基础能力建设项目。支持一批本科高等学校转型发展为应用技术类型高等学校。地方人民政府、相关行业部门和大型企业要切实加强所办职业院校基础能力建设，支持一批职业院校争创国际先进水平。

（二十三）完善资助政策体系。进一步健全公平公正、多元投入、规范高效的职业教育国家资助政策。逐步建立职业院校助学金覆盖面和补助标准动态调整机制，加大对农林水地矿油核等专业学生的助学力度。有计划地支持集中连片特殊困难地区内限制开发和禁止开发区初中毕业生到省（区、市）内外经济较发达地区接受职业教育。完善面向农民、农村转移劳动力、在职职工、失业人员、残疾人、退役士兵等接受职业教育和培训的资助补贴政策，积极推行以直补个人为主的支付办法。有关部门和职业院校要切实加强资金管理，严查"双重学籍""虚假学籍"等问题，确保资助资金有效使用。

（二十四）**加大对农村和贫困地区职业教育支持力度**。服务国家粮食安全保障体系建设，积极发展现代农业职业教育，建立公益性农民培养培训制度，大力培养新型职业农民。在人口集中和产业发展需要的贫困地区建好一批中等职业学校。国家制定奖补政策，支持东部地区职业院校扩大面向中西部地区的招生规模，深化专业建设、课程开发、资源共享、学校管理等合作。加强民族地区职业教育，改善民族地区职业院校办学条件，继续办好内地西藏、新疆中职班，建设一批民族文化传承创新示范专业点。

（二十五）**健全就业和用人的保障政策**。认真执行就业准入制度，对从事涉及公共安全、人身健康、生命财产安全等特殊工种的劳动者，必须从取得相应学历证书或职业培训合格证书并获得相应职业资格证书的人员中录用。支持在符合条件的职业院校设立职业技能鉴定所（站），完善职业院校合格毕业生取得相应职业资格证书的办法。各级人民政府要创造平等就业环境，消除城乡、行业、身份、性别等一切影响平等就业的制度障碍和就业歧视；党政机关和企事业单位招用人员不得歧视职业院校毕业生。结合深化收入分配制度改革，促进企业提高技能人才收入水平。鼓励企业建立高技能人才技能职务津贴和特殊岗位津贴制度。

六、加强组织领导

（二十六）**落实政府职责**。完善分级管理、地方为主、政府统筹、社会参与的管理体制。国务院相关部门要有效运用总体规划、政策引导等手段以及税收金融、财政转移支付等杠杆，加强对职业教育发展的统筹协调和分类指导；地方政府要切实承担主要责任，结合本地实际推进职业教育改革发展，探索解决职业教育发展的难点问题。要加快政府职能转变，减少部门职责交叉和分散，减少对学校教育教学具体事务的干预。充分发挥职业教育工作部门联席会议制度的作用，形成工作合力。

（二十七）**强化督导评估**。教育督导部门要完善督导评估办法，加强对政府及有关部门履行发展职业教育职责的督导；要落实督导报告公布制度，将督导报告作为对被督导单位及其主要负责人考核奖惩的重要依据。完善职业教育质量评价制度，定期开展职业院校办学水平和专业教学情况评估，实施职业教育质量年度报告制度。注重发挥行业、用人单位作用，积极支持第三方机构开展评估。

（二十八）**营造良好环境**。推动加快修订职业教育法。按照国家有关规定，研究完善职业教育先进单位和先进个人表彰奖励制度。落实好职业教育科研和教学成果奖励制度，用优秀成果引领职业教育改革创新。研究设立职业教育活动周。大力宣传高素质劳动者和技术技能人才的先进事迹和重要贡献，引导全社会确立尊重劳动、尊重知识、尊重技术、尊重创新的观念，促进形成"崇尚一技之长、不唯学历凭能力"的社会氛围，提高职业教育社会影响力和吸引力。

国务院
2014 年 5 月 2 日

附件：

重点任务分工及进度安排表

序号	工作任务	负责部门	时间进度
一、加快构建就业导向的现代职业教育体系			
1	普遍提高中等职业学校办学水平，支持优质特色学校和骨干专业发展	教育部、发展改革委、财政部、人力资源社会保障部和各省级政府	持续实施
2	省级政府对区域内高等教育结构要加强统筹，突出特色，科学调整，形成高等职业教育与普通高等教育的合理布局	各省级政府	持续实施
3	根据区域发展特别是产业转型升级需求，采取试点推动、示范引领等方式，引导一批本科高等学校向应用技术类型高等学校转型，重点举办本科职业教育。独立学院转设为独立设置高等学校时，鼓励其定位为应用技术类型高等学校	教育部、发展改革委、财政部	2014年12月底前出台具体措施
4	建立高等学校分类体系，实行分类管理，加快建立分类设置、评价、指导、评估、拨款制度。招生、投入等政策措施向应用技术类型高等学校倾斜	教育部、发展改革委、财政部	2014年12月底前出台具体措施
5	探索建立各级职业教育与普通教育相衔接的制度。完善职业院校符合条件的毕业生进入更高层次学校学习制度。建立学分积累与转换制度	教育部牵头	2014年12月底前出台具体措施
6	适度提高高等职业院校招收中等职业学校毕业生的比例、应用技术类型高等学校招收职业院校毕业生的比例。逐步扩大高等职业院校招收有一定工作经历和实践经验人员的比例	教育部牵头	持续实施
7	制定政府、学校、行业、企业等多方参与技术技能积累创新的支持政策	教育部、发展改革委、财政部、人力资源社会保障部、工业和信息化部、国资委	2015年6月底前出台具体措施
8	大力发展民办职业教育	教育部、发展改革委、财政部、法制办	持续实施

续表

序号	工作任务	负责部门	时间进度
9	推进中等和高等职业教育紧密衔接、协调发展。建立以提升职业能力为导向的专业学位研究生培养模式。研究探索符合职业教育特点的学位制度	教育部牵头	2015年6月底前出台具体措施 |//
二、大力推进职业教育制度创新			
10	建立健全产教融合制度	发展改革委、财政部、教育部、工业和信息化部和各行业部门	2014年6月底前出台具体措施
11	根据不同行业特点分类制定行业指导政策	教育部、发展改革委等	持续实施
12	制定促进校企合作办学法规	法制办、教育部	2014年12月底前形成草案报国务院
13	完善和落实支持企业举办或参与举办职业教育的政策措施	教育部、财政部、人力资源社会保障部、国土资源部、税务总局等	2015年6月底前出台具体措施
14	研究制定政府、行业、企业、院校、科研机构、社会组织等共同组建职业教育集团的支持政策。积极推进多元投资主体共建职业教育集团的改革试点	教育部、发展改革委、财政部、国资委等	2014年6月底前出台支持的具体措施，启动改革试点
15	建立健全适合职业教育特点的考试招生制度	教育部	2014年12月底前出台具体措施
16	建设现代职业学校制度	教育部牵头	持续实施
三、全面提高职业教育人才培养质量			
17	落实立德树人根本任务，全面实施素质教育，推进人才培养模式创新	教育部	持续实施
18	健全学生实习责任保险制度	教育部、财政部、保监会	持续实施
18	积极推进学历证书和职业资格证书"双证书"制度。开展现代学徒制试点	教育部、人力资源社会保障部等	持续实施。2014年6月底前启动现代学徒制试点
19	建立国家职业标准与专业教学标准联动开发机制。推进专业设置、专业课程内容与职业标准相衔接，推进中等和高等职业教育培养目标、专业设置、教学过程等方面的衔接，形成对接紧密、特色鲜明、动态调整的职业教育课程体系	教育部、人力资源社会保障部	持续实施

续表

序号	工作任务	负责部门	时间进度
20	推动和指导地方政府根据职业教育特点核定职业学校编制。完善教师资格标准,实施教师专业标准。完善教师专业技术职务(职称)评聘办法,探索在职业学校设置正高级教师职务(职称)	中央编办、教育部、人力资源社会保障部	2014年12月底前出台具体措施
21	完善和落实支持教师到企业实践和职业学校面向企业聘请专兼职教师等政策措施,加强"双师型"教师队伍建设	教育部、财政部、人力资源社会保障部、国资委、中央编办	2014年12月底前出台具体措施
22	提高职业教育信息化水平	教育部、科技部、工业和信息化部等	持续实施
23	加强职业教育国际交流与合作	教育部、外交部等	持续实施
四、拓展职业教育覆盖面			
24	积极发展多种形式的继续教育。建立有利于全体劳动者接受职业教育的灵活学习制度	教育部牵头	持续实施
25	加强农村和贫困地区职业教育	教育部、发展改革委、财政部、人力资源社会保障部、农业部、扶贫办等	持续实施
26	国家制定奖补政策,深化东中西部职业院校合作	教育部、发展改革委、财政部	2014年6月底前出台具体措施
五、提升职业教育发展保障水平			
27	完善经费投入稳定增长机制。逐步提高财政职业教育支出水平。加大地方政府经费统筹力度。制定并逐步提高中等和高等职业院校生均经费标准、财政拨款标准或公用经费标准。	财政部、教育部等部门和各省级政府	2014年12月底前出台具体措施
28	制定积极政策,通过以奖代补、购买服务、金融支持等多种方式,鼓励行业、企业和社会筹措资金资源参与举办职业教育,开发课程、教材等优质教育资源	财政部、发展改革委、教育部、人力资源社会保障部	2014年12月底前出台具体措施
29	推进职业教育基础能力建设	教育部、发展改革委、财政部、人力资源社会保障部	持续实施。2014年12月底前启动实施现代职业教育质量提升工程
30	完善职业教育资助补贴政策	教育部、财政部、人力资源社会保障部、发展改革委	持续实施

续表

序号	工作任务	负责部门	时间进度
31	健全就业和用人的保障政策，为接受职业教育学生创造公平就业环境。支持在符合条件的职业院校设立职业技能鉴定所（站），完善职业院校合格毕业生取得相应职业资格证书的办法	人力资源社会保障部、教育部	2014年6月底前出台具体措施
32	加强职业教育科研工作。完善教育科研和教学成果奖励制度	教育部、发展改革委、人力资源社会保障部	2015年6月底前出台具体措施
六、加强对职业教育改革发展的组织领导			
33	落实政府职责，加快转变管理职能，减少部门职责交叉和分散	各有关部门和各省级政府	持续实施
34	完善职业教育督导评估办法，强化督导评估。积极支持第三方机构开展评估	教育部牵头	2014年6月底前出台具体措施
35	营造职业教育发展良好社会环境。按照国家有关规定健全职业教育先进单位和先进个人表彰奖励制度。设立职业教育活动周	中宣部、教育部、人力资源社会保障部、法制办、新闻出版广电总局	2014年6月底前出台具体措施

附录

图解《国务院关于加快发展现代职业教育的决定》

编者按：近年来，我国职业教育事业快速发展，为提高劳动者素质、推动经济社会发展和促进就业作出了重要贡献，同时也要看到，当前职业教育还不能完全适应经济社会发展的需要。加快发展现代职业教育，是党中央、国务院作出的重大战略部署。党中央、国务院就加快发展现代职业教育作出决定。

基本原则

- 01 政府推动、市场引导
- 02 加强统筹、分类指导
- 03 服务需求、就业导向
- 04 产教融合、特色办学
- 05 系统培养、多样成才

目标任务

到2020年，形成具有中国特色、世界水平的现代职业教育体系

① 结构规模更加合理
- 到2020年，中等职业教育在校生 2350万人
- 专科层次职业教育在校生 1480万人
- 从业人员继续教育 3.5亿人次

② 院校布局和专业设置更加适应经济社会需求
- 重点提升面向现代农业、先进制造业、现代服务业、战略性新兴产业和社会管理、生态文明建设等领域的人才培养能力

③ 职业院校办学水平普遍提高
- 办学条件改善，专兼结合的"双师型"教师队伍建设进展显著

④ 发展环境更加优化

加快构建现代职业教育体系

- ▼ 巩固提高中等职业教育发展水平
  有条件的普通高中要适当增加职业技术教育内容
- ▼ 创新发展高等职业教育
  密切产学研合作，重点服务中小微企业的技术研发和产品升级
- ▼ 引导普通本科高等学校转型发展
  招生、投入等向应用技术类型高等学校倾斜
- ▼ 完善职业教育人才多样化成长渠道
  扩大高等职业院校招收有实践经历人员的比例
- ▼ 积极发展多种形式的继续教育
  推进农民继续教育工程

提升发展保障水平

- ▼ 完善经费稳定投入机制
  地方教育附加费用于职业教育的比例不低于 30%
- ▼ 健全社会力量投入的激励政策
  用于一线职工教育培训的比例不低于 60%
- ▼ 加强基础能力建设
  2020年，中等职业学校、高等职业院校办学标准基本达标
- ▼ 完善资助政策体系
  加大对农林水地矿油相关专业学生的助学力度
- ▼ 加大对农村和贫困地区职业教育支持力度
  大力培养新型职业农民
- ▼ 健全就业和用人的保障政策
  党政机关和企事业单位录用人员不得歧视职业院校毕业生

激发职业教育办学活力

- ▼ 引导支持社会力量兴办职业教育
  探索发展股份制、混合所有制职业院校
- ▼ 健全企业参与制度
  自办职业院校、服务学生实习的企业享受职校优惠
- ▼ 加强行业指导、评价和服务
  通过授权委托、购买服务，把职责交给行业组织
- ▼ 完善现代职业学校制度
  扩大职业院校的办学自主权
- ▼ 鼓励多元主体组建职业教育集团
  鼓励央企、行业龙头企业组建职业教育集团
- ▼ 强化职业教育的技术技能积累作用
  教师学生拥有的技术开发、产品设计成果，可在企业入股

提高人才培养质量

- ▼ 推进人才培养模式创新
  推进学历证书和职业资格证书"双证书"制度
- ▼ 建立健全课程衔接体系
  将职业道德、人文素养教育贯穿全程
- ▼ 建设"双师型"教师队伍
  实行5年一周期的教师全员培训制度
- ▼ 提高信息化水平
  推进职业教育资源跨区域、跨行业共建共享
- ▼ 加强国际交流与合作
  探索规范职业教育到国（境）外办学

中国政府网 制作